管理层语调
与企业财务危机预警研究

Enterprises Management Tone
and Financial Crisis Forewarning

苗 霞◎著

中国财经出版传媒集团

经济科学出版社
Economic Science Press

图书在版编目（CIP）数据

管理层语调与企业财务危机预警研究/苗霞著．—北京：经济科学出版社，2022.4
ISBN 978－7－5218－2911－2

Ⅰ.①管… Ⅱ.①苗… Ⅲ.①企业管理-财务管理-危机管理-研究 Ⅳ.①F275

中国版本图书馆 CIP 数据核字（2021）第 230860 号

责任编辑：杜　鹏　常家凤
责任校对：郑淑艳
责任印制：邱　天

管理层语调与企业财务危机预警研究
苗　霞　著
经济科学出版社出版、发行　新华书店经销
社址：北京市海淀区阜成路甲 28 号　邮编：100142
编辑部电话：010-88191441　发行部电话：010-88191522
网址：www.esp.com.cn
电子邮箱：esp_bj@163.com
天猫网店：经济科学出版社旗舰店
网址：http：//jjkxcbs.tmall.com
固安华明印业有限公司印装
710×1000　16 开　12 印张　220000 字
2022 年 4 月第 1 版　2022 年 4 月第 1 次印刷
ISBN 978－7－5218－2911－2　定价：68.00 元
(图书出现印装问题，本社负责调换。电话：010-88191510)
(版权所有　侵权必究　打击盗版　举报热线：010-88191661
QQ：2242791300　营销中心电话：010-88191537
电子邮箱：dbts@esp.com.cn)

本成果获得以下基金项目资助：

（1）2020年度河南省哲学社会科学规划项目"金融风险防范视角下大数据信息融合与企业信用风险预警研究"（编号：2020BJJ036）

（2）2021年度河南省软科学研究计划项目"高质量发展驱动下河南省传统制造业信用风险动态预警与防范研究"（项目编号：212400410571）

（3）2021年度河南省高校人文社会科学研究一般项目"大数据下基于信息融合的企业信用风险预警研究"（编号：2021-ZZJH-144）

（4）河南牧业经济学院博士科研启动资金资助（编号：2020HNUAHEDF037）

（5）河南牧业经济学院科研创新基金资助（编号：XKY-CXJJ2020015）

（6）河南牧业经济学院财务与投资管理重点学科项目（2016）资助

前 言

促进多层次资本市场健康稳定的发展是加快完善社会主义市场经济体制的重要任务。但近几年，中国资本市场风险事件频繁爆发，对其发展造成了威胁。2019年政府工作报告再次将促进资本市场健康发展作为重要任务，提出要加强金融风险监测预警和化解处置。资本市场风险事件与风险水平的增加损害了投资者利益，打击了投资者的投资热情和投资信心。对于投资者而言，如何有效地防范风险、做好风险预判始终是一项重要任务。在如此时代背景下，财务危机预警（预测）作为风险防范领域的子课题，其重要性不言而喻。

信息传递是维持资本市场平稳运行的核心。充分的信息披露能够有效地缓解投资者和公司之间的信息不对称，合理地定价风险，促进资源的有效配置，保护投资者利益，维护市场健康运行。会计信息作为资本市场中公开的信息来源，能够为投资者决策提供重要依据。已有研究显示，过去的时间内会计数字信息受到了投资者的广泛关注和使用，而文本信息作为另外一种信息类型其价值较少受到关注。市场风险的增加需要投资者更加充分地利用多种类型的信息以提升其决策判断的准确率。公司年报作为主要的会计信息主体，其中2/3的内容表现为文本信息，即以文字描述的形式呈现。管理层讨论与分析作为年报中文本信息的核心，是从管理层的视角全面回顾分析企业的历史经营状况，并对企业未来发展进行全方位展望。相对于回顾性分析部分，未来展望部分提供了重要的前瞻性和预测性信息，是整个管理层讨论与分析文本信息的落脚点。因此，作为前瞻性信息的管理层未来展望信息是否是有用信息，是否能够帮助投资者预判风险、提升投资决策效率？该问题的研究具有重要的现实意义。

现代自然语言处理技术的发展使得对大样本文本信息进行量化成为可能。由此，关于文本信息语言特征及其特定内容的研究异军突起。已有的财务危机预测研究显示，财务指标在危机预测中发挥着重要作用，且能够提供较高水平的预测精度。相对于财务指标数字信息，文本信息有其自然的优势，那么文本信息能否在财务危机预测中提供增量信息呢？语调作为文本信息语言的基本特征之一，反映了信息披露主体的情感态度，是目前文本信息的重要研究领域之一。管理层讨论与分析中未来展望信息的语言基调反映了管理层对企业未来发展的总体判断。因此，本书从管理层语调的视角研究前瞻性文本信息在财务危机预测中的价值。

在梳理已有研究的基础上，本书从三个层面展开相关研究：（1）前瞻性文本信息中管理层语调是否与企业未来发生财务危机显著相关，是否能够提升危机预测准确率？（2）管理层语调帮助投资者提升企业财务危机预判的作用机制是什么？在不同的信息约束环境下，管理层语调与企业未来发生财务危机的相关性、预测准确率是否会有显著差异？（3）进一步，考虑会计信息的有偏性，管理层在自利动机下所发生的语调管理策略会如何影响前瞻性文本信息中管理层语调对企业财务危机的预测。

本书以 2007~2017 年 A 股上市公司为研究样本，通过 python 编程技术实现对前瞻性文本信息的截取及其语调的衡量，采用实证研究方法对前瞻性信息管理层语调与企业财务危机预测问题展开研究。研究结论如下。

第一，前瞻性文本信息的整体语言基调管理层净乐观语调与企业未来发生财务危机的概率显著负相关，且能够提升财务危机预测准确率。该结果在控制内生性、考虑公司治理遗漏变量、改变管理层净乐观语调计量、改变财务危机界定标准、进行行业均值调整等系列内生性和稳健性检验之后依然成立。进一步，具体语调类型的研究结果表明，前瞻性文本信息的负面悲观语调与企业未来发生财务危机概率显著正相关，且能够提升危机预测准确率，而正面乐观语调并没有显著联系。从预测作用时间看，前瞻性文本信息管理层净乐观语调与财务危机发生概率在滞后三年的预测期内均显著相关，但预测准确率随着财务危机发生时间的临近不断提高。市场反应的证据显示，在进一步控制审计意见等反映危机信息的竞争性信息源后，管理层净乐观语调、负面语调与短期市场反应及长期市场反应均显著正相关。该结果表明，投资者能够认知前瞻性信息中的语调信息，而对负面语调信息的接收更为敏感。

第二，基于中介效应研究方法，以分析师盈余预测偏差作为信息不对称代理变量，以企业未来三年资产回报率（ROA）波动作为投资者对企业未来经营情况的感知代理变量，研究发现，上述指标在管理层语调与企业财务危机预测间发挥部分中介效应，即前瞻性信息管理层语调通过缓解信息不对称，增强投资者对企业未来经营情况的预判从而提升对企业财务危机的预测。基于分组效应的研究发现，在外部分析师关注度低、机构投资者持股比例低，即外部信息环境较差时，前瞻性信息总体语言基调管理净乐观语调、具体语调类型负面悲观语调与企业未来发生财务危机概率的相关性更强，且对财务危机预测准确率的提升显著高于外部信息环境较好时。该结果表明，在外部信息环境较差时，前瞻性信息中管理层语调能够缓解信息不对称，提升财务危机预测能力。进一步研究发现，在信息环境较差时，媒体报道能够发挥补充作用，提升管理层语调的预测价值；考虑宏观市场化进程和企业内源性制度即内部控制质量的约束影响，研究发现，在市场化进程较慢、企业内部控制质量较低的情形下，管理层语调对财务危机预测的贡献价值更高。

第三，从社会心理学的视角，本书发现管理层在前瞻性信息传递时存在印象管理行为，表现为超额乐观语调，且超额乐观程度越高，未来发生财务危机的概率越低。从文本信息操纵与数字信息操纵相互配合的视角，发现管理层为配合盈余管理所进行的语调操纵会削弱超额乐观语调与企业未来发生财务危机概率的相关性。该结果在考虑管理层过度乐观特征、会计准则修订冲击及PSM样本配对等内生性和稳健性检验后依然成立。进一步，基于舞弊三角理论，从管理层自利动机强弱和机会主义空间大小进行研究的结果显示，在管理层货币化薪酬激励水平较低、股权激励水平较低，在职消费水平更高时，管理层机会主义动机更强，此时机会主义盈余管理对管理层语调在财务危机预测中有用性的负向影响更强；信息透明度低，信息不对称程度较高，监督环境薄弱为管理层实施机会主义行为创造了空间，此时盈余管理对前瞻性信息超额乐观语调与财务危机预测二者关系的负向影响作用更强。

本书可能的研究贡献表现为以下几个方面。

第一，本书基于我国制度背景，研究年报前瞻性信息中管理层语调对企业财务危机预测的增量作用，丰富了文本信息和财务危机预测关系方面的研究。我国制度背景和文化语言习惯下，财务危机的界定标准与国外"破产"不同，文本信息披露范式和语言表达习惯与国外不同。本书基于我国制度和文化语言情境，聚焦于MD&A前瞻性信息，系统且深入地研究了该信息语调特征对财务危机预测的增量作用，并进一步研究其影响机制、信息环境及语调管理带来的影响。相较于已有研究，本书更加全面深入。

第二，本书的研究拓展了财务危机预测指标的选择，有助于构建定量信息和定性信息相互补充的财务危机综合预测模型，从而为投资者决策提供更加丰富的信息源。已有的危机预测指标以定量指标为主，本书基于文本分析法在危机预测定量指标中加入量化了的定性指标，研究发现，定性文本信息能够为财务危机预测提供增量贡献。该研究丰富了财务危机预测指标选择方面的研究。

第三，本书丰富且深化了文本信息方面的研究。本书从印象管理和配合机会主义盈余管理的视角检验了管理层语调管理策略对文本信息语调预测价值的影响。已有研究多从影响因素的视角证明文本信息中存在管理层语调管理行为，本书在前人研究的基础上，进一步分析语调管理、机会主义行为对财务危机预测的影响，从纵向深化拓展了已有研究。

苗　霞

2022 年 3 月

目　录

导论 ·· 1

第一章　理论基础与制度背景 ·· 10
　　第一节　理论基础 ·· 10
　　第二节　制度背景 ·· 14
　　本章小结 ·· 22

第二章　文献回顾与述评 ·· 23
　　第一节　文本信息研究文献回顾 ·· 23
　　第二节　财务危机研究文献回顾 ·· 35
　　第三节　文献述评 ·· 40
　　本章小结 ·· 42

第三章　管理层语调对企业财务危机预测的影响 ··· 44
　　第一节　问题引出 ·· 44
　　第二节　理论分析与研究假设 ·· 46
　　第三节　研究设计 ·· 50
　　第四节　回归分析 ·· 54
　　本章小结 ·· 81

第四章　管理层语调、信息环境与企业财务危机预测 ··· 83
　　第一节　问题引出 ·· 83
　　第二节　理论分析与假设提出 ·· 84
　　第三节　研究设计 ·· 89

第四节　回归分析 …………………………………………… 92
　　本章小结 ……………………………………………………… 121

第五章　语调管理、机会主义行为与企业财务危机预测 …………… 122
　　第一节　问题引出 …………………………………………… 122
　　第二节　理论分析与假设提出 ……………………………… 124
　　第三节　研究设计 …………………………………………… 129
　　第四节　回归分析 …………………………………………… 131
　　本章小结 ……………………………………………………… 154

第六章　研究结论与展望 ……………………………………………… 155
　　第一节　研究结论与政策建议 ……………………………… 155
　　第二节　研究不足与研究展望 ……………………………… 160

参考文献 ………………………………………………………………… 162

导　　论

一、研究背景与意义

（一）研究背景

资本市场在现代经济运行中发挥着重要功能，已成为现代经济体系必不可少的组成部分。资本市场是微观企业主体筹集资金的重要场所，企业通过发行债券、股票及其他有价证券等多种融资方式，从投资者手中融入资金，实现资金的积聚。在资金流向使用者的过程中，资本市场通过自有的功能机制，引导资金流向高收益部门，从而实现对资源合理且有效的配置。因此，资本市场是实现经济发展的助推器，助推宏观经济向高质量层面发展。资本市场的稳定与高效健康运行是保障其功能有效发挥的前提。但近年来，各种信用事件的频繁爆发，给资本市场中的各行业或整个市场带来了强烈冲击，风险水平急剧增加，投资者利益受到威胁或已经遭受重大损失。鉴于经济实践中出现的各种风险，党的十九大报告指出，要将防范化解重大风险排在三大攻坚战的首位。对于金融系统而言，防范重大金融风险，守住不发生系统性风险是重点。而对于投资者而言，应该增强风险意识，不忽视风险，敬畏风险，警惕风险。企业财务危机预测是危机预警与风险管理领域中的重要课题，对于保护投资者利益有着重要的现实意义。

信息披露是保证资本市场中风险得到有效定价，提升市场运行效率的重要机制。充分的信息披露是保证资本市场发展的核心，能够为投资者决策提供有效依据，保护投资者的利益。近期资本市场爆发的各种风险事件对信息披露提出了更高要求。一直以来，监管层致力于提升信息披露的充分性和有效性。准则的不断修订与完善、保证外部审计的独立性、各项市场治理机制的建立与发展以及公司内部治理机制的发展与完善，其目的都是为提升信息披露质量、促进资本市场平稳健康运行、防范重大风险的发生提供保障。随着经济技术的快速发展，信息处理手段与效率大幅度提升，这为投资者利用信息提供了更加便利的环境。在此背景下，投资者更应该充分运用各种技术手段，包括新兴的大数据、人工智能等，挖掘信息，做好风险预判与风险监测以保护自身利益。因此，从现实背景来看，利用信息进行财务危机预测来保护投资者利益，始终有着重要的价值。

财务危机预测的理论研究证据显示，一直以来，学者们都致力于探索如何有效地提升财务危机预警能力，包括预测信息指标体系的选择和预测方法的改进。在预测方法选择方面，学界最初比较多地使用多元判别函数、Probit模型、Logistic回归模型、风险分析模型等数学工具建立财务危机预测模型（Altman，1968；Ohlson，1980；Shumway，2001），后来转向探索使用神经网络、支持向量机、粗糙集等人工智能方法建立财务危机预测模型（吕长江等，2005；宋彪等，2015）。在预测信息指标体系选择方面，主要包括两大类信息：财务信息和非财务信息。财务信息包括公司经营业绩、财务状况、现金流量等（Altman，1968；Beaver et al.，2005）；非财务信息则从公司战略与治理、内部控制、高管特征指标等（Daily and Dalton，1994；姜付秀等，2009）发展到宏观经济指标、货币政策等（Mare，2012；Tinoco M H，2013；李秉成和祝正芳，2013）等方面。需要特别说明的是，财务危机预测变量的选择可分为两种类型：一类是基于危机影响因素，从成因的视角选择预测变量；另一类是基于财务危机"迹象特征"视角进行筛选。研究表明，公司陷入财务危机不是突发的，而是一个渐变的过程（李秉成，2004）。在这个过程中，公司年度报告、审计报告等文件资料都会在一定程度上传递出公司已经存在财务危机迹象的信息（Beaver，2005），以及资本市场对此做出反应的信息（Shumway，2001）。由于这些信息与财务危机存在相关关系，因而被用来作为财务危机预测变量。比弗等（Beaver et al.，2005、2012）、蔡玉兰等（2016）、田宝新和王建琼（2017）等的研究表明，财务报表信息具有财务危机预测能力。坎贝尔（Campbell，2011）、查兰巴基斯和加勒特（Charalambakis and Garrett，2016）在财务危机预测模型中增加公司股票价格等市场信息后提高了预测能力。

上述证据显示，在危机预测信息指标选择方面，以各种指标数据为主的会计数字信息备受投资者和其他利益相关者的重视。严格来讲，会计信息还包括文本信息。数字信息的特点是对公司财务经营状况的反映较为直观，但专业性较强。而文本信息是采用文字描述的形式呈现信息，对于中小投资者而言，可能更加通俗易懂。但一直以来，由于会计文本信息不易量化，会计文本信息是否提供了有用信息，其质量如何，并没有被充分论证。计算机自然语言处理技术的发展为会计文本信息大样本研究提供了契机，而这也成为目前理论研究的一个热点话题。会计文本信息的研究涉及公司年报、季报、招股说明书、业绩预告、盈余公告、业绩说明会、分析师报告等。从研究内容来看，一是以文本信息的语言特征入手展开研究，包括情感语调、可读性、复杂性、逆接成分密度等；二是以文本信息的特定内容为对象展开研究，包括风险信息、研发信息披露等。大量的研究证据显示，会计文本信息是具有信息价值的。因此，在资本市场中，会计文本信息能够发挥信息决策功能，为投资者决策提供帮助。

语调是文本信息的基本特征，反映文本信息提供者的情感态度。管理层语调作为目前文本信息研究的一个子领域，备受关注。现有的研究证据表明，语言基调具有重要的价值功能。从市场反应来看，语调信息和短期市场反应显著相关，这种关系在控制应计项目、营业现金流、意外盈余之后依然显著（Feldman et al., 2008），负面语调总是与报告发布后股票异常收益、异常交易量以及股票回报波动率显著相关（Loughran and Mcdonald, 2011）。从预测价值来看，在控制业绩影响因素后，未来展望报告的平均语调与公司未来收益显著相关（Li, 2010）。考虑到管理层讨论与分析（management's discussion and analysis, MD&A）文本信息语调富含信息，将该文本语调信息加入到业绩预测模型中之后，预测性能提升（Bochkay and Levine, 2013）。会计文本的语调信息价值具有溢出效应，公司投资决策与其同行共同的语调信息显著正相关（Durnev and Mangen, 2014）；MD&A 文本信息中净的负面语调比例越高，预示着企业信用风险越高，从而导致面临企业更高的贷款成本（Franke, 2018）。

本书将文本信息语调与财务危机预测结合，纳入统一分析框架进行研究。国内外关于会计文本信息语调与财务危机预测的研究证据较少，仅有的研究证据有：梅尤等（Mayew et al., 2015）研究发现 MD&A 报告中企业可持续经营信息和管理层正负面语调信息对企业破产有显著的增量预测作用；我国制度情境下，仅刘逸爽和陈艺云（2018）采用多种分析预测模型，研究发现 MD&A 文本的语调信息能够提升预测模型对企业信用风险的预警能力。而上述研究仅是从方法论的视角粗略地表明了 MD&A 文本信息和财务危机预测间的关系，理论分析不足，且并没有深入考虑外在约束环境以及管理层自利性动机带来的会计信息有偏性的影响。此外，会计信息的最大缺陷是以历史信息为主，预测价值不足。会计文本信息作为对数字信息的解释和补充，其落脚点就是为信息使用者预测未来提供信息。因此，相比历史描述性信息，前瞻性信息的价值更大。而上述研究并没有区分回顾性信息和前瞻性信息。基于现有研究的不足，本书以我国 A 股上市公司年报中的前瞻性文本信息为对象，较为系统地研究其语言基调对企业财务危机的预测价值。

（二）研究意义

1. 现实意义

第一，本书研究为监管层完善年报文本信息披露尤其是前瞻性信息披露的内容和形式提供经验证据。监管层作为年报信息披露内容和披露格式的准则制定者，不仅要重视年报中定量信息指标的客观传递，更要进一步规范细化年报文本信息，尤其是前瞻性信息的披露，在披露内容方面要注重"实质"性信息传递，在形式传递方面要注意直观易懂，在规范语言的使用方面，要鼓励情感语调的传递。此外，监管层还应该健全完善各种保障机制，提升文本信息披露质量；加大监督监管力度，压缩管理层对文本信息披露操纵的空间，降低文本信息披露不实带来的不良经济后果。

第二，本书研究帮助投资者拓展可利用的信息范畴，降低资本市场的信息不对称，促进其健康稳定发展。投资者应充分重视 MD&A 前瞻性报告的信息价值，充分利用各种信息渠道，提升投资决策效率，防范风险，以维护自身利益。具体而言，投资者不仅要关注定量形式的数据信息，也要关注定性形式的文本信息，且要通过对不同形式信息的挖掘及对比，发现有价值的增量信息。投资者还应识别公司信息环境，在外部信息环境较差，信息中介组织发育落后，信息较为匮乏时，更应该充分利用有限的信息资源，以增强投资者决策判断的准确性，降低潜在的损失。此外，投资者还要树立风险意识，学会甄别管理层文本信息披露操纵策略，提升识别能力，加强对公司各种信息的全面分析。

第三，本书研究有助于管理层客观认识前瞻性文本信息及其语言基调的信息价值，有效利用这一信息传递渠道。管理层应重视文本信息披露及其语言基调信息的传递，借用该信号获得市场认可，增强获取资源的能力。由于信息不对称，管理层有动机亦有空间对定性信息披露进行策略性操纵，但其应认识到策略性操纵披露带来的不良市场反应，以及后期被识破的风险，减少对文本信息披露的扭曲行为。

2. 理论意义

第一，本书以委托代理理论、信息不对称理论以及信号传递相关理论为指导，验证了年报前瞻性信息的语言基调在财务危机预测中的价值，补充了文本信息披露经济后果研究的相关文献。现有关于文本信息披露的研究多以健康企业为样本，剔除危机企业样本，本书反其道而行，恰恰证明了前瞻性文本信息在预测企业财务危机中的应用价值。

第二，本书拓展和丰富了定性信息对财务危机预测的研究，扩充了财务危机预测指标库，构建定量信息、定性信息相互补充的综合财务危机预测模型。定量信息由于其数据的易得性、已经具有较高的预测精确度而受到理论界的普遍关注，相反，定性信息的预测价值常被忽略，本书为定性信息对财务危机预测的增量贡献提供了经验证据。

第三，本书从印象管理和机会主义的视角研究了管理层对前瞻性文本信息中语调的操纵管理，及其对危机预测价值的影响。一方面，丰富了管理层在文本信息中存在策略性披露行为这一主题的研究；另一方面，从更深入的层面探讨了文本信息语调变化对财务危机预测的影响。

二、研究思路与方法

（一）研究思路

本书以经济实践问题为指导，遵循问题导向型研究范式，以基本理论委托代理理论、信息不对称理论、信号传递理论、有效资本市场假说为指导，构建理论分析框架。本书认为，年报中的前瞻性信息报告作为"半强制式"信息披露形式，通过向投资者传递影响企业未来经营的行业环境、战略计划和风险等信息，缓解了信息不对称，增加了投资者对企业流动性、资本经营的认知。前瞻性信息具有预测价值，而这种预测价值在投资者投资决策中发挥着重要作用。语言基调是蕴含在文本信息中的情感态度，前瞻性信息的语调表达了管理层对企业未来发展的态度与认知，能够更加直观地传递信息。因此，本书中检验年报前瞻性信息中管理层语调对企业财务危机预测的贡献价值。进一步，深入探讨年报前瞻性信息中管理层语调通过何种机制帮助投资者增强对企业财务危机发生概率的预判，对此，本书不仅基于中介效应研究方法，直接探讨管理层语调提升财务危机预测能力的作用机制，而且基于分组效应的研究方法，对比在不同的信息约束环境中，前瞻性信息中管理层语调对财务危机预测的影响及贡献的不同，即间接地表明管理层语调通过对信息环境发挥作用，从而影响投资者对企业未来发生财务危机概率的预判。最后，考虑 MD&A 前瞻性信息具有自愿性披露的特征，因此，管理层在自利动机下会对文本信息中的语调进行管理，该行为会影响前瞻性文本信息中的管理层语调对财务危机预测的影响，以此反映 MD&A 前瞻性信息披露质量变化对财务危机的影响。

基于上述研究思路，本书从两个方面衡量前瞻性文本信息中管理层语调对企业财务危机预测的价值：第一，在危机预测模型中，管理层语调与企业未来发生财务危机的概率显著相关；第二，在危机预测模型中，考虑管理层语调能够提升危机预测模型的预测准确率。以上两个方面，任何一条满足即表明管理层语调具有财务危机预测价值。[①] 综合来看，本书主要回答以下三个问题：(1) 前瞻性文本信息中管理层语调是否与企业未来发生财务危机显著相关，是否能够提升危机预测准确率？随着时间的迁移，预测能力会如何变化？市场能否识别前瞻性文本信息中的危机预测信号？(2) 管理层语调影响财务危机预测的作用机制是什么？在不同的信息约束环境下，管理层语调与企业未来发生财务危机的相关性、预测准确率是否会有显著差异？(3) 进一步，管理层在自利动机下所发生的语调管理策略会如何影响前瞻性文本信息中管理层语调对企业财务危机的预测。

(二) 研究方法

本书运用多种研究方法对上述研究问题展开研究。

1. 文献研究法

采用文献研究法对文本信息研究领域、财务危机预测研究领域的研究文献进行全面梳理总结。通过文献回归，首先，明确相关研究主题已取得的成果、发展及演进的路径，最重的是挖掘已有研究的不足，明确本书研究的切入点、理论意义和研究价值；其次，通过借鉴已有研究，构建合理可行且效度较高的文本信息语调衡量指标，选择令人信服的危机界定标准，确定研究

[①] 借鉴薛爽等 (2010) 的研究，从两个方面界定 MD&A 前瞻性信息中管理层语调在财务危机预测方面的决策有用性。

样本；最后，在基础理论的指导下，利用已有文献的研究证据作为支撑，构建本书的理论基础，确立研究框架，以有效地指导研究内容的开展。

2. 实证研究法

本书综合利用计算机 python 语言编程、Excel 处理、Stata 编程处理多种技术对主要内容进行实证研究。具体而言，运用计算机 python 语言编程实现对目标文本的截取、情感词词频统计等，运用 Excel 处理、Stata 编程实现对研究样本的基本数据处理、基本指标计算，以及模型回归结果的检验分析等。针对每一章的实证检验部分，本书均基于建立的理论推导，构建财务危机预测基本模型，运用嵌套分析模式，研究检验前瞻性文本信息中管理层语调对企业财务危机预测的价值。此外，本书还运用倾向得分匹配（PSM）配对方法构建财务危机企业和健康企业匹配样本集，运用 logistic 回归模型，检验危机预测的时间变化效应。在稳健性检验部分运用两阶段、外部政策变更冲击等方法控制内生性问题。

三、研究内容与贡献

（一）研究内容

在上述研究思路的指导下，针对本书的研究问题，研究内容从三个层面展开：第一，前瞻性信息中管理层语调与企业未来发生财务危机概率的相关性，对预测准确率的增量贡献；第二，管理层语调提升财务危机预测能力的作用机制，以及信息环境对前瞻性文本信息中管理层语调与财务危机预测关系的调节影响，预测能力在不同信息环境中的差异；第三，管理层对文本信息语调的管理及其对财务危机预测价值的影响。

针对研究内容本书的研究框架安排如下。

第一章为理论基础与制度背景。对委托代理理论、信息不对称理论、信号传递理论以及有效市场理论进行阐述，并建立基本理论与会计信息披露必要性、会计信息有效性以及财务危机预测之间的联系，为后面研究假设部分的理论推导奠定基础。通过对比国内外关于年报 MD&A 文本信息披露制度的发展演变历程，明确 MD&A 前瞻性信息披露的特点及在年报中的重要性。

第二章为文献回顾与述评。对文本信息研究文献、财务危机预测研究文献进行全面的梳理总结。提出本书研究的切入点及可行性，并为后面章节的理论分析提供证据支撑。

第三章为管理层语调对企业财务危机预测的影响。首先检验整体语言基调管理层净乐观语调与企业财务危机预测的相关性、对预测准确率的增量贡献；其次检验具体语调类型的危机预测价值，管理层语调预测随时间变化其预测能力的变化，以及管理层语调危机预测信息的市场反应。

第四章为管理层语调、信息环境与企业财务危机预测。借鉴已有研究，首先采用中介效应研究方法，检验管理层语调是否通过缓解信息不对称，增强投资者对企业未来经营情况的感知和理解，从而提升对企业财务危机的预判；其次，采用分组研究方法，检验在不同的分析师关注度、机构投资者持股比例环境下管理层语调的危机预测价值的差异；最后，检验媒体关注、市场制度环境以及作为企业内部更加本源的制度安排的内部控制，对管理层语调的危机预测价值的影响。

第五章为语调管理、机会主义行为与企业财务危机预测。首先，从印象管理的视角检验前瞻性文本信息中管理层超额乐观语调对财务危机预测的影响；其次，从机会主义的视角检验管理层为配合机会主义盈余管理行为所进行的文本信息语调操纵会降低管理层语调的财务危机预测价值，进一步检验管理层自利动机强弱和机会主义空间大小的调节影响。

第六章为研究结论与展望。

综合上述研究内容，本书的整体研究框架见图0-1。

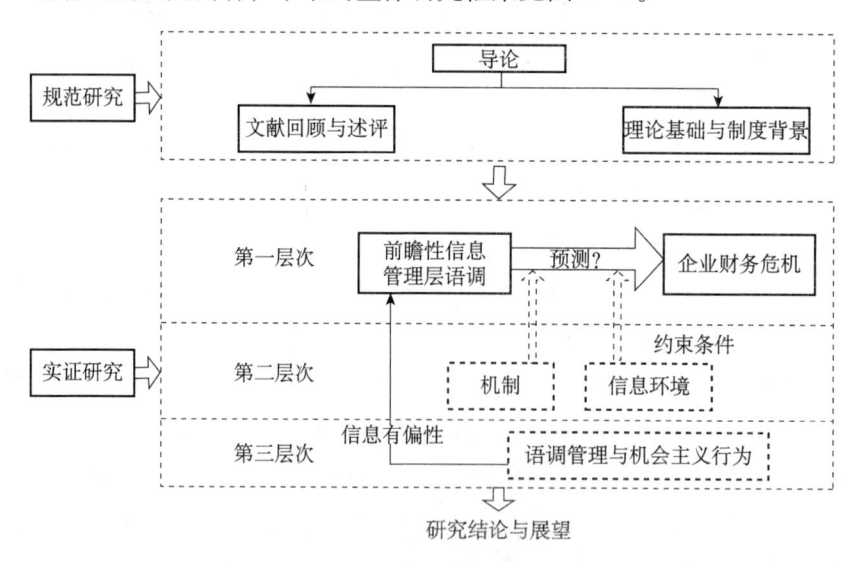

图0-1 研究框架

(二) 研究贡献

相较于已有研究，本书的研究贡献主要表现在以下三个方面。

第一，基于我国制度和文化情境，从更深入的层面研究 MD&A 前瞻性信息对财务危机预测的增量作用，并进一步研究影响机制、信息环境及语调管理带来的影响。虽然国内外已有少量研究显示 MD&A 信息披露有助于预测企业破产（Holder-Webb and Cohen，2007；Mayew et al.，2015），但相关研究依然匮乏，不够深入，且研究对象并非落脚于前瞻性信息。此外，在我国制度背景和文化语言习惯下，财务危机的界定标准与国外"破产"不同，文本信息披露范式和语言表达习惯与国外不同，本书基于我国制度背景，研究年报前瞻性信息中管理层语调对财务危机预测的增量作用，丰富了文本信息和财务危机预测关系方面的研究。

第二，本书的研究拓展了财务危机预测指标的选择，为投资者决策提供了更加丰富的信息源。已有的危机预测指标以定量指标为主，本书基于文本分析法在危机预测定量指标中加入量化了的定性指标，研究发现，定性文本信息能够为财务危机预测提供增量贡献。该研究丰富了财务危机预测指标选择方面的研究，有助于构建定量信息和定性信息相互补充的一体化危机预测模型。

第三，本书从不同约束条件的视角细化了上述研究，丰富了文本信息方面的研究文献。相对于已有研究，本书通过机制探讨以及比较不同信息环境中 MD&A 前瞻性文本信息在提升危机预测能力方面的差异，深化了投资者对前瞻性文本信息预测价值的理解。从印象管理和配合机会主义盈余管理的视角检验会计信息有偏性前提下管理层语调管理对财务危机预测的影响，从纵向深化了已有研究。已有研究多从影响因素的视角证明文本信息中存在管理层语调管理行为，本书在前人研究的基础上，进一步分析语调管理、机会主义行为对财务危机预测的影响，纵向拓展了管理层语调的相关研究。

第一章 理论基础与制度背景

第一节 理论基础

一、委托代理、信息不对称与会计信息披露

专业化分工促进了现代企业管理中委托代理关系的诞生。企业所有者由于知识、能力的限制需要聘请专业的经理人来管理公司，由此，企业的所有权和经营权相分离，委托代理关系建立。受托责任的履行是委托代理关系的核心，但由于所有者和经理人目标函数存在不一致，所有者获得的剩余收益价值最大化，而经理人在追逐实现自我收益最大化的过程中，会对企业剩余收益形成抵减，因此，经理人可能借助逆向选择和道德风险行为损害委托人利益，形成代理冲突，产生代理成本，最终影响受托责任的履行。

促使委托代理关系中代理冲突和代理成本成为理论关注热点的关键因素是信息的不完全性。如果委托人和代理人的信息完全对称，经理人的努力及偷懒行为能够被观察和监督，经理人的付出能够得到合适的回报，那么委托代理关系和受托责任履行得以有效执行，代理成本消失或降低。相反，在信息不对称的前提下，代理人相对于委托人拥有信息优势，委托人无法真实地了解代理人的努力程度，代理人亦有空间实现自身利益，从而损害委托人的利益，因此，委托人需要借助信息机制了解代理人的努力程度，以及企业的资产运营和获利情况，确保委托代理关系的顺利执行。会计信息披露便是这一重要的信息机制，通过高质量的会计信息，委托人及时了解企业的经营状况，给予代理人（经理人）合理的评价和薪酬回报。已有的经济实践和研究证据反映，会计信息成为所有者监督和评价公司财务状况、经理人工作业绩

的重要基础（潘琰和辛清泉，2004）。因此，会计信息也成为代理契约签订的核心要素，即会计信息的契约观。

量化的财务数字信息由于其刚性特征，成为反映公司经营状况和反映经理人工作业绩、解决代理冲突的主要信息机制。研究显示，以会计指标为基础的反映企业业绩的指标便是经理人薪酬激励契约中的重要基础信息。业绩变动会导致经理人薪酬变动（Bentson，1985；Smith and Watts，1992；Sigler and Haley，1995），我国的研究数据显示，营业利润率变动和总资产净利率变动分别是首席执行官（CEO）薪酬增长和下降的重要因素（刘斌等，2003）。与此同时，反映盈余质量的会计信息也成为债务契约中解决债务代理成本的重要因素（卢闯和陈玲，2011）。需要说明的是，会计信息质量高低即会计信息的优劣直接影响着其在委托代理契约中发挥的作用。而外部和内部治理机制能够提升会计信息质量。研究显示，会计信息鉴证能够保证激励机制有效实施（龙小海等，2009），高质量的内部控制机制能够提升公司高管的薪酬业绩敏感性（卢锐等，2011）。会计信息披露包括定量的财务信息披露和定性的文本信息披露，上述研究均是量化的数字信息。与数字信息不同，文本信息是对数字信息的解释和补充，会计文本信息能够提供增量的信息价值。因此，和外部治理机制影响会计数字信息质量不同，文本信息能够从另一视角提供增量信息，为委托人提供额外的信息来源，进一步促进会计信息在委托代理契约中更好地发挥作用。管理层讨论与分析（management's discussion and analysis，MD&A）是公司年报中重要的文本信息，该段信息采用文字描述的形式从管理层视角对公司战略风险、财务状况以及未来发展进行全面解释说明，能够更好地满足委托人需求。由此，MD&A 所呈现的内容能够在委托代理契约中发挥信息机制作用。

二、信号传递与会计信息有效性

信号传递是上述委托代理、信息不对称理论和分析框架的延续与发展。信息经济学视角下，信息是行为人决策的重要因素。信息的数量、可靠性和及时性直接影响决策的效率和准确性。在信息不对称的环境中，信息优势方向信息劣势方传递对方不知道的信息，由此形成了信号传递。如上所述，现代企业经营体制两权分离下，管理层作为信息优势方，了解公司的经营状况、财务状况、潜在的风险因素，而外部利益相关者尤其是投资者无法直接参与和观察公司的日常经营活动和管理层的行动，是信息劣势方，对信息有强烈的需求。在信号没有传递之前，信息需求者的决策基础为市场中的平均价值，因为需求者无法辨别公司价值和质量的高低，如此操作的结果是"劣币驱逐良币"，价值较高的公司被价值较低的公司淘汰。显然，该情形是管理层和投资者不愿意接受的。从管理层的视角看，管理层存在自愿性披露动机，向外部传递公司内部信息。在信号传递存在必要性的前提下，传递的信息也是有质量的，即信息是有效的，而且该有效的信息有利于公司价值增长。因此，基于上述分析，资本市场中应存在多种信息源，包括会计信息，而且各种信息源发挥着重要的信号传递作用。信号理论的典型代表为资本结构信号模型（Leland and Pyle，1977）和股利政策信号模型（Bhattacharya，1979），其他的研究证据有：李莉等（2013）研究认为，研究与开发（R&D）支出资本化形成无形资产，是真实可靠的信号传递方式，促进了公司业绩增长，提升了公司价值；谭雪（2017）的研究表明，企业社会责任信息披露具有信号传递效应，能够得到积极的市场反应；龙立和龚光明（2017）的研究表明，业绩快报自愿披露行为是公司业绩的一种信号传递方式，能够把公司业绩向好的信息及时传递给投资者。基于上述分析，MD&A 文本信息作为重要的信息载体，能够在管理层和投资者之间发挥信号传递作用。根据信号传递基本原理，传递机制的构成要素包括信息源、编码器、信息通道和信宿（蒋艳辉和冯楚建，2014）。在 MD&A 文本信息传递机制中，信息源是管理层所掌握的公司经营状况和未来发展信息，编码器是 MD&A 披露要求，MD&A 作为年报中的重要文本信息，具有强制性披露特征，强制性披露部分的内容在相关会计准则中有明确的规定；信息通道是披露规则；信宿是 MD&A 信息需求者。在实践中，这些信息传递要素所构成的信息传递通道是畅通的，因此，MD&A 信息披露是有效的。此外，会计准则的制定主体是政府，而政府作为信息供给和信息需求的调和方，通过准则制定的形式在一定程度上保证了 MD&A 信息披露的有效性。

此外，在委托代理关系中，管理层掌握着实质的经营主动权，其逆向选择和道德风险的系列行为都说明管理层存在牟取自有私利的动机，因此，在信息披露过程中，管理层也可能操纵信息，传递有利于自己的信息，该行为会降低信息披露的相关性和可靠性。如此情况下，投资者所获得信息的效率和有效性会打折扣。信息操纵的形式包括对披露内容、披露时间等进行操纵。研究证据表明，管理层会基于多种动机通过多种手段对会计信息披露内容进行操纵（王乔和章卫东，2002）；业绩预告信息披露时会存在择时行为，为管理层和大股东实施内幕交易，获得自有私利提供服务（Cheng and Lo，2006；蔡宁，2012）；企业在进行社会责任披露时也存在择时行为，且该行为在国有企业和民营企业中存在差异（乔虹，2017）。与上述分析逻辑不同，信息披露时，管理层面临着披露成本，其中重要的影响表现为通过信息披露的形式可能将公司机密等私有信息传递给同行竞争者，增加公司经营风险。该视角下，管理层会隐瞒信息，自愿性如实披露的意愿会受到打击。MD&A前瞻性信息披露中涉及公司竞争、风险等特有信息，该类信息的披露确实会影响公司的竞争压力，因此，在强制性披露准则外，管理层自愿如实披露的动机并不强，如此情形下，信息披露的有效性会降低。

综上，在信息传递机制下，信息披露包括会计文本信息披露的有效性会得到一定保障，但管理层私有动机和信息披露转移成本会对信息有效性造成影响。因此，在信号传递机制框架下，信息披露的有效性及其价值分析需要辩证地看待。

三、有效市场与投资者信息认知

有效市场假说是法马（Fama）于 20 世纪 70 年代提出的，其基本原理是，如果市场是有效的，金融资产的价格和可获得的相关信息是对称的，即前者能够反映后者。根据反应程度的不同，以及体现信息处理效率严格程度的不同，有效市场表现为三种形式，分别为弱式、半强式和强式有效市场。弱式有效市场的特征是所有的历史信息能够被资产价格反映，历史价格信息成为投资者决策的基础。显然，该模式下，以历史价格为基础的交易策略无法帮助投资者实现超额收益，因此，该模式下的价格不具有"预测"特征。半强式有效市场的特征是所有公众信息得以在资产价格中反映，包括相关的历史信息、当前信息和可预测的未来信息。强式有效市场的特征是所有的公众信息和内幕信息都得以在资产价格中反映。该市场下，管理层和大股东等通过内部交易获取超额收益是无法实现的，信息是完全对称的，资产价格成为市场资源分配的绝对基础。显然，该市场模式具有极端性，现代资本市场发展的不完全性决定了市场效率为半强式有效市场。因此，证券价格能够反映公开的信息，或者说投资者通过公开信息对公司价值进行认知并进行投资决策，从而证券价格具有一定的资源分配功能。大量的研究证据表明，公开的信息披露能够引起投资者市场反应。程新生等（2015）从中报和年报信息披露差异的视角，研究发现年报增量信息的正负水平能够引起对应的市场收益率和交易量发生变动；财务重述（李晓玲和牛杰，2011）、环境信息披露（万寿义和刘正阳，2011）、社会责任信息披露（江炎骏等，2011）、MD&A 信息披露质量（李慧云等，2015）、IPO 风险披露水平（姚颐和赵梅，2016）都能够被投资者识别引起市场反应。正是基于投资者识别的视角，证券价格资源分配的功能才能够充分发挥。进一步的研究表明，信息披露通过增加企业在市场中的吸引力和认可度，能够降低企业资本成本。管理层预测消息的利好程度和权益资本成本降低幅度显著相关（王冰洁和刘振涛，2017）；高科技公司自愿性智力资本信息的披露也能够显著地降低其资本成本（傅传锐和王美玲，2018）；社会责任报告信息的披露能够帮助企业降低债务资本成本，尤其是首次披露时效应更显著（王建玲等，2016）。

上述证据表明，在有效资本市场中，管理层通过信息披露增加了企业的资源获取能力，但对投资者而言，其获得了更加有效的决策信息源。因此，也正是在有效市场环境中，MD&A 信息披露才得以与财务危机预测发生联系。具体而言，在完全有效市场中，财务指标披露及其对财务危机预测已经有充分的效果，文本信息披露只是重复性的解释，但在非完全有效市场中，MD&A 信息披露是有价值的，且能够被投资者识别，文本信息的补充解释能够引起投资者注意，更加迅速地被证券价格吸收。MD&A 前瞻性信息属于预测性信息，与企业未来联系更加紧密，因此，MD&A 信息尤其是前瞻性信息在财务危机预测方面更能发挥作用。

第二节　制度背景

一、国外 MD&A 信息披露制度的发展与演变

（一）美国 MD&A 信息披露制度

投资者信息需求的增加促进了文本信息的产生和发展。相对于其他各国，美国最早提出了"管理层讨论与分析"披露制度，经过数十年的演变，其披露规则也最为完善。美国证券交易委员会（Securities and Exchange Commission，SEC）指出，鉴于投资者对信息需求的增加，考虑到单独的数字表述和简要的附注可能不足以让投资者判断收益的质量以及过去业绩表明未来业绩的可能性，因此，需提供能够反映企业财务状况、财务状况变化和运营结果的其他信息。这便是 MD&A 信息披露产生的背景。具体地，MD&A 通过历史材料和前瞻性文本的披露，使投资者和其他用户通过管理层视野来评估注册人的财务状况和运营结果，特别是公司未来发展前景。美国 MD&A 披露制度的发展经历了如下过程。

1968~1980 年是 MD&A 信息披露的萌芽阶段。1968 年美国证券交易委员会要求在招股说明书中披露"盈余总结"，以讨论和分析公司盈余的异常变动，以及未来最近一期的逆转可能性。该信息披露要求虽然比较简单，但形成了管理层讨论与分析的雏形。随后的 1972 年和 1974 年，该信息披露内容又得到了进一步强化。但据有关证据反映，该时期的信息披露仅是对报表项目数据变化的描述，实质性内容并没有呈现。

1980~2002 年是 MD&A 信息披露模式的形成和发展期。美国证券交易委员会官方资料显示：1980 年，官方发布了 MD&A 信息披露要求的现有形式；1981 年，公布了对 MD&A 信息披露要求的解释性指导；1987 年，委员会充分征求公众和专业的会计组织及成员对 MD&A 信息披露修订的建议，并于 1989 年重新发布了解释性版本，解决了公司在披露 MD&A 信息方面的一些公开事项，且 1989 年版本提供了具体的信息指导，包括所需的预期信息、长期和短期流动性分析和资本资源、财务报表项目的重大变化、所需的中期披露、分部分析、参与高收益融资、高杠杆交易或非投资级贷款等；2002 年，证券交易委员会发布声明对某些 MD&A 信息披露某些项目提供了明确的解释性指导，涉及的主题包括流动性和资本资源（包括资产负债表外安排），以公允价值计量的非交易所交易合同的交易活动，以及与公司或公司关联方的关系等。

2002 年至今被称为后萨班斯法案时代（李常青和林晓丹，2009）。其原因在于美国安然事件等一系列公司丑闻的发生，使得投资者和其他信息使用者更加关注 MD&A 披露的质量。投资者的需求对美国证券交易委员会提出了更多的要求，例如，表外事项的披露以及信息质量的审查等。2003 年，SEC 发布新的解释性指导，要求在管理层讨论与分析的指定部分披露资产负债表外事项，并以表格形式呈现某些已知的合同义务。延续该路径，美国的 MD&A 披露制度根据实践需要不断地得到完善。

据 SEC 官网最新的信息（2018）显示，现有的管理层讨论与分析披露内容体现如下：（1）总体目标。MD&A 信息披露的总体目标为该信息是对财务报表和其他统计数据的叙述性解释，该信息将增强信息使用者对公司财务状况及其变化以及运营结果的理解。MD&A 不应该是通用式或样板式披露，应该反映每个公司特有的事实和情况。（2）部分重要的披露项目及其一般性要求：第一，流动资金及资本来源项目，该项目分析讨论的一个关键目标是清楚地描述公司产生现金和满足现有已知或合理可能的未来现金需求的能力。第二，公司运营结果的分析，披露制度要求运营结果信息的讨论不应仅包括数字美元和损益表中各个项目的各个期间的百分比变化。重点应放在分析导致这些变化发生的因素上。在提供此分析时，管理层在管理业务时所使用的关键变量和财务衡量指标对讨论会有所帮助。这些变量可能是非财务性的，也可能代表行业特定的指标。第三，资产负债表表外事项的披露，该事项披露中要分析和讨论该事项已经或可能对公司当前财务状况及未来产生的影响。第四，合同义务表格的披露，其目的是采用一种清晰易懂的表述方法，提供能够反映合同付款义务所产生的现金流需求方面的信息。第五，MD&A 披露的中期要求。如果先前报告中的披露没有充分预示后续事件，或者如果有新信息影响已知趋势、需求、承诺、事件或不确定性，则在中期报告中进行额外披露。第六，安全港条文，[①] 该条款旨在保护前瞻性陈述，防止某些涉嫌重大错报或遗漏的私人法律诉讼。第七，重要的会计估计的披露，包括商誉减值、股权薪酬等。第八，关联方交易，SEC 要求关于某些关系和与关联方交易的披露要求应通过 MD&A 内的额外讨论予以补充。第九，公允价值项目披露。第十，其他信息。

（二）英国 OFR 信息披露制度

在英国，管理层讨论与分析叙述性文本的呈现形式为"经营状况和财务回顾"（operating and financial review，OFR）。该叙述性报告最初是作为 1993 年英国大型上市公司的最佳财务披露实践引入的，以促进用户更好地利用财务报告。英国政府在 2005 年正式将 OFR 纳入财务报告框架中，并将信息披

---

① "安全港"是指美国商务部建立一个公共目录，在联邦交易委员会和美国交通运输部管辖下的任何组织，自愿遵守"安全港"的规则就可以加入这个公共目录，成为"安全港"的一员。"安全港"代表的是一种保护和免责机制。

露的重点放在前瞻性陈述和 OFR 报告标准的使用上。OFR 旨在补充定量财务报表，促进讨论和解释推动业务发展的关键因素、公司资本化结构，以及公司在报告期和未来一段时间内面临的前景和风险。OFR 的披露框架和内容包括：(1) 公司业务、发展目标以及发展战略信息的披露与描述；(2) 对公司当前业绩的解释说明，以及对公司未来业务发展的分析；(3) 现有的资源、面临的风险和不确定性以及与公司利益相关者的关系；(4) 对公司重要的会计政策、资本结构、财务政策、现金流和流动性等财务状况的分析和讨论；(5) 雇员、环境等公司社会责任，以及公司供应链、股权变化等方面的其他问题的分析。

对比美国和英国关于管理层讨论与分析的信息披露内容，不难发现：第一，英国 OFR 的信息披露广度更高，除涉及财务信息外，还包括社会责任等非财务信息，而美国的 MD&A 信息披露主要限于财务信息。第二，美国的 MD&A 信息披露有详细的解释说明，更加注重规则导向，而英国的 OFR 披露以原则导向为基础，弹性空间更大，鼓励管理层进行自愿性信息披露。第三，美国 MD&A 信息披露中设置有专门的"免责条款"，即安全港条款，目的在于鼓励管理层对公司未来进行预测，做出重大风险和不确定性提示。而英国没有"免责条款"，该情形下，管理层鉴于责任和诉讼风险披露真实有效信息的意愿较弱。

(三) 国际会计准则 MD&A 信息披露制度

基于美国、英国等诸多西方发达国家都增加制定并要求执行 MD&A 信息披露制度，国际会计准则委员会于 2002 年建议在财务报表呈报中增加管理层经营状况述评（management commentary，MC）。2005 年，诸多国家专业人员构建的项目团队进行深入调研，结合各国现有的披露要求及实践，合作撰写了关于 MC 的征集意见稿，其内容包括 MC 的目标、原则、特征、披露内容等。该意见稿认为，一套完整的公司财务报告应该包括基本的财务报表、相关注释和 MC。由此，MC 也成为财务报告中的正式组成部分。

二、我国 MD&A 信息披露制度的发展与演变

(一) 我国 MD&A 信息披露制度的修订历程

我国的 MD&A 信息披露制度主要由证券监督管理委员会即证监会负责，

相关指导准则为《公开发行证券的公司信息披露内容与格式准则第 2 号——年度报告的内容与格式》。与美国相比，我国的 MD&A 信息披露起步较晚，且内容主要集中在财务报告"董事会报告"部分进行呈现。因此，早期的年报中并没有专门的管理层讨论与分析的字眼，而是以董事会报告的形式出现。直至 2015 年，指导准则中才要求以"管理层讨论与分析"为标题进行相关内容呈现。梳理我国 MD&A 信息披露制度的发展，其主要经历如下重要时点。

1999 年可谓是 MD&A 信息披露制度出现的元年，MD&A 信息内容首次被列入董事会报告。报告要求对"公司经营情况、公司财务状况、公司投资情况、新年度的业务计划"进行讨论与分析，除此之外，还特别强调要对变化的生产经营环境以及宏观政策、法规信息进行披露，尤其是当这些外部因素"已经、正在或将要对公司状况产生重要影响"。该披露要求体现了该部分信息内容要从管理层视角对公司财务状况尤其是未来趋势及可能的影响进行讨论与分析，以进一步减少信息不对称，对用户提供有价值的信息。整体而言，1999 年版的 MD&A 披露要求较为简单，并没有对具体的披露项目和披露形式做进一步解释和说明。

2005 年修订的年度报告内容与格式准则充实、强化了 MD&A 信息披露内容。该准则提出了具体的信息披露要求，提出了董事会报告的总体目标，强调投资者的信息使用需求，强调呈现形式的多样化，不能是财务报告内容的重复，并且提出将披露重点及落脚点放置在对公司未来产生影响的重大和不确定事项及因素。在具体内容部分，该年准则首次要求董事会报告应包含两大部分："报告期内公司经营情况的回顾"和"对公司未来发展的展望"，并对每部分的具体披露项目进行了规定。回顾部分主要是对公司报告期内经营情况的介绍，包括主营业务、资产及费用、现金流和投资情况的分析；展望部分要披露行业发展趋势及公司面临的市场竞争格局、管理层关注的未来发展机遇和挑战、未来资金需求及使用计划、风险因素等。需要说明的是，该年的准则对具体项目的披露也有进一步阐述。

2007 年版的年报内容与格式修订准则在 MD&A 信息披露部分的修改幅度较小，总体呈现形式与 2005 年版一致。但随着新会计准则中公允价值计量属性的引入，准则要求在 MD&A 信息披露部分增加介绍采用公允价值计量的主要资产的情况，并对各类型资产估值时采用的"相关假设、模型及参数设置"等技术情况进行说明介绍。对于计量属性发生重大变化的主要资产要特别说明原因及其对公司的影响。

2012年是MD&A信息披露准则有着重大调整变化的一年。MD&A信息所属的董事会报告在年报内容中列示的位置有着重大提升，由原有的第八节上升至第四节，仅位于重要提示、公司简介和会计数据与财务指标摘要之后。位置前移的变化表明了这部分内容信息在对外信号传递中的重要性。具体的内容变化有以下几点：第一，首次明确了MD&A信息披露应遵循的原则，包括可靠性、相关性、关联性、实质性，而且鼓励披露关键业绩指标，首次对MD&A语言表述提出了要求。第二，内容分类进一步明确细化，结构更加清晰。主营业务分析部分对收入、成本、费用、研发支出、现金流的披露限定条件和披露内容进行了明确规定；投资状况分析披露要求更加全面；未来展望部分披露内容更加清晰，确立了行业竞争格局和发展趋势、公司发展战略、经营计划、资金需求、可能面对的风险五大披露主体。第三，进一步增加有价值信息的披露，提升有用性。要求上市公司增加披露核心竞争力信息。第四，要求在描述性信息披露形式中增加特质性信息呈现。在风险信息披露部分鼓励用图表结合数据的形式，将风险对公司业绩的影响数量化，提升决策相关性。

2014年的准则指出，当公司因为行业不适用或其他原因无法披露相关信息时，应说明原因，并鼓励管理层根据自身情况进行主动披露。这一规定增加了MD&A信息披露的弹性，鼓励管理层呈现相关性和价值性更高的信息。

2015年也是MD&A信息披露制度有着较大变化的一年。无论是在整体的披露内容上还是在准则语言描述上都有变化和调整。第一，该年修订版本中，以"管理层讨论与分析"直接作为章节标题，代替原有的"董事会报告"。第二，信息披露准则中多处出现了"包括但不限于"的字眼，即鼓励管理层在遵守准则披露规定信息的基础上增加自愿性披露内容。第三，准则中提到"要充分考虑并尊重投资者的需要"，即强调投资者对信息的需求，该表述语言突出强调了该部分信息披露的作用，对整体信息披露提出了导向。第四，准则中多次用到"重点讨论与分析"，即对信息披露的侧重点有了规定，强调有用信息的呈报。第五，具体内容的调整包括，将收入与成本信息进行合并呈现、特别强调要对导致利润发生重大变化的非主营业务进行说明分析、增加披露重大资产和股权出售信息、披露"公司控制的特殊目的主体情况"信息变为披露"公司控制的结构化主体情况"

信息、在未来发展展望部分鼓励进行量化分析、强调公司对未来发展战略的披露、删除了核心竞争力分析和募集资金使用情况分析等。第六，删除了部分表示披露门槛的确定性数据，例如，研发投入项目的解释说明门槛由"数据同比变化达到30%以上"改为"数据较上年发生显著变化"。准则修订发生如此变化，体现了准则由具体的规则导向转变为原则导向，但该转变可能会增加管理层的选择空间。

2016年MD&A信息披露制度变化较小，但资产信息披露部分要求增加披露被查封、扣押、冻结或者被抵押、质押资产的相关信息。

（二）我国MD&A信息披露制度的特点

纵观我国年报准则中MD&A的修订历程，不难发现，我国的MD&A信息披露制度具有如下特点。

第一，与美国相同，我国的MD&A信息披露准则以规则为导向，信息披露内容及标准较为详细，体现了强制性披露特征。但随着市场的发展，准则披露的弹性空间增大，鼓励管理层增加自愿性信息披露内容，以充分发挥MD&A信息披露的信号传递作用。

第二，以市场信息需求为导向，MD&A信息披露内容不断地得到调整补充。随着资本市场的发展、公司治理和监督机制更加完善，投资者信息需求也愈加强烈，尤其是一定时期内新业务的增加，带来了投资者对非传统信息的需要，例如，MD&A信息披露中研发投入信息、资产抵押等内容的增加，便是为了顺应市场、满足投资者对新信息的需求。

第三，我国的MD&A信息披露准则主要是采用叙述性语言进行指导，虽然鼓励管理层采用量化指标呈现相关信息，但并没有对具体的量化形式进行规定，由此可能导致实践执行力较差。

三、MD&A信息披露中前瞻性信息的特点

（一）前瞻性信息是年报中管理层预测性和判断性信息的集中体现

国内外MD&A信息披露的初衷均是希望向信息使用者呈现管理层是如何看待公司现有经营状况，公司未来的发展又将如何。因此，MD&A主要呈现

两大类信息：历史信息和未来信息。历史信息的特点是反映企业已经发生的经营活动，这部分信息是对会计报表中数字信息的解释补充，该部分描述性信息的呈现为管理层解释说明会计数字信息提供了渠道，同时也能够帮助投资者更加透彻地理解会计数字信息。但由于这部分信息的本质是体现历史活动，信息利用价值较低。未来信息是基于企业已有的经营情况，以及管理层对未来的判断、规划，以叙述性的形式向投资者传递企业的未来发展战略、计划及可能的风险因素，有着显著的判断性和前瞻性特点，能够有效地降低投资者对未来的不确定性疑虑，增加投资者对公司的价值判断，利用价值也会更高。从某种程度上说，MD&A前瞻性信息的披露补充了会计信息历史性特征的固有缺陷，增加了会计信息面向未来的使用价值，因此，MD&A信息披露的前瞻性信息才是整个MD&A信息的落脚点，预测价值更高。

（二）前瞻性信息特性复杂，可验证与不可验证性并存

借鉴王惠芳（2009）基于信息确定性和完美性对信息特性的划分，部分信息是能够被观测和后期核实的，具有可验证性，无论是在强制性披露模式还是自愿性披露模式下，这部分信息均有着较高的可靠性，一旦披露，质量较高；相反，部分信息不能够被观测或后期也不能得到验证，即使在强制性披露模式下，这种信息的可靠性也有待验证。现有的MD&A前瞻性信息披露包括行业格局和趋势分析、公司经营战略分析、发展计划分析、可能面对的风险分析。经营战略和发展计划似乎能够被后期的信息披露验证，但当预测信息披露和实际执行不一致时，管理层也有足够的理由进行解释说明。同行业其他公司的信息披露能够对公司行业格局和趋势信息的可靠性进行佐证，但由此可能导致信息披露的特有性消失，信息披露价值降低。部分风险信息能够用后期的财务数据加以验证，但也有部分信息具有不可验证性，公司是否如实披露，投资者不得而知。因此，由于前瞻性信息的预测性质这部分信息的特性较为复杂，信息价值可能因为管理层的自利行为受到损害。

综上，MD&A前瞻性信息作为年报中预测性信息的集中体现，使用价值较高，但由于信息特性复杂，可验证性与不可验证性并存，使得这部分信息存在被管理层操纵的空间。基于如此背景，本书从信号传递、言语有效的视角验证前瞻性信息对危机预测的价值，进一步考虑管理层自利与机会主义动机下，前瞻性信息在财务危机预测中的价值变化。

本章小结

现代企业经营中，委托代理和信息不对称是会计信息需求产生的基础。会计信息作为信息不对称环境中重要的信号传递机制，其质量直接影响着市场效率。有效市场是保证投资者定价会计信息并进行决策的基础环境，也是会计信息产生价值的基础环境。因此，委托代理理论、信息不对称理论、信号传递理论、有效市场理论是会计信息问题包括会计前瞻性文本信息与危机预测问题研究的理论基础，能够为研究假设的逻辑推理提供分析框架。MD&A 信息披露制度的演变历程是 MD&A 信息披露不断发展完善的过程。在 MD&A 信息披露中，前瞻性信息是披露的落脚点，在 MD&A 信息体系中占据重要位置。因此，对前瞻性信息的危机预测价值问题进行研究有着重要的理论价值和现实意义。

第二章 文献回顾与述评

第一节 文本信息研究文献回顾

会计信息分为数字信息和文本信息。[①] 数字信息包括反映公司盈余和衡量公司财务状况指标在内的各种财务数据,其特点是简单、直观。文本信息是以文字描述为主,通过对文字的加工、组合、整序而成的信息。狭义的会计文本信息是指公司及其管理层作为信息提供者,能够直接反映公司状况信息的公司年报、季报、招股说明书、业绩预告、盈余公告、业绩说明会等;广义的会计文本信息是在狭义的文本信息基础上,扩展信息呈报主体,包括能够间接反映公司状况的分析师研究报告、媒体报道以及投资者能够获得的其他信息来源。文本信息由于其叙述性、定性化的呈现形式,[②] 使得如何对其进行有效量化成为学术界研究的重点课题。

一、文本信息内容研究

(一) 以手工编码与评分为支撑的内容研究

内容研究是对文本信息内容进行量化的研究方法。早期的文本信息内容研究多采用手工编码的方式对小样本进行研究。布莱恩(Bryan,1997)从七个方面对 MD&A 信息内容进行编码,包括价格变动、销售量变化、收入变动

[①] 会计信息有不同的划分标准。结合本书的研究目的,根据表达形式的不同,将会计信息分为数字信息和文本信息。

[②] 借鉴谢德仁和林乐(2015)的研究,本书将文本信息和文字型信息、描述性信息、定性信息归属于同一概念,并不做进一步区分。

原因、成本变动原因、未来流动性评估、预计资本支出以及影响前四项内容的其他信息，结果发现预计资本支出与短期市场回报、长期市场回报显著相关，以及反映销售价格、销售量、收入、成本变化的信息内容与企业未来收入、未来 EPS 变化显著相关。进一步，部分研究结合行业特征对文本信息内容进行细分研究。以航空、住宅建设设计和餐饮三个行业公司为研究样本，在控制了盈余信息以后，信息披露公告内容在解释当前股票收益率时提供了增量信息（Francis, Schipper and Vincent, 2003）。以零售业 1996~1999 年的 150 家公司为样本，发现 MD&A 销售额增长，开店和关闭以及资本支出信息内容可以预测未来盈利能力，并与同期股票收益相关联（Cole and Jones, 2004）。以 1998~2002 年的 568 家制造业企业为样本，MD&A 信息披露中关于库存增加情况的内容解释，尤其是有利的解释与未来的盈利能力和销售增长有关，而这种关系在增长性行业和竞争性行业更显著（Sun, 2010）。我国学者仇莹和张志宏（2016）同样研究发现，MD&A 中管理层关于存货异常增加持乐观态度的解释与未来收入增长正相关，持悲观态度的解释与企业未来投资回报率负相关。薛爽等（2010）发现，MD&A 中关于亏损原因的内容解释越多，包括内部原因和外部原因，未来扭亏的可能性都越小，而亏损的改进措施尤其是战略性改进措施提及的越多，未来扭亏的可能性越大。

此外，部分研究利用内容分析法对文本信息披露内容进行手工分项打分，以评价文本信息披露质量。李锋森和李常青（2008）对 MD&A 中 6 个分项（产品价格、产品销量、销售收入、生产成本、投资进度与收益、前瞻性信息）进行打分加总，研究发现，MD&A 信息披露能够获得股票市场投资者认可，在预测公司未来财务绩效，包括销售收入、经营现金流变化以及每股盈余方面都有增量贡献。程新生等（2013）从战略、新产品或新业务、拟投资项目、无形资产、战略资源分析、行业发展六个方面对年报前瞻性信息披露进行打分，以评价前瞻性信息自愿披露水平，研究发现在我国制度背景下，自愿性信息披露并没有缓解信息不对称。李慧云（2015）通过对 MD&A 更多的子项目（25 个）打分以构建 MD&A 信息披露指数，以沪市 220 家制造业上市公司为样本，发现 MD&A 信息披露有助于预测公司短期财务绩效，并和短期市场反应显著相关。姚颐和赵梅（2016）采用手工阅读、人工评分的方法对我国招股说明书中的风险信息披露进行分类并评分，研究发现总风险信息披露、财务风险和经营风险披露水平越高，公司 IPO 抑价率越低，股票流动性增强。

(二) 以计算机处理技术为支撑的内容研究

过去的 20 年，计算语言学、文本挖掘和机器学习技术的快速发展为会计研究人员提供了强大的工具来更好地理解文本信息披露（Core，2001）。以计算机处理技术为支撑的文本信息内容特征的研究包括风险信息、竞争程度、研发信息和财务约束等（肖浩等，2016）。这些研究主要以字典法、文档相似性分析等方法为基础，借助计算机技术统计文本信息中相应词语出现的频次或比例，分析两文本的相似度或重复度，以此来衡量对应研究内容特征的水平及程度。

国外学者李峰开拓性地借助计算机技术文本信息风险情绪进行研究。李峰（Li，2008）通过计算整个 10-K 文件中与风险或不确定性相关的词语频率来衡量年度报告的风险情绪，研究发现年报风险情绪水平的增加预示企业未来收益的减少，且风险情绪水平大幅增加的公司，未来股票收益显著为负。克拉维特和穆斯鲁（Kravet and Muslu，2013）同样采用风险词频统计的方法，研究发现年报风险情绪增加，亦会导致股票收益波动性增加、交易量增加，即风险信息披露会导致投资者风险认知差异增加，带来更多的市场异质信念，同时，风险情绪增加会降低分析师预测准确性和一致性。坎贝尔等（2014）通过借鉴已有文献中风险关键词和采用文档聚类方法统计反复出现的风险词汇两个步骤定制风险关键词词表，然后对年报中的风险重大提示部分、管理层讨论与分析以及整个年报中的风险词频进行统计以衡量公司风险信息披露水平，并根据关键词的不同区分风险类型，具体为财务风险、税收风险、法律风险、其他系统性风险和其他特质性风险。研究发现投资者将公司风险披露中的非预期部分纳入公司价值评估中，公司风险因素披露降低了信息不对称，非预期风险披露和短期市场反应显著负相关。奥普（Hope，2016）建立了一种新的量化企业定性风险因素披露的方法，即风险特质性水平，研究发现特质性风险信息披露和股票市场反应正相关，特质性风险信息的披露有利于增强分析师对公司基础风险评估的可靠性。该结果表明，更具体的风险因素披露有益于财务报表的使用者。杨等（Yang et al.，2017）设计了一种结合自动信息检索和手动标记的算法，通过检查句子而不是简单地计算文本中的单词来理解单词的含义，构建了句子级风险度量方式，研究发现公司特定的财务、战略、运营风险和审计费用显著正相关。我国学者郝项超和苏之翔（2014）通过将招股说明书中重大风险提示文本信息进行向量化处理，并区分为标准风险提示信息和特有风险提示信息，研究发现影响 IPO 抑价的显性风险信息为公司特有风险提示信息。王雄元等（2017）、王雄元和高曦（2018）采用词频统计的方法发现年报中风险信息披露能够提升分析师预测准确性，而且年报风险信息披露越多，越有利于降低信息不对称，从而降低权益资本成本。该结果表明，我国年报中的风险信息披露和国外不同，是对已有风险的进一步解释和说明，属于同质性风险。

已有研究依托计算机采用两种方法对文本信息中反映公司竞争程度的信息进行量化：一种是词典法，统计文本信息中蕴含竞争含义的词语比例；另一种是通过计算两公司关于产品描述文本信息的相似度来衡量公司面临的竞争程度（肖浩等，2016）。李峰等（2012）认为，管理层对公司竞争环境的认知会影响其决策，因此，通过对文本信息中与竞争相关的词语进行统计能够有效地衡量公司竞争环境，研究发现该种衡量方式和行业层面反映竞争环境的 Herfindahl 指数相关性较低，但却能有效地反映同一行业公司之间的竞争，以及整个公司竞争环境的变化。霍伯格和菲利普斯（Hoberg and Phillips，2010）通过比较公司年报中关于产品差异描述的文本信息的相似度，研究发现企业倾向于并购资产描述性语言和自己相似的公司，如此并购可以获得更高的股票收益和未来现金流收益的显著增加。霍伯格等（Hoberg et al.，2012）延续采用年报中有关产品市场进行描述的文本信息的相似度来衡量产品市场流动性，并进一步研究该流动性对公司股利支付政策和现金持有政策的影响，结果显示，产品市场的流动性降低了公司支付股息和回购股票的倾向，增加了公司现金持有。在该研究中，霍伯格等采用词典法重新计算产品市场流动性作为稳健性检验，进一步印证了上述结论。

与上述研究类似，默克利（Merkley，2014）采用词典法统计年报文本信息中的研发信息，研究表明，公司当前盈利是管理层调整研发信息披露的重要因素，研发文本信息具有信息含量，能够引起市场反应，且能够显著影响分析师行为。同样地，王华和刘慧芬（2018）采用词频法，研究我国制度环境下管理层代理成本对年报研发文本信息披露的影响。博德纳鲁克等（Bodnaruk et al.，2015）基于约束词汇列表对年报文本信息进行量化，构建不同于传统财务约束指标的新的衡量指标。

二、文本信息可读性研究

（一）可读性的衡量

可读性是影响文本信息是否能够被阅读者理解，是否能够有效发挥沟通功能的重要属性。一般而言，可读性越低，表示文本信息越复杂，越晦涩难懂，理解难度增加。李峰（2008）采用两项统计数据来衡量年度报告的可读性，分别是雾指数（Fog index）和文本长度。雾指数的计算依据是文本信息每个句子的单词数量以及复杂词汇的比例，而文本长度是指文本中单词总数的自然对数。其后，比德尔等（Biddle et al.，2009）、米勒（Miller，2010）、莱哈维等（Lehavy et al.，2011）以及劳伦斯（Lawrence，2013）使用雾指数进行了系列研究，雾指数成为"财务报告可读性的衡量标准"，甚至得到了美国证券交易委员会（SEC）的重视和认可。然而，拉夫兰和麦克唐纳（Loughran and McDonald，2014）在研究中对雾指数指标的适用性进行了比较研究，指出将商业文本中的复杂词汇作为雾指数的计算依据之一有失偏颇，不同于普通文本信息，商业文本中复杂词汇比例虽高，但可能并不复杂，能够很容易地被投资者和分析师理解接收，研究进一步指出，文本大小可作为可读性的代理变量，该指标简单不易出现测量误差，易于复制，且研究结果显示，该指标衡量的可读性与股票收益波动、分析师预测误差及预测分歧度显著相关，因此，文本大小作为可读性的衡量指标更为有效。埃尔图鲁尔（Etrugrul et al.，2017）以文本大小作为年报可读性的衡量指标，研究其与借款成本的关系。邦萨尔等（Bonsall，2015）创新性地构建了词袋指数（bog index）用于衡量可读性，采用实验研究的方法研究发现，文本信息阅读者对财务报告难易程度的理解符合 bog index 指数的衡量，而文本大小的代表性较差，此外，采用外生冲击检验发现，可扩展商业语言这一事件带来了词袋指数的显著变化，而文本信息大小的变化并不显著，由此表明，词袋指数可信度更高。和国外研究一致，我国学者结合中文语言特征，构建了适用于我国语言情境的可读性衡量指标。蒋艳辉和冯楚建（2014）以包含财务术语句子的频率来衡量其 MD&A 文本信息的可读性；陈霄等（2018）从复杂性和理解性两个方面衡量网络借贷市场中借款人借款描述的可读性，复杂性以文本信息的字数总和或词语总和除以标点符号总和来衡量，可理解性以文本信息中出现的常用中文汉字频率和常用中文词汇频率来衡量,复杂性越低,代表可读性越高,可理解性越高,代表可读性越高;叶勇和王涵(2018)利用Python编程语言使用结巴分词词库实现对年报文本信息词汇总量的统计,并将财经词库导入结巴分词系统实现对年报文本信息中复杂词汇的统计,进一步借用雾指数计算公式计算出年报可读性指标。

(二) 可读性影响因素研究

研究表明,文本信息可读性受到公司层面、管理者层面以及外部环境层面多种因素的影响。李峰(2008)在研究中探讨了年报可读性的决定因素,包括公司规模、公司账面市值比、公司年龄、经营波动性、经营复杂性、财务复杂性、公司特有事件(并购或股票增发)、制度环境等多种因素,但在众多因素中,当前业绩是影响年报可读性的重要因素,一般而言,收益较低的公司年度报告可读性更低,更难以理解。此外,公司战略会影响公司的各个方面,包括产品、市场、技术和组织结构,以及经营复杂性,因此,战略也是影响年报可读性的重要因素。林等(Lim et al.,2018)研究发现,当公司战略表现为以创新为导向的探索性战略时,年报可读性更低。

关于管理层特征的相关研究发现,当管理层薪酬与薪酬的经济决定因素不相关或相关性较低时,文本信息披露可读性更低(Laksmana et al.,2012)。进一步,查克拉巴蒂等(Chakrabarty et al.,2014)从股权期权的视角认为,期权薪酬激励促使管理层承担更高的风险项目,为保护自身利益,管理层可能隐藏自身选择,降低信息披露的可读性。上述李峰(Li,2008)的研究结论同时表明,管理层有动机选择年报可读性以隐藏负面消息,或者说管理层会基于某种动机对文本信息可读性进行策略性管理。延续该思路,部分文献从此视角展开了研究。由于已有研究表明,管理层出于自利动机会进行应计盈余管理和真实盈余管理活动,那么此行为是否会对年报可读性带来影响呢?罗等(Lo et al.,2015)以 Fog 指数来衡量年度报告中 MD&A 文本信息的可读性,研究发现,对于业绩与上一年持平或刚刚超过上一年的公司而言,其 MD&A 文本的可读性更低,该结论在其他应计和实际盈余管理活动计量中依然成立,由此表明公司盈余管理活动会显著影响年报可读性。我国学者叶勇和王涵(2018)以中国的数据印证了上述结论,盈余管理和年报可读性显著负相关。

此外,从外部环境层面看,伦德霍尔姆等(Lundholm et al.,2014)研究发现，跨国公司相较于美国本土公司披露的年报可读性更强且包含更多的数字信息，表明跨国公司试图向美国投资者传递更为清晰易懂的信息。进一步研究表明，公司所处国家与美国的地理距离、语言差距、会计政策差距、投资者保护等制度差距越大时，公司披露年报的可读性越强，使用的数字也越多。

（三）可读性经济后果研究

可读性经济后果的研究主要集中于盈余持续性、投资者市场反应、分析师预测以及债务契约等方面。李峰（2008）研究发现，可读性较高的公司盈余持续性更长久。随后研究表明投资者会受到年报可读性的影响。以 Fog 指数作为可读性的衡量，劳伦斯（Lawrence，2013）发现，散户投资者倾向于投资年报更短且可读性更高的公司，而米勒（Miller，2010）研究显示，年报可读性更高的公司，投资者交易活动波动更小。以文本大小作为衡量指标，拉夫兰和麦克唐纳（2014）发现，年报的可读性与年报公布日后（6，28）日间的股价波动显著相关，年报文本越大，可理解性、可读性越低，股价波动越大。可读性对分析师预测准确度是否带来影响是检验可读性信息含量的又一证据。莱哈维等（Lehavy et al.，2011）发现，年报可读性越低（Fog 指数越高），分析师跟踪度越高，但是也带来了更高的分析师预测分散度和更低的预测准确性。拉夫兰和麦克唐纳（Loughran and McDonald，2014）同样将分析师预测作为信息环境的代理变量，和上述结论一致，发现文本可读性越低，分析师非预期盈余预测越高，预测分散度增加。菲尔岑和彼得森（Filzen and Peterson，2015）研究文本复杂性对分析师预测行为的影响，发现分析师通过降低预测并更多地依赖管理者的预测来改变他们对复杂公司的行为，以便他们的预测准确性不会总是受到负面影响。基于中国数据，丘心颖等（2016）发现，虽然复杂的年报吸引了更多的分析师跟踪，但分析师对复杂年报的解读能力有限，预测信息含量和预测质量并没有显著变化。

上述市场反应及分析师预测的证据均表明文本信息可读性是有信息含量，且已有证据同时说明降低文本可读性可能是管理层隐匿坏消息的一种手段，综合这两方面的证据可以看出，当可读性越低时，代表着信息披露的透明越低。如此分析，埃尔图鲁尔等（Etrugrul et al.，2017）发现，年报语言可读性越低，模糊性越高，即信息披露透明度越低的公司，要承担更高的贷款成本。鉴于文本可读性的信息作用，陈霄等（2018）发现，P2P 借贷市场中借款人借款描述的可读性有助于提升信息对称性，减少噪声，促进借款成功率的提升。此外，罗等（Luo et al., 2018）以中国2001~2015年的数据研究发现，年报可读性越高的公司，代理成本越低，且这种相关性在外部审计质量高、内部控制质量高及分析师关注度高的样本公司中更显著。该证据表明，文本信息可读性的信息功能能够发挥管理层监督作用，降低代理成本。

三、文本信息语调研究

（一）语调的衡量

对已有研究进行统计发现，对文本信息语调[①]的衡量常采用两种方法：词袋法和机器学习法（肖浩等，2016）。词袋法先忽略文本中词语的顺序、语法和句法，将文本看作词的集合，然后基于特定"词典"和规则对文本中的词频进行统计（Loughran and Mcdonald, 2016）。这种方法借助计算机程序可快速地将大批量文档定性信息予以量化，方法相对简单，适用范围较广，容易被复制实现，但由于该方法忽略了词语的排序和上下文的含义对比，使其深度解析的精确度较低，而上下文词义的细微差别可能是管理层传递的关键信号。需要说明的是，影响该方法分析质量的关键要素之一是"词典"的性质。已有研究显示，常用的词典可分为两大类：通用词典和专业词典。以情感分析为例，国外的研究证据显示，部分研究借助于通用词典进行分析，例如GI哈弗情感词典（Tetlock, 2007；Kothari Li and Short, 2009；Campell, 2008），该词典由社会心理学家开发和使用，适用范围较广。专业词典有赫里（Herry, 2006、2008）基于公司盈利报告分析制定的相关词汇表（简称Herry词典）。拉夫兰和麦克唐纳（Loughran and McDonald, 2011）基于上市公司年报，建立的六个不同类型的词库，包括正面词库、负面词库、不确定词库、合法性词库、强确定性词库和低确定性词库。拉夫兰和麦克唐纳所创建的词典（简称LM词典）是国外研究中应用较为广泛的专业词典。由于在专业财务披露背景下，许多词语在通用词典和专业词典中的含义有所不同，因此，以不同的词典为基础进行研究，结论会存在差异。例如，以1994~

[①] 借鉴谢德仁和林乐（2015）的研究，本书将本研究领域文献中的英文单词"Tone"翻译为"语调"。

2008 年的样本为例，使用"哈弗词典"认定的否定词几乎 3/4 在财务背景下不被认为是否定类词汇（Loughran and McDonald，2011）。使用专业词典对文本进行分析，能够更好地预测未来收益，市场反应也更显著（Loughran and McDonald's，2011；Henry and Leone，2016）。和国外研究类似，我国市面上的"通用词典"也包括诸多版本，常用的"通用情感词典"包括知网 Hownet 情感词典和台湾大学制作的《中文情感极性词典》等。王华杰和王克敏（2018）借助台湾大学制作的《中文情感极性词典》对年报文本信息语气操纵和应计盈余管理间的关系进行研究。我国学者采用的专业性词典多是参照借鉴拉夫兰和麦克唐纳（2011）研究的基础上构建使用特定文本的专业情感词典（谢德仁和林乐，2015；林乐和谢德仁，2017）。这种方法在一定程度上也可称为自编类词典，研究者也可以根据其他特定研究目的创建自己需要的词典，例如和特定风险相关的词典（Campbell et al.，2014）。此外，在进行词频统计时，可采用简单词频等权重统计和 ti-dif 逆文本频率指数法（Loughran and McDonald，2016），二者各有优缺点，前者较容易实现，后者强调给定文档中的高频词汇，而不再强调出现在许多文档中的高频词汇（王天奇和管新潮，2017）。

机器学习法是采用一种机器学习算法，包括朴素贝叶斯（Naive Bayes）和支持向量机（Support Vector Machines，SVM）等对文本进行分类（王天奇和管新潮，2017）。该方法相对成熟，使用机器而不是人类对训练文本进行反复阅读，构建较为准确的文本分类数学模型，并以该模型为基础对目标文本进行分类处理（肖浩等，2016）。该方法不需要预先设定的词典，适应性强，准确率也较高。但该方法可复制性较低。以贝叶斯算法为例，该算法有数百甚至数千种未公开的规则来衡量文本词语间的联系，因此，其他研究人员将面临能否对结果进行有效复制的挑战。李峰（Li，2010）使用贝叶斯算法检验年报中 MD&A 部分的前瞻性陈述内容。

（二）语调影响因素研究

文本信息语调研究起步较晚，因此，关于语调影响因素的研究主要集中于近期。公司层面因素包括公司特质及治理因素等。李峰（2010）著有可查的第一篇 MD&A 语调影响因素的研究，比较全面地分析了公司特征和 MD&A 信息语调的关系。研究显示，从经营特征角度看，当一家公司目前业绩良好，管理者会以更积极的态度讨论未来前景，而应计利润和 MD&A 语调负相关，这表明，当目前的应计盈利润较高时，管理层对公司未来前景的讨论更为负面，即管理层理解应计利润对未来业绩的影响。公司规模较大时，MD&A 负面语调更为突出，该结论符合政治成本假设。公司成长性较高时，收益和回报率波动更突出，信息环境更加不确定，负面语调更多。业务复杂性与 MD&A 语调的关系因衡量指标的不同结果有差异，公司业务部门较多时，信息披露往往拥有更积极的态度，而分部分布涉及地区更多时则偏向负面语调。从其他特征看，成熟公司和股票发行经验较为丰富（股票增发）的公司对未来展望更为积极。马蒂凯宁等（Martikainen et al., 2016）分析了董事特征对年报语调的影响，结果表明，董事的平均年龄与文本信息中的消极、积极和不确定语调显著负相关，与合法性语调正相关，即年龄较大的董事风险规避意识更强；董事性别一致与消极和不确定的语调正相关，这表明，统一的董事，更少的制衡会产生更丰富的披露；外部董事的教育程度与消极、积极、不确定和合法性的语气正相关，同样，拥有 CFO 经验的外部董事会带来更多负面和更不确定的语言基调；董事更换与负面语言基调和合法语言基调正相关，与正面和不确定语言基调呈负相关，这与新董事会成员为公司披露带来新的声音一致。李和朴（Lee and Park, 2018）的研究表明，审计委员会的财务专业特长能显著地抑制管理层对 MD&A 语调的向上管理，提高 MD&A 信息披露质量。

管理层作为文本信息披露的主体，其特征会影响文本信息语调。戴维斯等（Davis et al., 2014）研究管理层固有特征对盈余电话会议语言基调的影响，研究发现，在控制当前绩效、未来绩效和战略激励等管理层私人信息对语调的影响之后，管理层特征固定效应依然存在。进一步研究发现，管理层早期职业经历，是否参与慈善组织这些与管理层特定语气相关的可观察因素与盈余电话会议语调显著相关。博奇凯等（Bochkay et al., 2016）同样以盈余电话会议为对象，研究 CEO 任期对其中前瞻性信息披露和语调的影响，结果发现，CEO 任期与文本前瞻性内容及净乐观语调显著负相关，且该结论在能力不确定性高、职业关注度高和缺少管理经验的 CEO 样本中更显著。结论表明，CEO 在任期之初，为降低能力不确定带来的市场影响，披露更多的前瞻性内容，且采用更加积极的方式呈现，以增强市场对其管理能力的信任。奥斯玛等（Osma et al., 2018）以美国公司年度报告为分析对象，研究发现，能力强的 CEO 在其职业生涯早期倾向于使用更加乐观的语调披露年报信息。由于管理层掌握着信息披露的主动权，所以存在管理层语调操纵和策略性管理。研究显示，当公司诉讼风险较低时，管理层在行使期权之前会增加盈余新闻稿中乐观语调信息披露（Davis et al.，2012）；为配合盈余管理，管理层会对年报语调进行操纵管理（王华杰和王克敏，2018），管理层乐观语调与应计盈余管理显著正相关，与真实盈余管理显著负相关（朱朝晖和许文瀚，2018）；为配合业绩重述、股票增发、企业并购、期权行权等特有事件，管理层会对盈余新闻稿的语调进行向上或向下的操纵管理（Huang et al.，2014）。此外，管理层还对语调在文本信息中的分布进行操纵，业绩较差时，正面语调倾向于分散分布，语调离差越大；而负面语调倾向于集中分布，语调离差越小（朱朝晖和包燕娜，2018）。

（三）语调经济后果研究

MD&A 披露信息的"语调""语气"等用词作为一种情感传递，反映了公司管理层对未来不确定性程度的判断，这种判断渗透在字里行间，让投资者理解该信息"意味着什么"。研究表明，该情感传递能够被投资者识别，引起市场反应，具有预测价值。研究证据如下，以通用哈弗 GI 情感词典为基础，对 MD&A 文本中正负面情感词频进行统计，研究发现，企业 MD&A 语调和短期市场反应显著相关，这种关系在控制应计项目、营业现金流、意外盈余之后依然显著，且这种关系在信息环境越弱的情况下更显著（Feldman et al.，2010）。通过建立专业财务情感词典，研究发现，MD&A 负面语调总是与报告发布后股票异常收益、异常交易量以及股票收益波动率显著相关，而正面语调等其他五类语气词语没有全部通过检验，结果表明，MD&A 语调尤其是负面语调更能引起投资者的感知（Loughran and Mcdonald，2011）。MD&A 语调不仅能获得投资者认知，且能带来市场效率的变化。科塔里等（Kothari et al.，2009）以 1996~2001 年 4 个行业（科技、通信、制药和金融）887 家公司为样本，利用 GI 内容分析软件来评估三种不同文本来源（MD&A、分析师报告和商业新闻）的正面负面语调频率和强度，并进一步检验其市场效率。总体而言，正面披露会降低公司股票收益波动率，而负面语调的影响恰恰相反。其他市场反应的证据有，曾庆生等（2018）发现，年报公布后的一段时间内，市场中股票交易行为和年报语调显著相关，年报语调越积极，高管卖出股票规模越大，净买入股票规模越小，尤其是在公司中期市场表现差、信息透明度低、非国有公司中该现象更显著，此结论表明，高管对年报语调存在操纵，表现出"口是心非"特点。

鉴于语调的信息作用，大量研究证据表明，文本信息语调具有预测价值。不同于上述基于已有词典的分析，运用贝叶斯机器学习法构建 MD&A 前瞻性信息平均语调衡量指标后发现，在控制业绩影响因素后，MD&A 报告的平均语调与公司未来收益显著正相关（Li，2010）。考虑到 MD&A 语调分析富含信息，将该文本语调信息加入业绩预测模型后，预测性能提升（Bochkay and Levine，2013）。我国学者蒋艳辉和冯楚建（2014）借助文本挖掘技术，发现 MD&A 语言特征对未来财务业绩有预测作用，可读性、匹配信息密度、前瞻性深度与未来财务业绩正相关，业绩自利性归因与未来财务业绩负相关，自我指涉度与未来财务业绩关系不显著。梅尤等（Mayew et al.，2015）研究发现，MD&A 中关于企业可持续经营的信息以及管理层正负面语调对企业破产预测有显著作用。语调操纵作为一种非预期信息披露具有预测价值，黄宣等（Huang et al.，2014）发现，盈余新闻稿中的语调操纵程度越高，预示着未来收益和现金流的下降，而我国王华杰和王克敏（2018）的研究表明，年报语气操纵蕴含未来业绩信息，和未来一期业绩显著正相关。

语调研究文献表明，文本语调会影响分析师预测的一致性。乐观语调会降低分析师预测分散度，提升分析师预测一致性，负面语调则相反（Kothari Li and Short，2009）。MD&A 信息语调分布离差会影响分析师预测乐观度，正面语调越分散，离差越大，分析师预测更加乐观；而负面语调分布越集中，离差越小，分析师预测愈乐观（朱朝晖等，2018）。

文本语调作为一种信息传递渠道，若能够被投资者认知，则会影响信息披露公司的资本成本。奥斯玛等（Osma et al.，2018）认为，公司信息披露更乐观，未来累积异常回报更高，此时更有可能获得未来债务，以及参与更多未来资本投资。研究显示，MD&A 中负面语调与资本成本关系显著，而正面语调不显著，分析师报告语调和资本成本不相关，商业新闻文本正负面两种语调和资本成本均显著相关（Kothari et al.，2009）。埃尔图鲁尔等（Ertugrul et al.，2017）借鉴 LM 专业词典衡量年报语调，发现若年报可读性较差、不确定性语调和弱态语调水平较高，公司的贷款合同条款会严格，未来股价暴跌风险更大，由此导致外部借款融资成本增加。

第二节 财务危机研究文献回顾

一、财务危机概念界定

辨析财务危机概念是开展财务危机研究的重要基础,但综观国内外研究文献,并没有得到一致性结论。比弗(Beaver,1966)将企业失败[①]定义为"无法按期履行其财务义务"。失败事项包括破产、债券违约、银行账户透支和没有支付优先股股利。基于此,部分学者以企业破产这一明确事项作为企业失败的标志(Hillegeist,2004;Beaver,2005;Mayew et al.,2015)。而另一部分学者在研究财务危机时,扩展研究样本,包含了更多代表危机特征的事项。安门多尔等(Amendola et al.,2012)以破产、清算与业务活动终止为标准挑选研究样本;蒂诺科和威尔逊(Tinoco and Wilson,2013)关注企业履行财务义务的能力,从两个方面界定财务危机:一是息税折旧摊销前利润连续两年低于财务费用;二是公司市场价值连续两年负增长。我国学者对财务危机的界定同样存在争议。吴世农(2001)将企业经营业绩连续两年亏损、一年亏损但呈现"巨亏"特征、获得特别处理审计意见作为选择财务危机样本的标准。崔学刚等(2007)将上市公司首次出现亏损即定义为财务危机。我国多数学者在研究时以企业陷入 ST 为财务危机的标志(宋彪,2015;蔡玉兰,2016;田宝新和王建琼,2017)。根据我国资本市场的相关规定,ST 和 *ST 作为风险警示,包含业绩表现、资产状况、审计意见、银行账户被冻结等多种事项,覆盖面较广,因此,诸多研究认为,在我国资本市场中直接以 ST 作为财务危机标志有一定的合理性。不同于简单地以企业被 ST 或 *ST 作为财务危机标准,王秀丽(2017)纳入了新的财务危机事项,扩充了财务危机样本,具体事项包括企业"因欠款未还被提起诉讼,因债务重组低价出售资产、母公司资不抵债,因虚构利润违规处理"。

[①] 企业失败是企业财务危机的表现形式之一。

二、财务危机预测模型选择

财务危机预测模型的发展表现为不断地探索使用数学统计工具建立新的财务危机预测模型。文献表明,学界最初比较多地使用多元判别函数、Probit模型、Logistic回归模型、风险分析模型等数学工具建立传统的财务危机预测模型,后来转向借助人工智能分析方法,建立了神经网络、支持向量机、粗糙集等财务危机预测模型。

(一)传统财务危机预测模型

奥特曼(Altman,1968)开创性地建立了Altman—Z值判别分析法。作为较早用于界定财务危机的方法,其有效性受到了肯定。该方法的基本思想是选取最能反映企业特征的财务变量构建多元线性判别函数,计算判别分数,并界定最佳的分界点。判别分数低于分界点且分数越低表示企业财务状况越糟糕,发生财务危机的可能性越大,反之,则视为健康企业。借鉴该思想,我国学者结合经济实践,加入新的经济变量或选取不同的经济变量,建立了F分数、Y分数以及新的Z分数模型(周首华,1996;张玲,2000;杨淑娥,2003)。条件概率模型包括Probit模型和Logistic模型,二者均采用最大似然法估计企业在一系列特征或属性组合条件下陷入危机的概率。不同之处在于前者服从累积正态分布,后者服从逻辑分布。一般认为,多元判别分析方法需要较严格的假设前提及变量间时常存在多重共线性关系,而该特点会影响其预测效果。相比较,条件概率模型对多重共线性关系、极端值以及缺失值极为敏感,可以避免多元判别分析中众所周知的问题(Balcaen and Ooghe,2006),因此,条件概率模型在研究中的应用效果更好。我国学者吴世农(2001)以1998~2000年我国财务困境公司和健康公司各70家为样本,对比分析了Fisher线性判别分析、多元线性回归分析和Logistic回归分析三种模型的预测准确率,结果显示,在同一信息集内,Logistic模型的误判率最低,预测准确性最高。基于上述条件概率模型的优越性及简单实用性,条件概率模型尤其是Logistic模型逐渐成为财务危机预测模型的首选,研究成果丰硕(Ohlson,1980;Zmijewski,1984;Keasey and McGuinness,1990;Becchetti and Sierra,2002)。

此外,舒威(Shumway,2001)指出,已有预测模型都是从静态的视角运用多期破产数据进行企业失败预测，忽略了公司动态变化的特征，会导致有偏且不一致的估计，他开发了离散时间风险模型技术，运用 Logit 模型的估计程序进行估计，新的估计结果显示，以前模型中使用的约一半的会计预测指标在风险模型估计中并不显著。由于离散时间风险模型是唯一包含了时间序列数据的技术方法，可以包含更多的样本量，拥有较好的预测性能，故而也被重视和使用（Beaver，2005；Mayew，2015；蔡玉兰，2016）。

（二）人工智能财务危机预测模型

神经网络模型呈现了一个受人类神经系统启发的计算范例。该网络中，神经元按照三个层次排列，即输入层、隐藏层、输出层，分层排列，层次间相互连接。财务危机预测指标即为神经元，从输入层输入，经隐藏层传递到输出层，传递过程即为迭代计算过程，经过多次迭代，最终确定各指标最佳权重，形成危机预测模型的参数。研究表明，神经网络模型预测准确率高，优越性强，具有良好的应用价值（Coats and Fant，1993；Altman，Marco and Varetto，1995）。胡延杰和夏国平（2009）基于会计信息供给选取六大类财务指标，包括偿债能力、盈利能力、资产管理能力、成长性、现金流量以及会计信息质量，构建 BP 神经网络危机预警模型；龚小凤（2012）进一步考虑行业差异，对财务指标进行调整后采用神经网络模型预测；符刚等（2015）在经济新常态背景下，运用主成分分析，融合神经网络与 Kalman 滤波进行财务危机预警。以上研究虽然视角不同却均取得了良好的预测效果。

支持向量机模型（SVM）通过将输入的非线性向量映射到高维特征空间，将非线性模式转换为线性模式进行处理。研究报告显示，该模型已被用于财务应用，如信用评级、时间序列预测和保险索赔欺诈检测，是功能强大且性能良好的分类器（Wang et al.，2005）。研究表明，支持向量机模型作为新的预测模型，对财务危机具有良好的预测能力（邱玉莲和朱琴，2006）。随着研究的拓展，宋彪（2015）在大数据背景下，将非财务指标企业相关网络信息的情绪特征与财务指标结合，采用支持向量机模型进行危机预警预测，有效性更高。

粗糙集作为自然语言中较容易理解的决策规则，可以有效地处理模糊和不精确问题。研究表明，粗糙集可用于财务危机预测，和其他模型结合时，预测性能更优。宋鹏等（2009）将邻域粗糙集模型用于财务危机预警，显示出较高的预测精度。刘彦文和戴红军（2007）将粗糙集和神经网络结合，减少了神经网络输入维数，提升了预测准确性和精度。鲍新中和杨宜（2013）将粗糙集和神经网络结合用于不同层次财务状况的预测，提升了神经网络的拟合效率。王谦等（2013）、葛新旗和周虹（2015）将粗糙集和支持向量机融合，有效地消除了冗余信息，提高了预测效率和精度。

三、财务危机预测指标选择

财务危机预测指标的选择可分为两种类型。一类是基于危机影响因素视角进行探析。研究表明，财务危机是在公司内部因素与外部环境因素的影响下形成的。由于危机影响因素与财务危机之间存在逻辑关系，因此，理论上可以选择反映危机因素的指标作为预测变量。最初侧重探索使用公司内部预测变量建立财务危机预测模型（Altman，1968；Beaver et al.，2005、2012），随后发展到探索使用宏观经济、货币政策等公司外部预测变量建立财务危机预测模型（Mare，2012；Tinoco M H，2013）。内部因素又可分为财务因素和非财务因素，财务因素有公司经营业绩、财务状况、现金流量等。研究表明，企业长期业绩欠佳、负债过高、负债结构不合理会导致企业陷入财务危机（闫书丽和罗爽，2009），企业的现金流量尤其是经营活动现金流量的充足稳定、结构的合理性与财务危机密切相关（武晓玲和乔楠楠，2013）。因此，预测模型往往将财务变量作为危机预测的首选。奥特曼（Altman，1968）开创性地组合多元财务指标，包括营运资本比、留存收益比、息税前利润报酬率、产权比率、资产利用率五个指标对制造业 66 家破产和非破产企业进行判别分析。兹米耶夫斯基（Zmijewski，1984）基于 probit 模型选用总资产收益率（ROA）、资产负债率、流动比率对企业破产概率进行预测。随着相关研究的拓展，比弗等（2005）总结发现，对企业破产进行预测的财务指标主要集中于三个方面：盈利能力、现金流获取能力和偿债能力，因此，他选用更为简约的三个财务指标：息税前利润/总资产、息税折旧摊销前利润/总负债、资产负债率对企业破产进行预测，结果显示，三个指标所构建的预测模型在为期 40 年的样本期内预测性能良好。钱爱民（2008）强调现金流量对财务危机预测的重要性，并构建了以自由现金流量为基础，反映企业偿债能力、营运能力、收益质量和财务弹性的危机预警指标体系，研究结果显示预警效果良好。鉴于盈余管理与财务危机的关系，应计盈余管理程度和企业财务危机程度正相关（吴芃，2017），因此，考虑盈余管理、会计信息披露质量后，危机预警能力提高（王敬勇和王源昌，2010；陈收等，2015）。

非财务因素包括公司战略与治理、内部控制、高管特征等。研究表明，健全的公司治理有助于企业长期战略目标的实现，且通过优化管理者和股东激励的总成本以及避免利己主义的管理行为来提高公司绩效（Jensen and Meckling，1976）。相反，公司治理失效可能导致企业现金流断裂（陈志斌和孔令伊，2015）、业绩不佳甚至破产（Dalton and Daily，1999）。因此，实证结果显示，公司治理特征与企业财务危机发生显著相关（Chaganti et al.，1985；邓晓岚，2007；钱忠华，2009），考虑公司治理因素后，财务危机预测能力提高（黄善东和杨淑娥，2007；梁琪和郝项超，2009）。此外，研究表明，高管特征与行为是影响财务危机的重要因素（邢精平，2004）。以管理层过度自信特征为例，一方面，过度自信的管理层倾向于选择激进的债务期限结构，提高短期债务的比例（刘柏和王一博，2017），保持较低的财务弹性（马春爱和易彩，2017）；另一方面，管理层过度自信会导致企业增加总投资水平，积极进行内部扩张（姜付秀等，2009）。综上，管理层过度自信会加大企业陷入财务困境的可能性。韩立岩和李慧（2009）研究发现，CEO权力是影响财务危机的重要因素，且处于不同产业生命周期的财务危机公司，CEO权力的影响有显著差异。因此，考虑激励不足、代理成本等管理层因素后会提高预测模型的稳定性，降低误判率。

研究表明，财务危机风险或违约风险是宏观经济环境中的一种系统性风险（Fama and French，1993；Campbell et al.，2008），经济上行期，违约风险较小，反之，经济下行期，信用风险较大，容易出现财务危机集聚现象（Kuehn and Schmid，2014）。政策环境作为影响企业经营活动的制度背景，其影响不容忽视。证据表明，货币政策宽松（紧缩）与财务风险水平直接相关（季伟伟等，2014），货币政策宽松期带来的宽松投资增加了货币政策紧缩期企业发生财务危机的可能性（李秉成和粟烨，2016）。因此，考虑宏观经济和货币政策因素后，财务危机预测模型的解释能力和识别能力均有显著提升（Tinoco and Wilson，2013；Mare，2012；吕峻和李梓房，2008；邓晓岚和王宗军，2008）。由于宏观经济和政策变量涉及众多，研究结论并不一致。常见的变量包括GDP增长率、真实贷款利率、信贷余额增长率、消费物价指数（吕峻和李梓房，2008）、国民生产总值、货币供应水平、通货膨胀水平等（肖贤辉和谢赤，2012）。

另一类是基于财务危机"迹象特征"视角进行筛选。研究表明，公司陷入财务危机不是突发的，而是一个渐变过程（李秉成，2004）。在这个过程中，公司年度报告、审计报告等文件资料都会一定程度传递出公司已经存在财务危机迹象的信息（Beaver et al.，2005），以及资本市场对此做出反应的信息（Shumway，2001）。由于这些信息与财务危机存在相关关系，因而被用来作为财务危机预测变量。比弗等（2005、2012）、蔡玉兰（2016）、田宝新和王建琼（2017）等的研究表明，财务报表信息具有财务危机预测能力，坎贝尔等（2010）、查兰巴基斯和加勒特（Charalambakis and Garrett，2016）在财务危机预测模型中增加公司股票价格等市场信息后提高了预测能力。需要说明的是，基于财务危机影响因素选择财务变量作为预测指标，与基于"危机迹象特征"选择财务变量作为预测指标，是同一问题不同视角的解释，前者是基于逻辑因果关系的视角，而后者是基于表象征兆的视角，是基于"原因观"和"时间观"视角的不同解释。

第三节　文献述评

一、文本信息研究述评

随着计算机自然语言处理技术及信息挖掘能力的增强，在过去的几十年，文本信息研究成果丰硕。从研究发展历程来看，呈现出以下特征：第一，由早期的小样本、人工处理数据发展为现有的大样本、计算机技术处理数据。第二，研究对象由以年报、半年报等强制性信息披露文本为主发展到多种信息文本分析并存，尤其是多种自愿性信息披露文本，包括管理层电话会议、业绩说明会、媒体报道等。第三，研究内容由传统的文本信息内容研究发展到新兴的语言特征属性研究，而且在内容研究方面由文本信息整体评价发展到具体内容及项目的研究，整体研究更加微观且多样化；语言属性研究作为新兴研究领域，由最直接的投资者市场反应研究发展到分析师预测、资本成本等其他经济后果研究，研究愈加深入。综合已有研究成果，文本信息研究还有以下不足。

第一，研究成果集中于股东权益市场，债权市场研究略显单薄。在内容研究方面，风险信息由于其特别属性受到研究者的青睐，虽研究成果丰富，但却过多地集中于股东权益资本市场,风险信息如何影响债权人市场,包括债权人的决策、公司的信用评级等的研究涉及较少。文本信息语言属性的研究同样以股东权益市场为主,有关债权市场,包括信贷市场、债券市场的研究成果并不丰富。此外,其他文本信息研究内容较少,文本信息中竞争程度以及研发信息披露的研究虽有所涉及,但研究成果相对较少,还有待进一步挖掘和突破。

第二,语言属性定义及计量存在争议,其可靠性受到质疑。(1)以可读性为例,传统的可读性概念由单词和句子(Fog 指数)两个因素决定,但这种衡量可能是无效的,其原因在于商业文本信息的特殊性。可读性的计量从 Fog 指数、文本长度发展到文本大小,不同的计量方式导致研究结论的不同,那么,何种计量方式才是可靠的呢?(2)词袋计量是语调计量中最常用的形式,但词袋的来源不同,计量结果不同。专业词袋相对于通用词袋,优势更加明显,但现有的专业词袋可靠性和权威性不足。此外,以词袋作为语调计量,可能并没有考虑词语的排列组合所带来的语义不同,由此会导致对文本信息语调的计量是有偏的。

第三,基于中国制度情境的研究不足。上述研究成果尤其是以新兴的计算机处理技术为支撑的研究主要集中于国外,我国的研究成果相对较少,现存的研究也仅是对国外研究成果在中国的表现及应用的一种检验,原创性不强。我国制度情境下,首先,汉语言的表述与应用与英语语境差异较大,汉语言文字顺序的变换可能导致语义及语气的极大变化,如果简单地将英文文本分析复制应用于汉语言文本,可能导致文本分析的准确性出现较大偏误。因此,如何有效地构建汉语言文本分析方法是继续实施研究的重要基础。其次,中国的文化制度特征与国外差异较大,中国作为高语境社会,语言的晦涩使用、语言背后的语义传递以及投资者"听锣听音"的能力与西方国家差异较大,直接照搬国外的研究结论显然是有失偏颇的。因此,文化与制度差异会导致研究结论的何种变化也是未来研究的重点。综上所述,基于我国特有制度和文化特征对单一国家进行研究,甚至考虑国家差异开展跨国对比研究可能是未来需要加深的研究方向。

二、财务危机研究述评

作为一项重要的课题,财务危机预测研究成果丰硕。预测模型从传统的计量模型扩展至人工智能模型，模型算法更加科学稳定。预测指标涵盖全面，财务指标与非财务指标、内部因素指标与外部环境指标共同构成了财务指标选择体系。纵观已有成果，财务危机预测研究中依然存在着以下不足：第一，财务危机概念界定比较随意，往往依据研究目的进行自我设定，导致样本范畴异质性较强，影响了预测结果的适用性。第二，预测指标的选择往往是依据已有的研究经验，没有统一的认定。无论是传统的财务危机预测模型还是人工智能预测模型，预测指标始终是后续预测分析工作的基础，直接影响着预测的有效性。但已有预测指标数量众多，涉及面较广，预测能力认同不一致。虽然主成分分析法涵盖了扩展了可纳入预测指标数量，降低了指标维度，但构建主成分分析的基础指标库仍有较大随意性。第三，文献回顾显示，财务危机预测变量是从反映财务危机影响因素变量和反映财务危机迹象变量两方面展开的。而目前财务报告中财务危机迹象信息的挖掘主要集中于定量信息的分析，而对定性信息的探讨较少，是有待丰富的研究领域。

三、本书研究的切入点

鉴于现有研究的不足，本书将从以下几个方面展开研究：第一，基于中国制度情境，从较长的时间跨度（2007~2017年）研究前瞻性文本信息中的语调特征对企业财务危机预测的贡献作用。第二，在语调指标衡量方面，本书在主回归部分采用"词袋法"，而在稳健性检验部分采用机器学习法进行结果验证，以此佐证所构建"词袋"的合理性和研究结果的稳定性。第三，通过本书研究的经验证据，扩充财务危机预测指标的选择范围，以期对投资者决策和债权人信息风险评估提供增量信息来源。

本章小结

会计文本信息研究作为目前的研究热点受到了学者们的广泛关注。已有的会计文本信息研究主要集中于信息内容研究和信息语言特征研究。早期研究采用手工编码的方式对文本信息具体内容进行量化，进而研究文本信息的价值。随着计算机自然语言处理技术的发展，以风险等特定内容为对象的大样本分析研究兴起。而语言特征的研究主要包括文本可读性和文本语调研究，已有成果显示，会计文本信息语言特征富含信息量，具有信息价值，但已有研究以国外研究为主，国内研究较少。

财务危机预测作为风险预警课题的重要组成部分，对投资者决策具有重要价值。已有的财务危机预测研究主要集中于财务危机预测方法以及财务危机预测指标选择等方面。预测方法包括传统的数学统计工具预测模型和人工智能预测模型，而预测指标则以定量的财务分析指标、公司治理指标以及宏观经济变量指标为主。已有财务危机预测指标选择以定量指标为主，而对定性文本信息较少关注。本书以此为切入点，研究定性文本信息是否能够为投资者财务危机预警提供增量信息。

第三章 管理层语调对企业财务危机预测的影响

第一节 问题引出

近年来,资本市场风险事件层出不穷,给投资者造成了重大损失。股价崩盘风险尚存,由于外部事件冲击或多年积聚风险爆发,部分知名企业、行业龙头企业的股票价格在短时间内跌至历史冰点,对整个资本市场形成灾难性冲击。企业巨额亏损频现,不仅成为影响企业健康发展的一种"病症",也成为阻碍投资者利益实现的最大障碍。如果说上述风险事件还在预期之中,那么,我国资本市场债券违约事件接踵而至则让投资者们措手不及。据万得(Wind)数据统计,2014~2018年,债券违约数量由6只增加至87只,债券违约规模由13.40亿元增加至871.83亿元。与投资者传统的认识相悖。因此,对投资者而言,如何充分地挖掘利用信息,提前做好风险预判和危机预测管理是当下的重要课题。

财务危机预测管理研究始于20世纪30年代,学者们一直致力于探索有效的财务危机预测指标和建立新的财务危机预测模型,以提高财务危机预警能力(Fitzpatrick,1932)。如前述文献回顾所示,在预测指标选择方面,以财务状况、经营业绩以及现金流量为主的财务指标对企业财务危机具有较强的预测能力(Altman,1966;Beaver,1966;Shumway,2001;Beaver et al.,2012)。近期通过对财务报表信息的深入挖掘,比弗等(2016)发现,在进行集团公司财务危机预测时,基于合并报表的信息有失偏颇,应在子公司危机预测时考虑母公司财务信息,同样地,母公司危机预测时应考虑子公司信息。王秀丽等(2017)以我国危机企业为样本,发现相较于母公司报表,合并报表的危机预警效果更好。以上对财务信息的挖掘均是以财务报告中结构化数字信息为基础,关于财务报告中文本信息的分析鲜有涉及。近几年,自然语言处理技术的快速发展推动了文本信息研究的兴起,也为文本信息与财务危机预警关系的研究奠定了基础。

MD&A 是财务报告中重要的文本信息。该部分信息作为对年报数字信息的重要补充和说明得到了研究者们的关注。研究表明,MD&A 文本信息内容和语言特征含有大量的增量信息(Bryan,1997;Feldman et al.,2010),有助于提高盈余预测的准确度(Bochkay and Levine,2013)。现行的 MD&A 报告包括企业报告期内主要经营情况回顾和公司未来发展展望两部分。经营情况回顾主要是对已有盈余信息的解释和总结,而未来展望部分则展示了企业未来经营所面临的行业环境、风险因素及未来发展的战略规划和经营计划。回顾部分和未来展望部分所反映信息的时间属性不同,前者主要是历史信息,后者则主要是面向未来。一直以来,会计信息由于其历史属性,无法很好地反映未来的缺点始终受到人们诟病。如此环境下,MD&A 未来展望部分信息的价值就弥足珍贵。有研究指出,相对于回顾部分,未来展望部分信息含量更高,降低股价崩盘风险的作用更显著(孟庆斌等,2017)。可见,相对于回顾信息,未来展望部分即前瞻性文本信息价值更高。

国内外关于 MD&A 信息与财务危机预警关系的研究证据显示,MD&A 信息披露内容、信息语调及词语特征有助于预测企业破产(Tennyson et al.,1990;Holder-Webb and Cohen,2007;Mayew et al.,2015)、企业信用风险及财务困境(刘逸爽和陈艺云,2018;陈艺云等,2018),但这些研究均以 MD&A 整体信息披露为研究对象,关注重点并非前瞻性信息。而回顾性信息的掺杂可能使投资者无法很好地独立判断未来信息的价值。管理层语调反映了管理层对某项事物或事件的情感态度,文本信息语调是文字语言的基调。MD&A 前瞻性文本信息语调是管理层将自己对企业未来发展的情感态度寄予在文本语言基调中。那么,MD&A 前瞻性信息语言基调是否富含企业财务危机预测所需要的信息呢?进一步,MD&A 前瞻性信息整体语言基调是否能够提升企业财务危机预测能力呢?薛爽等(2010)在研究 MD&A 信息有用性与企业扭亏预测关系时指出,判断 MD&A 信息有用的标准包括:第一,在预警模型中,MD&A 信息与企业未来一年业绩的相关性;第二,MD&A 信息提高了预测模型对未来一年业绩预测的准确度。符合上述标准的一条或两条即证明 MD&A 信息是有用的。本书借鉴该项研究标准,研究在预警模型中,MD&A

前瞻性信息管理层语调与企业未来发生财务危机是否显著相关；若考虑 MD&A 前瞻性信息管理层语调指标，预警模型的预测准确性是否能够显著提高。同样地，任何一项标准的肯定性回答即可证明前瞻性信息管理语调具有财务危机预测价值。本书借鉴比弗等（2016）的研究，以 ROC 曲线面积 AUC 值来衡量危机预测模型的预测准确率，该衡量方法的最大优点是简洁直观。[①]

借鉴拉夫兰和麦克唐纳（2011）、谢德仁和林乐（2015）的做法，采用文本分析法构建 MD&A 前瞻性信息管理层语调衡量指标，从整体语调基调、具体语调类型、预测作用时间等多角度研究 MD&A 前瞻性信息语言基调对财务危机预测的价值。以 2007~2017 年 A 股上市公司为样本，构建危机预测基准模型，检验前瞻性信息语调特征对财务危机预测的相关性，并进一步比较基本财务危机预测模型与纳入 MD&A 前瞻性信息语调指标后，财务危机预测模型预测准确率的变化。

本章余下部分安排如下：第二节从理论层面分析前瞻性信息语调特征与企业财务危机预测的关系，以此为基础提出研究假设；第三节借鉴已有研究进行研究设计，包括样本选择、模型设计和变量选取方面；第四节为实证结果的分析描述，检验研究假设是否得到了有效验证，并进一步分语调类型和采用 PSM 配对方法，检验前瞻性信息语调特征对企业财务危机预测价值的作用时间，与此同时，从市场反应的角度，侧面检验投资者是否能够识别 MD&A 前瞻性信息中所包含的财务危机预测信息；最后得出本章的结论。

第二节　理论分析与研究假设

一、MD&A 信息与企业财务危机预测相关研究

大量研究证据表明，MD&A 语调特征具有信息含量，能够被投资者识别，引起股票收益率、市场交易量的变化（Loughran and Mcdonald，2011），具有

[①] 财务危机预测能力是指预测财务危机时的准确性，其衡量指标主要包括三类：第一，预测模型整体的分类准确率；第二，预测模型对第一类错误和第二类错误的降低率；第三，受试者工作特征曲线 ROC 曲线下面积 AUC 值。由于 ROC 曲线不固定分界值和决定阈，更加客观简洁。本文借鉴 Beaver et al.（2016）的研究选用 AUC 值。

业绩预测价值（Bochkay and Levine，2013），且同时具有其他经济后果反应，包括对权益资本成本和债务资本成本的影响（Ertugrul et al.，2017；Franke，2018）。但众多文献中，关于 MD&A 信息与财务危机预测之间关系的研究并不丰富。已有的相关研究显示，管理层在公司陷入财务困境后发生破产危机之前，会提升 MD&A 信息披露质量（Holder-Webb and Cohen，2007）。因此，MD&A 信息披露有助于企业财务危机预测。基于内容分析研究方法，研究发现 MD&A 叙述性信息尤其是关于企业扩张增长的内容对预测企业破产有显著解释力（Tennyson et al.，1990）；基于文本分析研究方法，研究结论显示，MD&A 报告中企业可持续经营信息和管理层正负面语调信息对企业破产有显著的增量预测作用（Mayew et al.，2015）。我国制度情境下，刘逸爽和陈艺云（2018）采用多种分析预测模型，研究发现，MD&A 文本的语调信息能够提升预测模型对企业信用风险的预警能力；陈艺云等（2018）采用文本分析方法，对公司 MD&A 信息披露的特征词进行比较，形成专属财务困境公司和正常公司特征词库，并以此为基础构建经理人违约倾向指标，研究发现，考虑该指标可以提高财务困境预测模型的预测性能。上述研究为 MD&A 信息与企业财务危机预测提供了基本的经验证据，但并没有区分回顾性信息和前瞻性信息，没有考虑两种信息披露的不同侧重点。

二、前瞻性信息中管理层语调的可信度和可理解性

管理层语调是隐含在 MD&A 文本信息中的情感倾向，是文本信息重要的语言特征之一。MD&A 语调的信息含量和预测价值是目前的研究热点。依据信息传递理论和言语有效理论，MD&A 信息包括语调信息必须具有可信度和可理解性，其信息价值才能得以体现。管理层是保障 MD&A 信息可信的基础，那么，管理层是否会在 MD&A 报告中披露有效且有价值的信息呢？

制度背景回顾显示，和国外监管机构相同，我国监管部门于 2001 年在会计准则《公开发行证券的公司信息披露内容与格式准则第 2 号——年度报告的内容与格式》中对 MD&A 信息披露内容进行了明确规定，之后进行了多次修订完善。修订的指导原则始终为"帮助信息使用者更加充分地理解公司未来变化的趋势"。虽然部分学者认为，由于政治压力，监管部门缺乏独立性和公正性，以及监管部门无法准确把握利益相关者的信息诉求等原因，强制性信息披露无法保障最优的披露准则，且不符合成本效益原则（胡元木和谭

有超,2013)。但作为现实的一种折中选择,强制性披露从一定程度上保证了信息的及时性和可靠性,且会计准则的不断变迁及其对经济发展的适应性也从侧面证明了会计准则框架下信息披露的存在价值。因此,从强制性信息披露的视角看,MD&A 前瞻性信息的可信度会得到一定保障。

虽然在我国制度背景下,管理层讨论与分析这部分内容更多地体现为强制性披露特征,但准则规定中(如 2015 年和 2016 年修订版)特别指出信息披露"主要包括但不限于"准则所列示的内容,即鼓励管理层增加自愿性披露内容。此外,MD&A 信息披露主要为文本叙述性信息,由于中国语言的博大精深,同样的词语按照不同的文字顺序排列,会传递出不同的含义。因此,管理层掌握这部分信息披露的弹性。进一步,由于 MD&A 未来展望部分的某些信息(如风险信息)具有不可观测性和不可核实性的特点,使得该部分信息在披露时虽有强制规则,但公司实质上却拥有自主选择权。综上,MD&A 前瞻性信息披露会表现出"自愿性披露"特征。依据自愿性信息披露理论,管理层基于信息透明观,会借助文本信息,利用信号机制,进一步缓解信息不对称,提升信息效率。研究证据显示,以叙述性为主的 MD&A 文本信息是对公司数字盈余信息的重要解释和补充(汪炜和袁东任,2014),在公司股票价格信息效率较低时,更高水平的 MD&A 前瞻性文本信息的披露有助于改善信息环境,缓解信息不对称(Muslu et al.,2015)。即使从"柠檬"问题的视角,管理层为转移投资者对公司财务压力的注意,并不真实地呈现公司现实经济状况,这种不真实性在文本信息中也会有所体现。但由于 MD&A 信息披露的连续性,即下一年份的盈余信息会对上期的前瞻性信息披露内容进行验证,该特征在一定程度上会抑制信息虚假成分,提高信息的真实性。总体而言,文本信息中所选择的词语及其语调特征能够揭示其目的(Tennyson et al.,1990)。大量的研究文献也证实 MD&A 语调信息与企业未来业绩显著相关,具有预测价值(Davis and Tama-Sweet,2012;Bochkay and Levine,2013;Loughran and McDonald,2016)。因此,基于自愿性信息披露的视角,MD&A 前瞻性信息具有可信度。

投资者作为信息接收者,能否吸收理解文本信息,是信息价值实现的关键。从目前的市场反应证据来看,无论是 MD&A 信息披露内容还是其语言特征都能够被投资者认知,引起股票累积异常收益率、交易量等市场反应指标发生显著变化(Bryan,1997;Li,2008;Loughran and Mcdonald,2011)。此外,林乐和谢德仁(2016)指出,我国文化制度背景下,投资者能够有效地

"意会"文本语言背后的含义，投资者会听话听音，能够捕捉文本语调信息。从投资者类型来看，机构型等专业投资者和普通投资者对信息的理解接收和挖掘的能力有显著区别。以专业数字信息为例，专业型投资者会凭借自身扎实的专业基础，不仅能够理解数字信息本身的含义，而且能够通过数据间的关联挖掘深层次的信息，而普通投资者尤其是中小投资者这方面的能力相对较弱。而相比于专业数字信息，文本信息直接明了的语言表述可能为中小投资者提供更加通俗易懂和更加直接的信息源。此时，蕴含在文本语言中的情感基调反而更容易被投资者感受和接收理解。

三、前瞻性信息中管理层语调与企业财务危机预测

人们在对某项内容进行针对性表述时，会不自觉地表现出情感倾向，这便是文本信息整体的语言基调。当管理层对公司未来发展前景充满信心时，会自然地选择更多的乐观语言，使文本呈现出乐观语调；反之，当管理层对未来前景信心不足时，可能会避免使用更多的乐观语言，代替性使用负面语言，从而降低文本语调的乐观性。在 MD&A 前瞻性信息具有可靠性且能够得到投资者理解的前提下，其语调特征可能会提供关于公司未来发展前景的最直接信息。

公司财务危机的形成一般表现为渐进的过程。在这个过程中，管理层关注的重点会有所不同，可能由关注增长和进步转变为关注生存和调整，同时，管理层在叙述性文本信息中描述的内容也会根据年度财务报告的变化而改变（Tennyson et al.，1990）。毫无疑问，文本信息的语言基调也会随之变化。文本信息中悲观语调比例增加，乐观语调比例降低，通常与企业负面事件出现、经营环境恶化、流动性降低、财务压力增大等事项紧密联系在一起，而这些现象被认为是财务危机形成的重要成因。甘地等（Gandhi et al.，2018）以银行业为研究样本，发现年度报告中负面情绪的增加意味着银行退市概率会增加，支付股息的可能性会降低，贷款损失准备金会增高以及未来 ROA 会降低，因此，可以将年度报告情绪作为衡量银行财务困境的有效代理指标。通常投资者对语言语调的理解与接收是综合的，不仅考虑悲观语调也考虑乐观语调（Davis et al.，2012），因此，本书选取乐观语调和悲观语调相抵后的管理层净乐观语调来衡量 MD&A 前瞻性文本信息基调。根据上述理论推导，提出如下假设：

假设3-1 其他条件相同时，MD&A 前瞻性文本信息管理层净乐观语调与公司未来是否发生财务危机负相关，且能够提升企业财务危机预测模型的预测准确率。

第三节 研究设计

一、数据来源与样本选择

财务危机样本选择与财务危机概念界定密切相关，而国内外关于财务危机的概念并没有达成一致认识。国外学者对财务危机的界定标准包括"破产""清算与业务活动终止""履行财务义务能力丧失"等（Beaver, 1966；Tinoco and Wilson, 2013；Amendola et al., 2015）。我国学者对财务危机的界定同样存在争议（吴世农, 2001；崔学刚和王立彦, 2007；王秀丽, 2017），但大部分研究以企业陷入 ST 为财务危机的标志（蔡玉兰等, 2016；田宝新和王建琼, 2017）。根据我国资本市场的相关规定，ST 和 *ST 作为风险警示，包含业绩表现、资产状况、审计意见、银行账户被冻结等多种事项，覆盖面较广，因此，本书认为，直接以 ST 作为财务危机标准在我国有一定的合理性。此外，结合本书的研究主题，MD&A 前瞻性信息是对企业未来发展经营能力的一种反映，传递了企业可持续经营方面的信息，而财务危机是对企业持续经营状态的一种威胁，因此，当公司持续经营状态受到质疑时也应列入财务危机。吴芃等（2017）指出，上市公司被 ST 是从监管机构的视角提供财务危机界定的信息源，而持续经营审计意见是从审计师第三方鉴证的视角提供财务危机界定的信息源，二者反映了不同程度的财务危机。

基于上述分析，本书选择以企业陷入 ST 和企业获得持续经营审计意见来界定财务危机。持续经营审计意见数据系手工查阅年报获得。以 2007～2017 年深沪两市 A 股上市公司为研究样本，剔除金融行业，剔除数据缺失样本，获得样本观测值 18 378 个，其中财务危机企业的样本观测值为 565 个。由于预测时所有自变量均滞后一期，因此，纳入回归分析程序的样本量为 14 334 个观测值，其中财务危机企业的观测值为 406 个。研究数据来源于国泰安数据库和 WIND 数据库，上市公司年报下载自巨潮资讯网。为避免极端值对回归结果的影响，对所有连续变量进行上下1%的缩尾（Winsorize）处理。

二、变量定义及计算过程

文献回顾指出，文本信息语调的衡量常采用两种方法：词袋法和机器学习法。两种算法各有优缺点，究竟该选择何种方法对文本信息进行衡量？关于语调的研究证据显示，专业词典相对于通用词典有着更好的适用性和甄别力（Loughran and Mcdonald，2011），词频统计时 ti-dif 逆文本频率指数法相对于等权重词频统计法虽然更加复杂，但并没有显著地提升检验效果，词频统计和贝叶斯算法同样强大，同样能实现较好的检验效果（Henry and Leone，2016）。总之，亨瑞和莱昂内（Henry and Leone，2016）认为，虽然更复杂的技术在某些情况下具有潜在的优势，但在财务披露和资本市场研究领域，等权重和 ti-dif 词频统计措施、贝叶斯机器算法通常同样强大。该方法更直观，更易于实施，而且重要的是，更易于复制。因此，本书采用简单词频统计计算管理层净乐观语调和具体语调类型指标。同时，为了验证结果的稳健性，在稳健性检验部分，借助 BosonNLP 语义平台，利用机器学习算法对文本语调进行重新衡量计算。

管理层净乐观语调 Tone 的计算借鉴拉夫兰和麦克唐纳（2011）、谢德仁和林乐（2015）的做法，采用简单词频统计进行计算。具体包括以下几个步骤。第一步，利用计算机程序对年报文本进行定位，筛选出 MD&A 未来展望部分文本信息。人工阅读若干份财务年报，重点关注 MD&A 信息披露起始阶段和结束阶段的共同特征，选取开始关键词和结束关键词，分别作为文本信息的开始位置和结束位置，以此为标准筛选出所需文本信息。由于年报披露准则的变化，本书对定位的起始关键词和结束关键词进行了若干次调整，例如，起始阶段的关键词包括大写的"一（二……十）……展望""……未来发展"等，结束阶段包括大写的"一（二……十）""……投资情况"等。筛选出基本文本信息后，人工对不合格高危文本进行手工调整，增加筛选的准确性。手工筛选的标准包括根据文本大小对极大文本和极小文本进行检查，根据代表某些内容的标志性词语对文本进行调整等。[①] 第二步，构建正负面

[①] 人工复核与调整是保证计算机文本筛选质量的关键环节。本书在文本筛选与清理环节发现，如果不进行人工复核，会使所筛选文本存在较大偏差。

情感词词典。词汇筛选标准包括：（1）根据汉语语境，参考拉夫兰和麦克唐纳（2011）的研究，将其中正负面英文词汇进行中文翻译；（2）参考常用的中文情感词典，删除 MD&A 未来展望报告中未涉及的正负面词语，保留常用的 MD&A 文本信息中常用的中文词语；（3）利用 python 结巴（jieba）分词程序对 MD&A 未来展望文本信息进行分词，人工阅读若干份 MD&A 未来展望文本，并依据分词结果筛选正负面情感词汇。综合上面三个途径，构建本书的情感词汇基准"词袋"。第三步，依据式（3-1）计算管理层净乐观语调 $Tone$，其中，$Posnum$ 为 MD&A 前瞻性信息文本中表示正面语调的词汇数量，$Negnum$ 为 MD&A 前瞻性信息文本中表示负面语调的词汇数量。进一步，文本信息中具体语调类型正面语调和负面语调比例的计算见式（3-2）和式（3-3）。其中，文本长度为 MD&A 未来展望部分所包括的中文字数总和，该数值为计算机统计获得。

$$Tone = \frac{Posmda - Negmda}{Posmda + Negmda} \quad (3-1)$$

$$Pos = \frac{\text{MD\&A 未来报告中正面情感词汇词频总和}}{\text{MD\&A 未来报告文本总长度}} \times 100\% \quad (3-2)$$

$$Neg = \frac{\text{MD\&A 未来报告负面情感词汇词频总和}}{\text{MD\&A 未来报告文本总长度}} \times 100\% \quad (3-3)$$

文献研究显示，良好的预测模型应包含财务指标和市场指标（Balcaen and Ooghe，2004）。如果企业失败，预测模型中只包含财务指标，实际意味着导致企业失败的所有内外部因素都已反映在每年的会计数据中。显然，财务报告无法包含所有信息，会计指标应和市场指标相互补充，以两者为基础构建综合模型是较好的选择（Trujillo-Ponce）。基础财务变量主要借鉴 Altman 的 Z-Score 模型中涉及的财务变量。需要说明的是，已有文献指出，MD&A 前瞻性信息主要披露企业的可持续发展能力、核心竞争力信息（蒋艳辉和冯楚建，2014），而营业利润率在一定程度上可以更好地反映企业的持续竞争优势，因此，为保证比较口径一致，本书选择营业利润率作为盈利性衡量指标，替代 Z-score 模型中的总资产报酬率。最终的财务比率包括流动资本比率、营业利润率、留存收益比率、权益负债比、总资产周转率以及反映公司基本特征的公司规模指标。市场指标借鉴舒威（2001）的研究，包括相对市值规模、股票月累计超额收益率、股票月收益标准差。此外，本书还控制了文本信息的基本特征可读性。可读性的计算借鉴江嫒和王治（2018）的研究，以 MD&A 未来展望文本信息的平均句长来衡量，计算方法见式（3-4），其中标点符号包括句号、逗号、问号、感叹号、冒号、分号等。具体变量名称及定义见表 3-1。

$$Readibility = \frac{MD\&A 未来报告文本总长度}{MD\&A 未来报告文本中标点符号总和} \times 100\% \quad (3-4)$$

表 3-1　　　　　　　　　　主要变量定义

变量类型	变量名称	变量符号	变量定义
因变量	企业财务危机	STGC	上市公司首次被 ST、*ST 或获得持续经营审计意见时，取值为 1，否则为 0
自变量	管理层净乐观语调	Tone	前瞻性文本信息中管理层净乐观语调，计算见式（3-1）
	管理层乐观（正面）语调比例	Pos	前瞻性文本信息管理层中乐观（正面）语调，计算见式（3-2）
	管理层悲观（负面）语调比例	Neg	前瞻性文本信息管理层中悲观（负面）语调，计算见式（3-3）
文本特征	可读性	Readbility	前瞻性文本信息的可读性，计算见式（3-4）
财务变量	流动资本比率	WCTA	流动资本/总资产
	营业利润率	OPRA	营业利润/营业收入
	留存收益比率	RETA	留存收益/总资产
	权益负债比	MVELA	股权市值/负债账面价值
	总资产周转率	SALETA	销售收入/总资产
	公司规模	lnsize	公司规模自然对数
市场变量	月度累积收益率	LERET	Σ（个股月回报率－市场月回报率）
	股票月度标准差	Lsigma	股票一年内月度累积超额收益率求标准差
	相对市值规模	LRsize	公司市值规模的自然对数

三、模型设计

舒威（2001）指出，风险模型在进行财务危机预测时能够包含更多的样本，预测偏误更低，预测准确度更高。因此，本书借鉴舒威（2001）、比弗等（2005）的研究，采用风险模型评估 MD&A 前瞻性信息能否提升企业财务危机预测能力。风险模型的一般形式如式（3-5）所示。

$$\ln h_i(t) = \alpha(t) + \bar{\beta} X_i(t) \quad (3-5)$$

其中，$h_i(t)$ 表示公司 i 在时间 t 时发生财务危机的风险；$\alpha(t)$ 表示公司发生财务危机的基准风险；$\vec{\beta}$ 表示相关预测变量 X 的系数，相关预测变量包括 MD&A 前瞻性信息语调指标、财务变量、市场变量。本书采用最大似然估计法，将风险模型作为一个离散的 logistic 模型进行估计。当样本公司在 t 年财务报告公告后被 ST 或 *ST 或被出具持续经营审计意见，则将该公司在 t 年定义为财务危机，即 $STGC=1$，否则，将样本公司视为健康企业，定义为 0。需要说明的是，风险模型假设所有的变量都是动态变化的，预测期限不能大于一年，因此，在预测回归时，所有自变量均滞后一期。本书中主回归管理层净乐观语调与财务危机预测的模型如下所示：

$$\begin{aligned}\ln h_i(t) = &\beta_0 + \beta_1 Tone_{i,t-1} + \beta_2 Readability_{i,t-1} + \beta_3 WCTA_{i,t-1} + \beta_4 OPRA_{i,t-1} \\&+ \beta_5 RETA_{i,t-1} + \beta_6 MVELA_{i,t-1} + \beta_7 SALETA_{i,t-1} + \beta_8 \ln size_{i,t-1} \\&+ \beta_9 LERET_{i,t-1} + \beta_{10} Lsigma_{i,t-1} + \beta_{11} LRsize_{i,t-1} + \sum Year\&Ind \\&+ \varepsilon \end{aligned} \quad (3-6)$$

本书中管理层具体语调类型与财务危机预测的模型如下所示：

$$\begin{aligned}\ln h_i(t) = &\beta_0 + \beta_1 Pos_{i,t-1} + \beta_2 Neg_{i,t-1} + \beta_3 Readability_{i,t-1} + \beta_4 WCTA_{i,t-1} \\&+ \beta_5 OPRA_{i,t-1} + \beta_6 RETA_{i,t-1} + \beta_7 MVELA_{i,t-1} + \beta_8 SALETA_{i,t-1} \\&+ \beta_9 \ln size_{i,t-1} + \beta_{10} LERET_{i,t-1} + \beta_{11} Lsigma_{i,t-1} + \beta_{12} LRsize_{i,t-1} \\&+ \sum Year\&Ind + \varepsilon \end{aligned} \quad (3-7)$$

第四节 回归分析

一、描述性统计

变量的描述性统计结果见表 3-2。为避免异常值的影响，本书报告极端值 Winsorize 处理后的结果。因变量财务危机虚拟变量的均值为 0.030 7，说明总样本中财务危机企业的比例为 3.07%，中位数为 0，说明总样本中财务危机样本较少。依据管理层净乐观语调（Tone）的计算公式，理论层面该数值的取值范围为 -1~1。当该数值大于 0 时，表示文本信息整体语言基调为乐观基调，否则为悲观基调。本书中前瞻性文本信息管理层净乐观语调的均值为 0.585，中位数为 0.588，说明管理层在对公司未来发展进行展望时，通常给予支持肯定的态度，使总体的语言基调呈现出一种积极向上的情感特征。Tone 的最大值为 0.864，最小值为 0.262，说明样本公司的前瞻性信息文本信息普遍都从总体上呈现出乐观基调，但乐观程度差异较大。从文本信息具体的语调类型来看，乐观语调比例的均值 29.25%，中位数为 29.1%，最小值为 18.27%，最大值为 40.91%；而悲观语调比例的均值为 7.559%，中位数 7.463%，最小值为 2.162%，最大值为 14.21%。前瞻性文本信息中乐观语调比例水平远高于悲观语调比例，二者相差较大，且样本中乐观语调比例最大值和最小值相差较大，同样地，悲观语调比例最大值和最小值也相差较大，样本方差较大，适合进行回归分析。可读性指标的均值为 11.83，中位数为 11.77，说明可读性水平在样本中分布均匀，平均而言，前瞻性文本信息平均每句话包含的字数为 12 个左右。财务指标流动资本占总资本比例（WCTA）的均值为 0.267，中位数为 0.229，二者接近，样本分布均匀；营业利润率的均值为 18.29%，最大值为 61.51%，最小值为 -87.54%，样本公司营业利润率差异较大；留存收益占总资产的比例的均值为 0.17，最大值为 1.042，最小值为 -1.472，最大值和最小值差异较大；权益市场负债账面价值之比（MVELA）的均值为 2.824，方差为 3.781，样本分布差异较大，总资产周转率销售收入与总资产比值（SALETA）均值为 0.772，最小值为 0.0576，最大值为 4.282，最大值和最小值差异较大。样本公司资产规模自然对数的各描述统计值与其他研究相似，符合预期。市场变量中，样本公司股票月度累积超额收益率最大值和最小值相差较大，月度累积收益率标准差的最大值和最小值也相差较大，说明样本公司股票波动性较大。样本公司公司市值规模的自然对数与预期相符。

表 3-2　　　　　　　　　　变量描述性统计

变量	N*	标准差	均值	中位数	最小值	最大值
STGC	18 378	0.173	0.030 7	0	0	1
Tone	18 378	0.12	0.585	0.588	0.262	0.864
Pos	18 378	4.436	29.25	29.1	18.27	40.91
Neg	18 378	2.449	7.559	7.463	2.162	14.21
Readbility	18 378	1.362	11.83	11.77	8.849	15.87
WCTA	18 378	0.379	0.267	0.229	-0.565	1.844
OPRA	18 378	18.29	7.547	6.936	-87.54	61.51

续表

变量	N*	标准差	均值	中位数	最小值	最大值
RETA	18 378	0.298	0.17	0.169	-1.472	1.042
MVELA	18 378	3.781	2.824	1.55	0.133	24.08
SALETA	18 378	0.663	0.772	0.598	0.057 6	4.281
lnsize	18 378	1.284	22.02	21.86	19.34	25.93
Leret	18 378	0.381	0.070 1	0.020 8	-0.681	1.368
Lsigma	18 378	0.057	0.105	0.092 3	0.030 4	0.359
LRsize	18 378	0.972	22.51	22.43	20.54	25.38

注：*描述性统计样本为自变量还没有滞后一期时的统计结果，自变量滞后一期后样本量会有损失，由 18 378 变为 14 334。

危机组和健康组的均值差异检验见表 3-3。管理层净乐观语调在健康组的均值为 0.588，在危机组的均值为 0.498，健康组显著高于危机组。从具体语调类型来看，健康组乐观语调水平显著高于危机组，而危机组的悲观语调水平显著高于健康组，与预期相符。前瞻性文本信息可读性指标在健康组和危机组间没有显著差异。财务变量在健康组和危机组均有显著性差异，而市场变量中股票收益率标准差和公司市值规模在健康组和危机组间有显著差异，股票超额累积收益率在两组间并没有显著差异。

表 3-3　　　　　　　　　　均值差异检验

变量	健康组 N	健康组 均值	危机组 N	危机组 均值	均值差异 T 检验
Tone	17 813	0.588	565	0.498	0.090***
Pos	17 813	29.277	565	28.347	0.930***
Neg	17 813	7.502	565	9.356	-1.854***
Readability	17 813	11.832	565	11.907	-0.075
WCTA	17 813	0.28	565	-0.149	0.428***
OPRA	17 813	8.861	565	-33.859	42.720***
RETA	17 813	0.192	565	-0.529	0.721***
MVELA	17 813	2.783	565	4.11	-1.327***
SALETA	17 813	0.778	565	0.583	0.194***
lnsize	17 813	22.052	565	20.939	1.112***
Leret	17 813	0.07	565	0.074	-0.004
Lsigma	17 813	0.105	565	0.132	-0.027***
LRsize	17 813	22.531	565	21.776	0.754***

注：*** 表示在 1% 的水平显著。

主要变量的相关系数见表3-4。管理层净乐观语调（Tone）、正面乐观语调（Pos）与财务危机（STGC）显著负相关，负面悲观语调（Neg）与财务危机显著正相关。该结果与预期相符，表明文本信息净乐观语调水平越高，企业未来发生财务危机的可能性越低。从具体语调类型来看，文本信息乐观语调水平越高，发生财务危机的可能性越低；悲观语调水平越高，发生财务危机的可能性越高。财务变量除 MVELA 之外，其他变量与 STGC 的相关系数均显著为负。市场变量股票收益率标准差与 STGC 相关系数显著为正，公司市值规模与 STGC 的相关系数显著为负。股票超额累积收益率（Leret）、文本信息可读性（Readability）与 STGC 的相关系数没有通过显著性检验。

二、主回归分析

（一）前瞻性信息中管理层净乐观语调、财务变量与财务危机预测

本书构建基于系列财务变量的基准模型，以检验相对于财务变量，MD&A 前瞻性信息是否与企业发生财务危机显著相关，是否可以提供增量预测能力。借鉴比弗等（2016）的研究，本书采用 ROC 曲线下区域面积（AUC）衡量预测能力，AUC 值越大，证明模型分类效果越好。报告的回归结果均进行了公司层面聚类调整。

回归结果见表3-5。（1）第（1）列显示的是财务变量基准模型的预测准确率。所有财务变量与企业未来是否发生财务危机均显著相关，且其预测准确率达 0.906 4，表明基准模型预测效果较好。（2）第（2）至第（4）列展示了 MD&A 前瞻性信息特征管理层净乐观语调、可读性与企业未来是否发生财务危机的关系。管理层净乐观语调与企业未来是否发生财务危机显著负相关，说明随着 MD&A 前瞻性报告中综合净乐观语调水平的降低，企业发生财务危机的可能性增加。不考虑管理层语调时，前瞻性文本信息的可读性与企业未来是否发生财务危机不相关，但二者共同考虑时，文本信息可读性的系数显著为负，说明文本信息可读性越低，未来发生财务危机的可能性越大，与李峰（2010）的结果一致。从预测准确率看，两指标对财务危机的独立预测准确率（AUC）分别为 0.705 2、0.638 5，而两者合并对财务危机的预测准确率增加至 0.711 9，增量水平显著，表明管理层净乐观语调和文本信息可

表 3-4　变量相关系数

变量	STGC	Tone	Pos	Neg	WCTA	OPRA	RETA	MVELA	SALETA	lnsize	Leret	Lsigma	LRsize	Readbility
STGC	1													
Tone	-0.130***	1												
Pos	-0.036***	0.509***	1											
Neg	0.131***	-0.907***	-0.147***	1										
WCTA	-0.195***	0.185***	-0.037***	-0.227***	1									
OPRA	-0.403***	0.150***	0.009 00	-0.167***	0.307***	1								
RETA	-0.417***	0.155***	0.044***	-0.153***	0.477***	0.499***	1							
MVELA	0.061***	0.094***	-0.054***	-0.120***	0.469***	0.094***	0.166***	1						
SALETA	-0.051***	0.016**	0.037***	0.004 00	0.206***	-0.011 0	0.238***	0.295***	1					
lnsize	-0.150***	-0.019**	0.093***	0.059***	-0.155***	0.125***	0.202***	-0.242***	0.108***	1				
Leret	0.002	0.029***	-0.021**	-0.043***	-0.020***	0.040***	-0.049***	0.188***	-0.004 00	-0.082***	1			
Lsigma	0.082***	-0.005 00	-0.057***	-0.017**	0.010 0	-0.082***	-0.098***	0.253***	-0.014*	-0.167***	0.588***	1		
LRsize	-0.134***	0.098***	0.076***	-0.075***	0.090***	0.244***	0.296***	0.195***	0.146***	0.750***	0.150***	0.071***	1	
Readbility	0.009	-0.116***	-0.436***	-0.067***	0.131***	0.068***	0.007 00	0.137***	-0.060***	-0.148***	0.039***	0.070***	-0.023***	1

注：***、**、*分别表示在1%、5%、10%的水平显著。

读性含有异质信息。以上结果初步说明，MD&A 前瞻性信息管理层净乐观语调对企业未来是否发生财务危机有一定的预测能力。（3）进一步检验考虑财务变量后，MD&A 前瞻性信息管理层净乐观语调是否依然具有增量贡献，回归结果如 5－7 列所示。首先，无论是否考虑财务变量以及文本信息的可读性，管理层净乐观语调均与企业未来是否发生财务危机显著负相关。其次，从预测准确率看，仅考虑管理层净乐观语调及财务变量时，AUC 为 0.914 9，相对于基准模型（0.906 4），增量水平为 0.85，增量水平显著；考虑可读性与财务变量时，预测模型的 AUC 为 0.905 8，在加入管理层净乐观语调指标后，预测模型的预测准确率 AUC 值增加至 0.915 2，增量水平为 0.94%，增量水平显著。以上结论说明，考虑财务变量以及文本信息可读性基本特征后，MD&A 前瞻性信息中管理层净乐观语调与企业未来是否发生财务危机显著相关，能够有效地预测企业财务危机，提升财务危机预测准确率。

表 3－5　　　　前瞻性信息净乐观语调、财务变量回归结果

变量	(1)	(2)	(3)	(4)	(5)	(6)	(7)
$Tone_{i,t-1}$		-5.108 ***		-5.319 ***	-2.847 ***		-3.146 ***
		(-8.20)		(-8.62)	(-4.50)		(-5.01)
$Readbility_{i,t-1}$			-0.040 7	-0.110 *		-0.126 **	-0.169 ***
			(-0.66)	(-1.80)		(-2.56)	(-3.38)
$WCTA_{i,t-1}$	-2.413 ***				-2.270 ***	-2.362 ***	-2.184 ***
	(-8.05)				(-7.48)	(-8.01)	(-7.34)
$OPRA_{i,t-1}$	-0.031 1 ***				-0.030 0 ***	-0.031 2 ***	-0.030 0 ***
	(-11.49)				(-10.61)	(-11.49)	(-10.69)
$RETA_{i,t-1}$	-0.985 ***				-0.987 ***	-1.003 ***	-1.017 ***
	(-4.91)				(-4.81)	(-5.02)	(-4.90)
$MVELA_{i,t-1}$	0.047 7 **				0.047 8 *	0.051 5 **	0.052 7 **
	(1.96)				(1.92)	(2.12)	(2.07)
$SALETA_{i,t-1}$	-0.009 38				-0.061 6	-0.018 6	-0.081 2
	(-0.06)				(-0.38)	(-0.12)	(-0.49)
$lnsize_{i,t-1}$	-0.172 ***				-0.164 **	-0.190 ***	-0.185 ***
	(-2.63)				(-2.52)	(-2.94)	(-2.87)
Constant	0.857	0.442	-1.589 *	1.860 **	2.140	2.716 *	4.721 ***
	(0.58)	(0.77)	(-1.76)	(1.98)	(1.41)	(1.77)	(2.97)
Year& Ind	控制	控制	控制	控制	控制	控制	控制

续表

变量	(1)	(2)	(3)	(4)	(5)	(6)	(7)
N[①]	14 250	14 250	14 250	14 250	14 250	14 250	14 250
$Pseudo-R^2$	0.328 7	0.066 6	0.028 3	0.069 0	0.338 0	0.331 2	0.342 2
AUC	0.906 4	0.705 2	0.638 5	0.711 9	0.914 9	0.905 8	0.915 2

注：***、**、*分别表示在1%、5%、10%水平显著。

（二）前瞻性信息中净乐观语调、财务变量、市场变量与财务危机预测

国内外大量的研究发现，市场变量对财务危机有显著的预测能力（Shumway，2001；Beaver et al.，2005；邓晓岚，2008），本书进一步检验基准模型包含市场变量后，MD&A 前瞻性信息管理层净乐观语调是否依然与企业未来是否发生财务危机显著相关，是否依然具有增量贡献。回归结果见表3-6。(1) 如第1列所示，单独看市场变量的影响，月度累积超额收益率、相对市值规模均与企业是否发生财务危机显著负相关，股票月度收益标准差与企业是否发生财务危机显著正相关，与预期一致，但预测准确率 AUC 值仅为0.765 9。该结论表明，在我国市场变量对财务危机的预测准确率逊于财务变量。而市场变量与财务变量共同对财务危机的预测准确率为0.912 1，略高于仅财务变量的预测准确率（0.906 4），但该增量水平通过了统计显著性检验。(2) 进一步纳入 MD&A 前瞻性信息管理层净乐观语调以及可读性的回归结果，如表3-6中第(3) 至第(5) 列所示。无论是单独纳入管理层净乐观语调还是同时纳入管理层净乐观语调及文本可读性特征，管理层净乐观语调与企业未来是否发生财务危机均显著负相关，可读性的系数也显著为负。(3) 从预测准确率看，管理层净乐观语调与财务变量、市场变量所构建的预测模型的预测准确率为0.918 9，相对于财务市场模型（0.912 1），对预测准确率的增量贡献为0.68%，增量水平显著。财务市场变量基准模型加入可读性指标后，模型的预测准确率为0.911 5，进一步加入管理层净乐观语调后，模型的预测准确率增加至0.918 9，增量水平显著。需要说明的是，在财务市场变量构建的预测模型中加入可读性指标后，可读性指标的系数虽显著为负，

---

① Logit 模型在回归估计时，会因为完全预测失败导致部分样本失效，因此，回归样本量由14 334 个缩减为14 250 个，下同。

但以 AUC 值衡量的模型预测准确率却有所下降。这表明，前瞻性文本信息对预测财务危机是有用的，但提升预测准确率的效果欠佳。总体来看，在构建完整的包含可读性、财务变量、市场变量预测模型后，MD&A 前瞻性信息管理层净乐观语调与企业未来是否发生财务危机显著相关，且可以提供增量预测能力，假设 3-1 得到验证。

表 3-6　　前瞻性信息净乐观语调、财务变量、市场变量回归结果

变量	(1)	(2)	(3)	(4)	(5)
$Tone_{i,t-1}$			-2.643 *** (-4.08)		-2.906 *** (-4.54)
$Readability_{i,t-1}$				-0.0965 * (-1.93)	-0.139 *** (-2.76)
$WCTA_{i,t-1}$		-2.067 *** (-6.56)	-1.957 *** (-6.07)	-2.044 *** (-6.53)	-1.914 *** (-5.98)
$OPRA_{i,t-1}$		-0.0298 *** (-11.03)	-0.0288 *** (-10.22)	-0.0298 *** (-11.02)	-0.0288 *** (-10.27)
$RETA_{i,t-1}$		-1.114 *** (-5.70)	-1.109 *** (-5.55)	-1.121 *** (-5.72)	-1.121 *** (-5.53)
$MVELA_{i,t-1}$		0.0861 *** (3.14)	0.0833 *** (3.05)	0.0866 *** (3.16)	0.0838 *** (3.07)
$SALETA_{i,t-1}$		-0.0266 (-0.17)	-0.0702 (-0.43)	-0.0327 (-0.20)	-0.0855 (-0.52)
$lnsize_{i,t-1}$		0.215 (1.64)	0.186 (1.41)	0.180 (1.38)	0.133 (1.02)
$LERET_{i,t-1}$	-0.834 *** (-4.21)	-0.712 *** (-3.12)	-0.720 *** (-3.11)	-0.716 *** (-3.12)	-0.727 *** (-3.11)
$Lsigma_{i,t-1}$	7.634 *** (8.52)	2.767 ** (2.05)	2.658 ** (1.96)	2.870 ** (2.09)	2.797 ** (2.02)
$LRsize_{i,t-1}$	-1.317 *** (-12.02)	-0.793 *** (-3.86)	-0.725 *** (-3.54)	-0.751 *** (-3.67)	-0.657 *** (-3.22)
$Constant$	24.69 *** (10.59)	9.103 *** (3.54)	9.638 *** (3.77)	10.08 *** (3.92)	11.06 *** (4.37)
Year& Ind	控制	控制	控制	控制	控制
N	14 250	14 250	14 250	14 250	14 250
$Pseudo-R^2$	0.1128	0.3418	0.3496	0.3431	0.3523
AUC	0.7659	0.9121	0.9189	0.9115	0.9189

注：*** 、** 、* 分别表示在 1%、5%、10% 的水平显著。

三、内生性与稳健性检验

(一) 利用两阶段控制内生性

前述回归分析时,所有的自变量滞后一期已在一定程度上控制了潜在的内生性问题。进一步,借鉴坎贝尔等(2014)、王雄元和高曦(2018)的研究,采用两阶段回归解决遗漏变量产生的内生性问题。第一阶段将管理层净乐观语调影响因素对管理层净乐观语调进行回归,刻画MD&A前瞻性报告中管理层净乐观语调的合理水平,用该回归模型的残差($ABTone$)代替管理层净乐观语调,代入第二阶段进行回归。借鉴黄宣等(2014)、王华杰和王克敏(2018)的研究,管理层净乐观语调的影响因素主要包括反映公司盈利能力、风险及业务复杂性方面的特征,具体模型见式(3-8)。在模型3-8中,$EARN$为公司当年的盈利情况总资产收益率;$LERET$为公司当年按月度计算的股票累积异常收益率;$lnsize$为公司总资产规模的自然对数;BTM为公司账面市值比;LEV为公司当年资产负债率;$Lsigma$为公司股票月度收益率标准差;STD_EARN为总资产收益率三年标准差;AGE为公司上市时间;DIV为公司主营业务所涉及行业数量,反映公司多元化程度;$LOSS$为虚拟变量,若公司当年亏损取值为1,否则为0;$\Delta EARN$为和去年相比,公司当年盈利变化情况。第一阶段3-8模型的回归结果见表3-7、第二阶段的回归结果见表3-8。

$$Tone_{i,t} = \beta_0 + \beta_1 EARN_{i,t} + \beta_2 LERET_{i,t} + \beta_3 lnsize_{i,t} + \beta_4 BTM_{i,t}$$
$$+ \beta_5 LEV_{i,t} + \beta_6 STD\_RET_{i,t} + \beta_7 STD\_EARN_{i,t} + \beta_8 AGE_{i,t}$$
$$+ \beta_9 DIV_{i,t} + \beta_{10} LOSS_{i,t} + \beta_{11} \Delta EARN_{i,t} + \sum Ind\&Year + \varepsilon$$

$$(3-8)$$

表3-7　　　　　内生性——两阶段回归第一阶段

变量	(1)
$EARN_{i,t}$	0.000 672 ***
	(3.14)
$LERET_{i,t}$	0.010 9 ***
	(3.17)

续表

变量	(1)
$Lsigma_{i,t}$	-0.014 8
	(-0.64)
$BTM_{i,t}$	-0.016 9 ***
	(-9.59)
$lnsize_{i,t}$	0.008 08 ***
	(6.65)
$STD\_EARN_{i,t}$	-0.230 ***
	(-7.93)
$DIV_{i,t}$	0.002 45 ***
	(4.37)
$LEV_{i,t}$	-0.000 181 ***
	(-2.80)
$AGE_{i,t}$	-0.015 5 ***
	(-9.12)
$LOSS_{i,t}$	-0.024 9 ***
	(-5.65)
$\Delta EARN_{i,t}$	-0.000 515 **
	(-2.18)
Constant	0.453 ***
	(17.56)
Year & Ind	控制
N	14 334
$Pseudo-R^2$	0.107 5

注：***、**、*分别表示在1%、5%、10%的水平显著。

表3-8　　　　　　　内生性——两阶段回归第二阶段

变量	(1)	(2)	(3)	(4)	(5)	(6)	(7)
$ABTone_{i,t-1}$		-51.97 ***		-33.81 ***			-32.68 ***
		(-26.31)		(-12.26)			(-11.45)
$Readbility_{i,t-1}$			-0.126 **	-0.065 6		-0.096 5 *	-0.064 8
			(-2.56)	(-1.39)		(-1.93)	(-1.38)
$WCTA_{i,t-1}$	-2.413 ***		-2.362 ***	-1.443 ***	-2.067 ***	-2.044 ***	-1.451 ***
	(-8.05)		(-8.01)	(-4.82)	(-6.56)	(-6.53)	(-4.64)
$OPRA_{i,t-1}$	-0.031 1 ***		-0.031 2 ***	-0.016 1 ***	-0.029 8 ***	-0.029 8 ***	-0.015 6 ***
	(-11.49)		(-11.49)	(-5.85)	(-11.03)	(-11.02)	(-5.52)

续表

变量	(1)	(2)	(3)	(4)	(5)	(6)	(7)
$RETA_{i,t-1}$	-0.985*** (-4.91)		-1.003*** (-5.02)	-0.329 (-1.59)	-1.114*** (-5.70)	-1.121*** (-5.72)	-0.349* (-1.65)
$MVELA_{i,t-1}$	0.0477** (1.96)		0.0515** (2.12)	0.0524** (2.14)	0.0861*** (3.14)	0.0866*** (3.16)	0.0615** (2.42)
$SALETA_{i,t-1}$	-0.00938 (-0.06)		-0.0186 (-0.12)	-0.101 (-0.63)	-0.0266 (-0.17)	-0.0327 (-0.20)	-0.101 (-0.64)
$lnsize_{i,t-1}$	-0.172*** (-2.63)		-0.190*** (-2.94)	-0.269*** (-4.21)	0.215 (1.64)	0.180 (1.38)	-0.235* (-1.96)
$LERET_{i,t-1}$					-0.712*** (-3.12)	-0.716*** (-3.12)	-0.657*** (-2.96)
$Lsigma_{i,t-1}$					2.767** (2.05)	2.870** (2.09)	2.639** (2.07)
$LRsize_{i,t-1}$					-0.793*** (-3.86)	-0.751*** (-3.67)	-0.101 (-0.50)
Constant	0.857 (0.58)	24.04*** (21.79)	2.716* (1.77)	20.84*** (10.07)	9.103*** (3.54)	10.08*** (3.92)	21.36*** (7.90)
Year& Ind	控制	控制	控制	控制	控制	控制	控制
N	14 250	14 250	14 250	14 250	14 250	14 250	14 250
$Pseudo-R^2$	0.3287	0.3149	0.3312	0.3806	0.3418	0.3431	0.3835
AUC	0.9064	0.9133	0.9058	0.9304	0.9121	0.9115	0.9332

注：***、**、*分别表示在1%、5%、10%的水平显著。

在第一阶段回归中，除公司股票月度收益率标准差与管理层净乐观语调不显著外，其他变量与管理层净乐观语调均显著相关。总体而言，公司总资产报酬率越高，股票累积异常收益率越高，公司规模越大，业务复杂性越高，前瞻性文本信息管理层净乐观语调越高；公司成长性越高，资产负债率越高，总资产报酬率标准差越大，风险越大，公司上市时间越长，管理层净乐观语调越低，即公司风险越大，文本信息总体语言基调的净乐观度越低。

进一步，第二阶段回归，在各种危机预测模型中，额外净乐观语调（ABTone）与未来是否发生财务危机均显著负相关，与前述结论一致。从预测准确率看，在财务变量以及文本可读性构建的预测模型中加入管理层净乐观语调，预测准确率增加至0.9304，相对于基准模型（0.9058），增量水平为2.46%，增量水平显著。同样地，在财务变量、市场变量及文本可读性构建的预测模型中加入管理层净乐观语调，模型预测准确率增加至0.9332，相对于基准模型（0.911 5），增量水平为2.07%，且通过了显著性检验。该结论与前述结论一致，表明前述研究结果是稳健的。

（二）利用PSM控制样本选择偏误，缓解内生性

为了使研究结论更加稳健，控制样本自选择问题，即财务危机企业因为自身财务状况的恶化在前瞻性信息展望时主动降低管理层净乐观语调。本书采用PSM匹配方法为每一家财务危机企业匹配一家健康企业，以增强财务危机企业和健康企业的可比性。匹配原则借鉴一般性标准，按照产权性质、行业性质、公司规模来进行配对，运用简单PSM方法计算出倾向得分，1∶1比例进行匹配，共获得326家财务危机企业和326家健康企业。回归结果见表3–9。

表3–9　　　　　　　　　PSM配对后回归结果

变量	(1)	(2)	(3)	(4)	(5)	(6)
$Tone_{i,t-1}$			-4.760*** (-4.38)			-4.339*** (-3.91)
$Readability_{i,t-1}$		0.011 7 (0.15)	-0.087 4 (-1.04)		0.046 9 (0.55)	-0.057 8 (-0.65)
$WCTA_{i,t-1}$	-2.616*** (-5.33)	-2.624*** (-5.30)	-2.399*** (-4.44)	-2.552*** (-5.23)	-2.586*** (-5.28)	-2.430*** (-4.58)
$OPRA_{i,t-1}$	-0.039 1*** (-4.49)	-0.039 2*** (-4.50)	-0.036 6*** (-4.65)	-0.036 5*** (-4.53)	-0.036 9*** (-4.54)	-0.035 6*** (-4.63)
$RETA_{i,t-1}$	-0.541 (-1.47)	-0.536 (-1.47)	-0.659 (-1.61)	-0.579 (-1.54)	-0.557 (-1.50)	-0.663 (-1.64)
$MVELA_{i,t-1}$	0.058 6 (1.32)	0.058 8 (1.32)	0.057 6 (1.17)	0.112** (1.96)	0.114** (1.98)	0.099 7* (1.65)
$SALETA_{i,t-1}$	-0.045 8 (-0.18)	-0.045 2 (-0.18)	-0.087 1 (-0.33)	-0.096 3 (-0.40)	-0.094 8 (-0.39)	-0.108 (-0.42)
$lnsize_{i,t-1}$	0.593*** (4.46)	0.594*** (4.47)	0.620*** (4.47)	1.000*** (4.78)	1.016*** (4.73)	0.931*** (4.08)
$LERET_{i,t-1}$				-1.373*** (-3.65)	-1.374*** (-3.65)	-1.443*** (-3.70)
$Lsigma_{i,t-1}$				6.620*** (2.78)	6.476*** (2.71)	6.790*** (2.74)
$LRsize_{i,t-1}$				-0.837*** (-2.88)	-0.853*** (-2.88)	-0.633** (-1.97)

续表

变量	(1)	(2)	(3)	(4)	(5)	(6)
$Constant$	-12.95*** (-4.20)	-13.12*** (-3.97)	-9.935*** (-2.76)	-3.851 (-0.94)	-4.383 (-1.06)	-3.836 (-0.88)
Year& Ind	控制	控制	控制	控制	控制	控制
N	652	652	652	652	652	652
$Pseudo-R^2$	0.3435	0.3435	0.3722	0.3740	0.3744	0.3965
AUC	0.8750	0.8751	0.8859	0.8867	0.8874	0.8955

注：*** 、** 、* 分别表示在 1%、5%、10% 的水平显著。

在以财务变量及文本可读性构建的基准预测模型中，增加管理层净乐观语调指标，如第（3）列所示，该指标回归系数显著为负，显著性水平为 1%。进一步考虑市场变量后，如第（6）列所示，管理层净乐观语调指标的系数依然在 1% 的水平显著为负。从预测准确率看，相对于财务指标、可读性构建的预测模型，管理层净乐观语调指标的纳入将模型预测准确率由 0.8751 增加至 0.8859，增幅为 1.08%，增量水平显著。同样地，相对于财务指标、市场指标及文本可读性共同构建的危机预测模型（0.8874），管理层净乐观语调加入后将预测准确率提升至 0.8955，增量贡献显著。以上 PSM 配对后的结论与前述主回归结果一致，即表明前述的研究结论是稳健的。

（三）改变管理层净乐观语调（Tone）的计算方法

上述计算管理层净乐观语调所涉及的正负面词汇"词袋"是借助中文情感词典及人工筛选完成，会有遗漏和受主观判断影响。在此，利用 Python 编程调用 BosonNLP 语义分析平台情感分析功能接口[①]，重新对所有样本 MD&A 前瞻性信息报告进行情感分析，并根据情感分析结果（正面指数和负面指数）进一步计算管理层净乐观语调，代入原有模型进行回归检验。BosonNLP 语义分析平台是基于上百万条社交网络平衡语调和数十万条新闻平衡语调的机器学习模型，采用半监督学习技术，对文本中情感倾向性的分析和评价准确率较高。具体回归结果见表 3-10。

---

① BosonNLP 语义平台网址：https://bosonnlp.com。

表 3-10 稳健性检验——利用 BosonNLP 语义平台计算管理层净乐观语调

变量	(1)	(2)	(3)	(4)	(5)	(6)	(7)
$Tonebs_{i,t-1}$		-2.271***		-1.448***			-1.480***
		(-6.81)		(-3.47)			(-3.43)
$Readbility_{i,t-1}$			-0.126**	-0.125**		-0.0965*	-0.0971**
			(-2.56)	(-2.54)		(-1.93)	(-1.96)
$WCTA_{i,t-1}$	-2.413***		-2.362***	-2.343***	-2.067***	-2.044***	-2.032***
	(-8.05)		(-8.01)	(-7.92)	(-7.71)	(-6.53)	(-6.50)
$OPRA_{i,t-1}$	-0.0311***		-0.0312***	-0.0312***	-0.0298***	-0.0298***	-0.0298***
	(-11.49)		(-11.49)	(-11.50)	(-11.48)	(-11.02)	(-11.04)
$RETA_{i,t-1}$	-0.985***		-1.003***	-1.000***	-1.114***	-1.121***	-1.110***
	(-4.91)		(-5.02)	(-4.98)	(-6.48)	(-5.72)	(-5.67)
$MVELA_{i,t-1}$	0.0477**		0.0515**	0.0507**	0.0861***	0.0866***	0.0859***
	(1.96)		(2.12)	(2.07)	(3.26)	(3.16)	(3.16)
$SALETA_{i,t-1}$	-0.00938		-0.0186	-0.0284	-0.0266	-0.0327	-0.0431
	(-0.06)		(-0.12)	(-0.18)	(-0.19)	(-0.20)	(-0.27)
$lnsize_{i,t-1}$	-0.172***		-0.190***	-0.180***	0.215*	0.180	0.181
	(-2.63)		(-2.94)	(-2.81)	(1.88)	(1.38)	(1.40)
$LERET_{i,t-1}$					-0.712***	-0.716***	-0.745***
					(-3.04)	(-3.12)	(-3.22)
$Lsigma_{i,t-1}$					2.767**	2.870**	2.967**
					(1.99)	(2.09)	(2.15)
$LRsize_{i,t-1}$					-0.793***	-0.751***	-0.738***
					(-4.74)	(-3.67)	(-3.62)
Constant	0.857	0.0625	2.035	3.846**	9.103***	10.08***	11.15***
	(0.58)	(0.10)	(1.33)	(2.46)	(4.33)	(3.92)	(4.28)
Year& Ind	控制	控制	控制	控制	控制	控制	控制
N	14 250	14 250	14 250	14 250	14 250	14 250	14 250
$Pseudo-R^2$	0.3287	0.0388	0.3316	0.3341	0.3418	0.3431	0.3461
AUC	0.9064	0.6601	0.9058	0.9076	0.9121	0.9115	0.9135

注：***、**、*分别表示在1%、5%、10%的水平显著。

采用 BosonNLP 语义分析平台情感分析计算获得的管理层净乐观语调的系数在所有回归中均显著为负。从预测准确率看，管理层净乐观语调的独立预测准确率为 0.6601。合并财务变量，文本信息可读性的预测准确率为 0.9058，合并财务变量、市场变量、文本信息可读性后，危机预测模型的预测准确率提升至 0.9135。上述相对于基准模型的预测准确率增量水平均显著。这说明，借用机器学习算法，改变管理层净乐观语调的计算方法后，结论依然成立，这表明前述的研究结论是稳健的。

（四）对 MD&A 前瞻性信息衡量指标进行行业均值调整

MD&A 前瞻性报告中特别强调企业对行业格局和趋势进行描述分析。这会导致同行业企业在进行行业环境分析时，呈现出大量同质信息，产生信息披露"羊群行为"，从而降低信息传递价值。基于此，本书对 MD&A 前瞻性信息净乐观语调和可读性两指标进行行业年度均值调整，重新纳入预测模型进行回归。结果见表 3-11。

表 3-11　　　　　稳健性检验——行业均值调整

变量	(1)	(2)	(3)	(4)	(5)	(6)	(7)
$Tone\_R_{i,t-1}$		-4.996*** (-7.93)		-3.068*** (-4.80)			-2.825*** (-4.37)
$Readbility\_R_{i,t-1}$			-0.131*** (-2.65)	-0.162*** (-3.17)		-0.102** (-2.04)	-0.144*** (-2.85)
$WCTA_{i,t-1}$	-2.304*** (-7.93)		-2.363*** (-8.01)	-2.076*** (-7.23)	-2.067*** (-7.71)	-2.045*** (-6.54)	-1.920*** (-6.01)
$OPRA_{i,t-1}$	-0.0318*** (-11.98)		-0.0312*** (-11.50)	-0.0309*** (-11.27)	-0.0298*** (-11.48)	-0.0299*** (-11.03)	-0.0289*** (-10.36)
$RETA_{i,t-1}$	-1.159*** (-6.05)		-1.002*** (-5.01)	-1.193*** (-6.02)	-1.114*** (-6.48)	-1.119*** (-5.72)	-1.112*** (-5.49)
$MVELA_{i,t-1}$	0.0622*** (2.62)		0.0517** (2.12)	0.0685** (2.77)	0.0861*** (3.26)	0.0867*** (3.16)	0.0847*** (3.10)
$SALETA_{i,t-1}$	-0.0581 (-0.36)		-0.0187 (-0.12)	-0.128 (-0.76)	-0.0266 (-0.19)	-0.0329 (-0.21)	-0.0846 (-0.51)
$lnsize_{i,t-1}$			-0.191*** (-2.95)		0.215* (1.88)	0.178 (1.36)	0.135 (1.04)
$LERET_{i,t-1}$					-0.712*** (-3.04)	-0.717*** (-3.12)	-0.735*** (-3.15)
$Lsigma_{i,t-1}$					2.767** (1.99)	2.874** (2.09)	2.836** (2.05)
$LRsize_{i,t-1}$					-0.793*** (-4.74)	-0.749*** (-3.67)	-0.661*** (-3.25)
Constant	-2.711*** (-5.80)	-2.196*** (-4.29)	1.229 (0.85)	-2.746*** (-5.88)	9.103*** (4.33)	8.932*** (3.50)	7.984*** (3.16)

续表

变量	(1)	(2)	(3)	(4)	(5)	(6)	(7)
Year& Ind	控制	控制	控制	控制	控制	控制	控制
N	14 250	14 250	14 250	14 250	14 250	14 250	14 250
$Pseudo-R^2$	0.326 5	0.064 3	0.331 4	0.338 9	0.341 8	0.343 3	0.351 8
AUC	0.905 5	0.701 2	0.905 8	0.913 5	0.912 1	0.911 5	0.918 4

注：*** 、** 、* 分别表示在 1% 、5% 、10% 的水平显著。

进行行业年度均值调整后，管理层净乐观语调和可读性两指标在所有模型中的系数均依然显著为负，与前述研究结果一致。经行业均值调整后，管理层净乐观语调对企业未来是否发生财务危机的预测准确率为 0.701 2，财务变量和文本信息可读性所构建的危机预测基准模型的预测准确率为 0.905 8，加入管理层净乐观语调后，预测准确率提升至 0.913 5，增量水平为 0.77% 且显著；财务变量、市场变量及可读性构建的基准模型的预测准确率为 0.911 5，管理层净乐观语调对危机预测准确率提升的贡献为 0.69%，贡献显著。该结论与前述一致，进一步说明本书的研究结论稳健。

（五）改变财务危机的界定标准

文献回顾已指出，国内外关于财务危机的定义存在很大争议。由于不同的学者选用界定财务危机的标准不同，导致研究样本筛选不统一，研究结果只适用于所对应的研究样本，从而削弱了研究结果的可比性和有效性。为克服该缺点，同时也扩大本书研究结果的适用范围，本书借鉴国内诸多研究（蔡玉兰等，2016；田宝新和王建琼，2017），仅将企业陷入 ST 视为财务危机的界定标准，重新筛选样本，对上述研究进行重新回归，回归结果见表 3 - 12。

表 3 - 12　　　　　　稳健性检验——改变财务危机界定标准

变量	(1)	(2)	(3)	(4)	(5)	(6)	(7)
$Tone_{i,t-1}$		-4.756*** (-8.11)		-3.313*** (-5.20)			-2.915*** (-4.37)
$Readability_{i,t-1}$			-0.139** (-2.40)	-0.198*** (-3.19)		-0.096 8 (-1.62)	-0.150** (-2.36)
$WCTA_{i,t-1}$	-2.210*** (-5.85)		-2.125*** (-5.70)	-1.938*** (-5.17)	-1.641*** (-4.46)	-1.600*** (-4.36)	-1.476*** (-3.96)

续表

变量	(1)	(2)	(3)	(4)	(5)	(6)	(7)
$OPRA_{i,t-1}$	-0.0356*** (-12.16)		-0.0356*** (-12.31)	-0.0338*** (-11.21)	-0.0331*** (-10.65)	-0.0331*** (-11.29)	-0.0317*** (-10.32)
$RETA_{i,t-1}$	1.186*** (3.80)		1.148*** (3.71)	1.165*** (3.65)	0.935*** (2.75)	0.911*** (2.91)	0.952*** (2.93)
$MVELA_{i,t-1}$	0.0731** (2.22)		0.0817** (2.55)	0.0845*** (2.64)	0.125*** (3.52)	0.128*** (4.21)	0.127*** (4.05)
$SALETA_{i,t-1}$	-0.197 (-1.08)		-0.220 (-1.20)	-0.274 (-1.49)	-0.216 (-1.15)	-0.230 (-1.23)	-0.272 (-1.47)
$lnsize_{i,t-1}$	-0.109 (-1.49)		-0.123* (-1.70)	-0.128* (-1.80)	0.396*** (2.68)	0.361*** (2.58)	0.303** (2.16)
$LERET_{i,t-1}$					-0.939*** (-2.79)	-0.950*** (-2.89)	-0.932*** (-2.78)
$Lsigma_{i,t-1}$					2.741 (1.32)	2.869 (1.39)	2.822 (1.36)
$LRsize_{i,t-1}$					-0.936*** (-4.56)	-0.890*** (-4.46)	-0.791*** (-3.93)
Constant	-1.716 (-1.08)	-1.194** (-1.98)	-1.448 (-0.91)	0.322 (0.20)	7.054*** (2.63)	-0.0968 (-1.62)	9.145*** (3.67)
Year& Ind	控制	控制	控制	控制	控制	控制	控制
N	11 890	11 890	11 890	11 890	11 890	11 890	11 890
$Pseudo-R^2$	0.1629	0.0533	0.1660	0.1792	0.1840	0.1854	0.1951
AUC	0.8585	0.7163	0.8581	0.8708	0.8695	0.8685	0.8802

注：***、**、*分别表示在1%、5%、10%的水平显著。

回归结果显示，无论选择何种危机预测基准模型，前瞻性信息管理层净乐观语调与企业未来是否发生财务危机均显著负相关。从预测准确率看，在财务变量和文本可读性构建的预测模型中加入管理层净乐观语调，预测准确率增加至0.8708，增量为1.27%，增量显著。而进一步在基准模型中加入市场变量后，管理层净乐观语调的相对增量贡献为1.17%，增量显著。该结果表明，改变财务危机界定标准后，前述研究结果依然稳健。

（六）在危机预测模型中考虑公司治理变量的影响

研究表明，公司治理特征不仅是财务危机形成的重要因素，也是财务危机预测的重要变量（梁琪等，2012；王秀丽，2017）。上述回归存在遗漏变量的可能。为此，进一步控制公司治理特征的影响。本书从董事会特征、股权特征及高管特征三个方面选取公司治理变量，构建完整的包含财务变量、市场变量和公司治理变量的财务危机基准预测模型，进一步检验前瞻性信息中管理层净乐观语调的预测价值。

回归结果见表3-13。第（1）至第（4）列，在不考虑公司治理变量时，管理层净乐观语调依然与公司未来发生财务危机概率显著负相关，且危机预测模型的预测能力相对于不包含管理层净乐观语调时的基准模型，预测准确率有显著提升。进一步，在基准模型中加入公司治理特征变量后，预测模型的预测能力为0.9026；加入管理层净乐观语调指标后，该指标对企业财务危机预测的系数为-2.466，在1%的水平显著，预测模型的预测准确率提升至0.9089，增量贡献为0.6%，通过了统计显著性检验。该结果表明，在考虑公司治理特征因素后，前瞻性管理层净乐观语调对企业财务危机预测依然有预测价值。

表3-13　　　　　稳健性检验——控制公司治理变量的影响

变量	(1)	(2)	(3)	(4)	(5)	(6)
$Tone_{i,t-1}$		-3.026*** (-4.39)		-2.770*** (-3.97)		-2.466*** (-3.55)
$Readbility_{i,t-1}$	-0.149** (-2.43)	-0.193*** (-3.06)	-0.125** (-2.03)	-0.169*** (-2.68)	-0.116* (-1.91)	-0.156** (-2.51)
$WCTA_{i,t-1}$	-2.097*** (-6.27)	-1.954*** (-5.88)	-1.866*** (-5.22)	-1.769*** (-4.90)	-1.708*** (-4.72)	-1.634*** (-4.49)
$OPRA_{i,t-1}$	-0.0332*** (-10.63)	-0.0317*** (-9.95)	-0.0320*** (-10.26)	-0.0306*** (-9.59)	-0.0314*** (-9.65)	-0.0302*** (-9.22)
$RETA_{i,t-1}$	-0.963*** (-3.94)	-0.941*** (-3.85)	-1.014*** (-4.17)	-0.983*** (-4.02)	-0.802*** (-3.21)	-0.796*** (-3.18)
$MVELA_{i,t-1}$	0.0410 (1.44)	0.0465 (1.58)	0.0755*** (2.58)	0.0761** (2.56)	0.0768*** (2.58)	0.0765** (2.54)
$SALETA_{i,t-1}$	0.162 (1.00)	0.102 (0.62)	0.137 (0.86)	0.0861 (0.54)	0.148 (0.96)	0.106 (0.68)
$lnsize_{i,t-1}$	-0.156** (-2.04)	-0.149** (-1.97)	0.167 (1.12)	0.118 (0.79)	0.146 (0.97)	0.109 (0.73)
$LERET_{i,t-1}$			-0.686*** (-2.60)	-0.699*** (-2.60)	-0.721*** (-2.64)	-0.720*** (-2.59)
$Lsigma_{i,t-1}$			3.526** (2.35)	3.485** (2.30)	3.615** (2.44)	3.555** (2.38)

续表

变量	(1)	(2)	(3)	(4)	(5)	(6)
$LRsize_{i,t-1}$			-0.636***	-0.532**	-0.590***	-0.500**
			(-2.83)	(-2.39)	(-2.66)	(-2.27)
$Indp_{i,t-1}$					-0.398	-0.155
					(-0.26)	(-0.10)
$Shrcr1_{i,t-1}$					-0.0169**	-0.0159**
					(-2.55)	(-2.40)
$Mantop_{i,t-1}$					-3.388***	-3.099***
					(-3.19)	(-2.98)
Constant	0.963	3.025	7.148**	8.015***	7.357***	7.937***
	(0.53)	(1.63)	(2.50)	(2.87)	(2.58)	(2.84)
Year & Ind	控制	控制	控制	控制	控制	控制
N①	10 963	10 963	10 963	10 963	10 963	10 963
$Pseudo-R^2$	0.289 4	0.299 4	0.299 4	0.307 6	0.310 4	0.316 7
AUC	0.888 3	0.898 7	0.896 0	0.904 4	0.902 6	0.908 9

注：***、**、*分别表示在1%、5%、10%的水平显著。

四、进一步分析

（一）前瞻性信息中管理层具体语调类型与企业财务危机预测

《公开发行证券的公司信息披露内容与格式准则第2号——年度报告的内容与格式》（以2016年修订版为例）在未来发展展望部分要求公司应当对未来行业格局和趋势中的优势和困难、未来发展战略中的机遇和挑战、实现未来经营计划采取的策略和行动，以及可能面对的风险和采取的措施等信息进行披露，这些信息既包括正面的信息披露要求，同时也包括负面的信息披露要求。当管理层认为未来行业环境有利，发展战略中机遇较高，风险能够有效地把控时，可能采用明确积极的正面语言传递信息。反之，当管理者认为未来行业格局竞争加剧，环境不利，公司经营面临的挑战较多，风险威胁因素较多，管理层对未来持谨慎或不确定态度时，可能会采用负面语言。因此，一般而言，文本语言乐观语调与企业未来是否发生财务危机负相关，悲观负

---

① 由于公司治理变量存在缺失，以及Logit模型预测完全预测失败导致部分样本失效，回归样本量变为10 963个。

面语调与企业未来是否发生财务危机正相关。但由于管理者可能懂得"趋利避害",在正面信息披露时可能采用夸张吹捧的极度乐观语言,本能地抵制坏消息的披露(Kothari et al.,2009),这反而会使得反映坏消息的负面文本语言更加可信。从和财务危机的联系来看,负面语调信息无论是对已有会计数字信息的进一步解释说明,还是从全新角度提供了异质性信息,其本身对财务危机预测的价值均更大。基于该分析,在假设3-1的基础上,进一步考虑具体语调类型对财务危机预测的影响。本书预计,其他条件相同时,MD&A前瞻性文本信息管理层正面乐观语调与公司未来是否发生财务危机负相关,负面悲观语调与公司未来是否发生财务危机正相关,管理层语调类型能够提升企业财务危机预测模型的预测准确率。具体正面乐观语调和负面悲观语调的衡量见前述式(3-2)和式(3-3)。

具体语调类型和财务危机预测的回归结果见表3-14。从语调类型与财务危机预测的相关性来看,在所有预测模型中,只有负面悲观语调与企业未来发生财务危机显著正相关,而正面乐观语调并没有达到预期。这有可能是因为在前瞻性信息展望时,采用积极乐观的语调是管理层习惯采用的一种常态化语言,预测能力较弱。而负面悲观语调能够直接反映企业的危险系数较高和不确定性较大的事项,与未来企业发生财务危机的联系更为直接,因此,其和财务危机预测的相关性更高。从预测准确性来看,在财务变量构建的危机预测基准模型中加入语调类型,模型预测能力提升至0.9133,相对于基准模型(0.9064),增量贡献为0.69%,贡献显著。同样地,具体的语调类型对财务变量与文本可读性构建的危机预测模型的增量贡献为0.81%,对财务变量、市场变量以及文本可读性构建的危机预测模型的增量贡献为1.17%,以上增量贡献水平均显著。以上结果表明,前瞻性信息具体语调类型尤其是负面语调对财务危机预测价值较高,能够提升财务危机预测准确率。

表3-14 前瞻性信息语调类型与企业财务危机预测

变量	(1)	(1)	(3)	(4)	(5)	(6)	(7)	(8)
$Pos_{i,t-1}$		0.00660		-0.0123		0.00483		-0.00943
		(0.41)		(-0.73)		(0.30)		(-0.55)
$Neg_{i,t-1}$		0.157***		0.148***		0.144***		0.138***
		(5.54)		(5.12)		(5.00)		(4.68)
$Readbility_{i,t-1}$			-0.126**	-0.131**			-0.0965*	-0.100*
			(-2.56)	(-2.41)			(-1.93)	(-1.85)

续表

变量	(1)	(1)	(3)	(4)	(5)	(6)	(7)	(8)
$WCTA_{i,t-1}$	-2.413***	-2.183***	-2.362***	-2.154***	-2.067***	-1.892***	-2.044***	-1.885***
	(-8.05)	(-7.34)	(-8.01)	(-7.27)	(-6.56)	(-5.94)	(-6.53)	(-5.92)
$OPRA_{i,t-1}$	-0.0311***	-0.0303***	-0.0312***	-0.0302***	-0.0298***	-0.0290***	-0.0298***	-0.0290***
	(-11.49)	(-10.66)	(-11.49)	(-10.74)	(-11.03)	(-10.31)	(-11.02)	(-10.36)
$RETA_{i,t-1}$	-0.985***	-1.004***	-1.003***	-1.023***	-1.114***	-1.117***	-1.121***	-1.125***
	(-4.91)	(-4.96)	(-5.02)	(-5.00)	(-5.70)	(-5.64)	(-5.72)	(-5.61)
$MVELA_{i,t-1}$	0.0477**	0.0484*	0.0515**	0.0514**	0.0861***	0.0821***	0.0866***	0.0826***
	(1.96)	(1.95)	(2.12)	(2.04)	(3.14)	(3.03)	(3.16)	(3.03)
$SALETA_{i,t-1}$	-0.00938	-0.0777	-0.0186	-0.0881	-0.0266	-0.0838	-0.0327	-0.0915
	(-0.06)	(-0.47)	(-0.12)	(-0.52)	(-0.17)	(-0.51)	(-0.20)	(-0.55)
$lnsize_{i,t-1}$	-0.172***	-0.178***	-0.190***	-0.188***	0.215	0.155	0.180	0.128
	(-2.63)	(-2.75)	(-2.94)	(-2.92)	(1.64)	(1.19)	(1.38)	(0.99)
$LERET_{i,t-1}$					-0.712***	-0.727***	-0.716***	-0.729***
					(-3.12)	(-3.15)	(-3.12)	(-3.13)
$Lsigma_{i,t-1}$					2.767**	2.737**	2.870**	2.809**
					(2.05)	(2.01)	(2.09)	(2.03)
$LRsize_{i,t-1}$					-0.793***	-0.691***	-0.751***	-0.653***
					(-3.86)	(-3.41)	(-3.67)	(-3.23)
Constant	0.857	-0.553	2.716*	1.794	9.103***	6.832***	10.08***	8.227***
	(0.58)	(-0.36)	(1.77)	(1.03)	(3.54)	(2.58)	(3.92)	(3.01)
Year& Ind	控制	控制	控制	控制	控制	控制	控制	控制
N	14 250	14 250	14 250	14 250	14 250	14 250	14 250	14 250
$Pseudo-R^2$	0.3287	0.3404	0.3312	0.3425	0.3418	0.3514	0.3431	0.3525
AUC	0.9064	0.9133	0.9058	0.9139	0.9121	0.9332	0.9115	0.9332

注：***、**、* 分别表示在1%、5%、10% 的水平显著。

（二）前瞻性信息中管理层净乐观语调对财务危机预测的作用时间

"过程观"理论认为，企业财务危机的形成是一个渐进的发展过程。这个过程中会出现不同导致财务危机爆发的原因，但这些原因并不是杂乱无章的，而是有着严格的逻辑发展层次。谢科范（2001）将日本企业破产的原因归结为三个层次，从经营管理欠缺，到经营状况财务状况恶化，再到负债急剧增加，失去支付能力，三个层次环环紧扣，前面层次是后面层面的因，后面层次是前面层次的果。李秉成（2004）认为，企业财务危机可分为四个阶段：潜伏期、发作期、恶化期与实现期。每个阶段都会有不同的特征。可见，财务危机形成过程中会有不同的征兆，且形成过程原因和征兆间具有对应关系。因此，可以根据财务危机征兆提前对财务危机进行预警，而有效的预警时间可能是 5 年，也可能是 2~3 年。预警指标选择是影响预警时间的关键因素，一般认为财务比率作为企业经营结果的反映指标，有着良好的预测能力。那么作为和年报中财务指标相提并论，且能够对财务指标进行补充说明的文本信息的有效预测能力如何，是值得关注的研究点。在此，以常用的 3 年预测期为标准，研究前瞻性信息管理层净乐观语调对财务危机预测的作用时间。预测回归结果见表 3-15 和表 3-16。

前述采用风险模型作为预测模型，由于假设所有的变量都是动态的，当无法有效反映预测变量的动态变化值时，预测期限不能大于 1 年。在此，借鉴刘逸爽和陈艺云（2018）、任广乾（2018）的研究，采用配对法为每一家财务危机企业配对一家健康企业，借助 Logistic 模型进行财务危机预测。配对法可以最大限度地控制其他因素的影响，提高危机企业和健康企业的可比性。和前述 PSM 配对原则一致，按照产权性质、行业性质、公司规模来进行 1∶1 配对，共获得 326 家财务危机企业和 326 家健康企业。

表 3-15 中，在以财务变量为主的基准预测模型中依次加入前瞻性信息可读性指标和管理层净乐观语调指标。从相关显著性来看，无论是滞后一期、滞后两期，还是滞后三期，管理层净乐观语调均与未来发生财务危机的概率显著负相关，且三期的显著性水平均为 1%，而可读性指标仅在滞后两期和滞后三期时在财务指标和语调指标共同构建的预测模型中显著。从预测准确率看，总体趋势和已有研究一致，随着时间的推进，距离企业发生财务危机的时间越近，预测准则率越高。从相对增量贡献来看，可读性指标相对于财务指标预测基准模型的贡献三期分别为 0.01%、0.19% 和 0.17%，增量水平不显著；而管理层净乐观语调相对于财务指标和可读性指标构建的预测基准模型，三期增量贡献分别为 1.08%、0.75% 和 1.26%，增量显著。

表 3-16 中，进一步加入市场变量后，管理层净乐观语调指标依然有着很高的显著性，表明管理层净乐观语调包含反映企业未来是否发生财务危机的信息。多数预测模型中可读性指标不显著。可读性指标对提升预测准确率的增量贡献分别为 0.07%、0.07% 和 0.06%，增量贡献微乎其微。而管理层净乐观语调对提升预测准确率增量贡献分别为 0.81%、0.46% 和 1.05%，该结论与上述结论一致。综上，可以发现，在财务危机发生的前三年，前瞻性信息管理层净乐观语调均与企业未来是否发生财务危机显著相关，且显著性水平较高。从预测准确率看，距离企业发生财务危机的时间越近，包含管理

表 3-15　前瞻性信息净乐观语调、可读性与财务变量模型多期预测效果

变量	滞后 1 期 (1)	滞后 1 期 (2)	滞后 1 期 (3)	滞后 2 期 (4)	滞后 2 期 (5)	滞后 2 期 (6)	滞后 3 期 (7)	滞后 3 期 (8)	滞后 3 期 (9)
Tone			-4.760*** (-4.38)			-2.634*** (-2.85)			-3.496*** (-3.70)
Readability		0.0117 (0.15)	-0.0874 (-1.04)		-0.101 (-1.43)	-0.155** (-2.13)		-0.0827 (-1.20)	-0.134* (-1.86)
WCTA	-2.616*** (-5.33)	-2.624*** (-5.30)	-2.399*** (-4.44)	-2.841*** (-6.43)	-2.794*** (-6.27)	-2.683*** (-5.96)	-2.276*** (-5.48)	-2.239*** (-5.38)	-2.145*** (-5.17)
OPRA	-0.0391*** (-4.49)	-0.0392*** (-4.50)	-0.0366*** (-4.65)	-0.0180*** (-3.51)	-0.0177*** (-3.52)	-0.0167*** (-3.27)	-0.0125*** (-3.18)	-0.0124*** (-3.19)	-0.0116*** (-2.96)
RETA	-0.541 (-1.47)	-0.536 (-1.47)	-0.659 (-1.61)	-0.276 (-0.91)	-0.308 (-1.00)	-0.328 (-1.02)	-0.500* (-1.65)	-0.517 (-1.69)	-0.515* (-1.67)
MVELA	0.0586 (1.32)	0.0588 (1.32)	0.0576 (1.17)	0.110** (2.15)	0.109** (2.10)	0.110** (2.06)	0.0905 (1.31)	0.0896 (1.28)	0.0892 (1.29)
SALETA	-0.0452 (-0.18)	-0.0452 (-0.18)	-0.0871 (-0.33)	-0.588** (-2.38)	-0.601** (-2.41)	-0.618** (-2.49)	-0.722*** (-3.03)	-0.742*** (-3.04)	-0.752*** (-3.05)
lnsize	0.593*** (4.46)	0.594*** (4.47)	0.620*** (4.47)	0.537*** (4.28)	0.526*** (4.24)	0.524*** (4.20)	0.560*** (4.53)	0.542*** (4.38)	0.556*** (4.52)
Constant	-12.95*** (-4.20)	-13.12*** (-3.97)	-9.935*** (-2.76)	-10.93*** (-3.82)	-9.504*** (-3.27)	-7.558*** (-2.57)	-11.28*** (-3.93)	-9.912*** (-3.27)	-7.752*** (-2.53)
Year & Ind	控制	控制	控制	控制	控制	控制	控制	控制	控制
N	652	652	652	652	652	652	652	652	652
Pseudo-R^2	0.3435	0.3435	0.3722	0.2582	0.2608	0.2718	0.2224	0.2242	0.2447
AUC	0.8750	0.8751	0.8859	0.8279	0.8298	0.8373	0.8074	0.8091	0.8217

注：***、**、* 分别表示在 1%、5%、10% 的水平显著。

第三章　管理层语调对企业财务危机预测的影响

表 3–16　前瞻性信息净乐观语调、可读性、财务市场模型多期预测效果

变量	滞后1期 (1)	(2)	(3)	(4)	滞后2期 (5)	(6)	滞后3期 (7)	(8)	(9)
Tone			−4.339*** (−3.91)			−2.475** (−2.55)			−3.292*** (−3.51)
Readability		0.046 9 (0.55)	−0.057 8 (−0.65)		−0.094 3 (−1.29)	−0.151** (−1.99)		−0.062 0 (−0.91)	−0.117 (−1.64)
WCTA	−2.552*** (−5.23)	−2.586*** (−5.28)	−2.430*** (−4.58)	−2.492*** (−5.59)	−2.450*** (−5.45)	−2.378*** (−5.23)	−1.909*** (−4.46)	−1.895*** (−4.41)	−1.852*** (−4.28)
OPRA	−0.036 5*** (−4.53)	−0.036 9*** (−4.54)	−0.035 6*** (−4.63)	−0.015 9*** (−3.31)	−0.015 8*** (−3.32)	−0.015 3*** (−3.20)	−0.010 0*** (−2.63)	−0.010 0*** (−2.66)	−0.009 66** (−2.53)
RETA	−0.579 (−1.54)	−0.557 (−1.50)	−0.663 (−1.64)	−0.504 (−1.53)	−0.536 (−1.59)	−0.537 (−1.58)	−0.704** (−2.17)	−0.705** (−2.17)	−0.658** (−2.04)
MVELA	0.112** (1.96)	0.114** (1.98)	0.099 7 (1.65)	0.121** (2.11)	0.117** (2.03)	0.111* (1.98)	0.158* (1.74)	0.154* (1.70)	0.140 (1.60)
SALETA	−0.096 3 (−0.40)	−0.094 8 (−0.39)	−0.108 (−0.42)	−0.637** (−2.54)	−0.651** (−2.57)	−0.660*** (−2.63)	−0.770*** (−3.23)	−0.781*** (−3.26)	−0.783*** (−3.26)
lnsize	1.000*** (4.78)	1.016*** (4.73)	0.931*** (4.08)	0.844*** (4.46)	0.822*** (4.34)	0.762*** (4.02)	0.990*** (4.68)	0.959*** (4.61)	0.902*** (4.32)
LERET	−1.373*** (−3.65)	−1.374*** (−3.65)	−1.443*** (−3.70)	−0.583 (−1.54)	−0.524 (−1.37)	−0.490 (−1.28)	−0.237 (−0.72)	−0.242 (−0.73)	−0.198 (−0.61)
Lsigma	6.620*** (2.78)	6.476*** (2.71)	6.790*** (2.74)	11.38*** (4.67)	11.30*** (4.62)	11.31*** (4.62)	4.704** (2.01)	4.734** (2.01)	4.893** (2.00)
LRsize	−0.837*** (−2.88)	−0.853*** (−2.88)	−0.633** (−1.97)	−0.541** (−2.10)	−0.517** (−2.00)	−0.396 (−1.51)	−0.702** (−2.56)	−0.672** (−2.49)	−0.555** (−2.07)

续表

变量	滞后1期		滞后2期			滞后3期		
	(1)	(2)	(3)	(4)	(5)	(6)	(7)	(8)	(9)
$Constant$	-3.851	-4.383	-3.836	-7.432**	-6.360*	-5.795	-5.892	-5.153	-4.117
	(-0.94)	(-1.06)	(-0.88)	(-1.98)	(-1.70)	(-1.54)	(-1.63)	(-1.38)	(-1.10)
$Year\& Ind$	控制	控制	控制	控制	控制	控制	控制	控制	控制
N	652	652	652	652	652	652	652	652	652
$Pseudo-R^2$	0.3740	0.3744	0.3965	0.2861	0.2881	0.2971	0.2350	0.2360	0.2536
AUC	0.8867	0.8874	0.8955	0.8454	0.8471	0.8517	0.8188	0.8194	0.8299

注：***、**、*分别表示在1%、5%、10%的水平上显著。

层净乐观语调指标的危机预测模型预测准确率越高。进一步，从远期来看，管理层净乐观语调在滞后三期时的增量贡献最高，这从一定程度上反映出管理层语调指标拥有较好的远期预测能力。

（三）前瞻性信息中管理层语调与投资者识别

至此，前述研究已发现前瞻性信息中管理层净乐观语调与企业未来发生财务危机的概率显著负相关，能够对财务危机预测提供增量贡献，具有危机预测价值。检验前瞻性文本信息语调特征是否包含危机预测信息的另一条途径是检验在年报发布后，前瞻性信息管理层语调与市场反应。如果市场能够从其他途径获得企业发生财务危机的信息，那么年报发布后，市场将不会发生反应。反之，如果年报管理层语调尤其是前瞻性信息语调提供了关于企业发生财务危机的信息，那么市场将会有如下反应：前瞻性文本信息整体语言基调的净乐观度与市场反应显著正相关，具体语调类型来说，乐观语调和市场反应显著正相关，悲观语调和市场反应显著负相关。采用事件研究方法，借鉴林乐和谢德仁（2016）、朱朝晖和许文瀚（2018）的研究，因变量股票累积异常收益率（CAR）值的短期的时间窗口为（0，2）和（-2，2），长期时间窗口为（3，20）。同时控制其他可能反映企业财务危机信息的相关变量，包括审计意见、公司是否亏损，以及公司净资产收益率的变化、公司资产负债率、公司规模的自然对数，同时控制行业年度效应。管理层净乐观语调及语调类型与市场反应的回归结果见表 3-17 和表 3-18。

表 3-17 中，无论是否包含控制变量，管理层净乐观语调对 CAR（0，2）的回归系数为正，在 5% 的水平显著；对 CAR（-2，2）的回归系数也为正，在 1% 的水平显著。管理层净乐观语调对长期市场反应 CAR（3，20）的回归系数在 1% 的水平显著为正。具体的语调类型回归结果显示，无论是短期还是长期，前瞻性信息中乐观语调与股票市场反应并不显著，而悲观语调对短期市场反应 CAR（0，2）、CAR（-2，2）的系数分别在 5%、1% 的水平显著为负；同样地，长期市场反应 CAR（3，20）的回归系数也为负，在 1% 的水平显著。以上结果说明，投资者利用对文本信息语言基调的整体判断做出股票价格反应。具体而言，投资者更加关注文本信息中的负面语言，对负面语言的反应更为敏感。综上，前瞻性信息中管理层语调提供了关于财务危机预测的增量信息。

表 3-17　　　　　　　　管理层净乐观语调与市场反应

变量	CAR (0, 2)		CAR (-2, 2)		CAR (3, 20)	
Tone	0.009 29**	0.009 45**	0.017 0***	0.016 2***	0.023 2***	0.028 3***
	(2.28)	(2.23)	(3.55)	(3.24)	(2.84)	(3.34)
Readbility		-0.000 537		-0.000 233		0.002 03***
		(-1.54)		(-0.54)		(2.83)
OPI		0.002 65		-0.002 63		0.000 739
		(0.77)		(-0.60)		(0.09)
ΔROE		-0.008 36*		0.006 04		-0.021 9**
		(-1.72)		(1.15)		(-2.33)
Loss		0.005 36***		0.002 40		-0.001 96
		(2.78)		(1.02)		(-0.43)
Lev		0.002 50		0.000 815		0.012 4**
		(0.80)		(0.22)		(1.98)
lnsize		0.000 019 0		-0.000 017 3		-0.002 70***
		(0.04)		(-0.03)		(-2.89)
Constant	-0.005 53	-0.002 28	-0.004 10	-0.001 56	-0.012 4	0.013 2
	(-1.10)	(-0.19)	(-0.67)	(-0.11)	(-1.28)	(0.57)
Year& Ind	控制	控制	控制	控制	控制	控制
N	10 382	10 382	10 382	10 382	10 382	10 382
F 值	3.25	3.20	4.95	4.01	7.65	6.76
调整 R^2	0.006 6	0.008 6	0.010 9	0.010 8	0.020 0	0.022 5

注：***、**、*分别表示在1%、5%、10%的水平显著。

表 3-18　　　　　　　　语调类型与市场反应

变量	CAR (0, 2)		CAR (-2, 2)		CAR (3, 20)	
Pos	0.000 094 4	-0.000 003 84	0.000 012 2	-0.000 067 4	-0.000 459**	-0.000 272
	(0.91)	(-0.03)	(0.10)	(-0.49)	(-2.15)	(-1.11)
Neg	-0.000 397*	-0.000 503**	-0.000 932***	-0.000 950***	-0.001 74***	-0.001 74***
	(-1.92)	(-2.37)	(-3.87)	(-3.88)	(-4.23)	(-4.10)
Readbility		-0.000 690*		-0.000 583		0.001 20
		(-1.82)		(-1.26)		(1.52)
OPI		0.002 66		-0.002 58		0.000 825
		(0.77)		(-0.59)		(0.11)
ΔROE		-0.008 29*		0.006 21		-0.021 5**
		(-1.71)		(1.18)		(-2.29)
Loss		0.005 40***		0.002 52		-0.001 78
		(2.79)		(1.06)		(-0.39)

续表

变量	CAR (0, 2)		CAR (−2, 2)		CAR (3, 20)	
Lev		0.002 55 (0.82)		0.000 985 (0.27)		0.012 7** (2.04)
$lnsize$		0.000 039 6 (0.08)		0.000 033 6 (0.06)		−0.002 58*** (−2.75)
$Constant$	0.000 145 (0.03)	0.008 47 (0.70)	0.012 4* (1.87)	0.019 9 (1.36)	0.027 4** (2.42)	0.057 7** (2.34)
N	10 461	10 389	10 461	10 389	10 454	10 382
Year& Ind	控制	控制	控制	控制	控制	控制
N	10 382	10 382	10 382	10 382	10 382	10 382
F 值	3.15	3.13	4.86	4.01	7.64	6.70
调整 R^2	0.006 6	0.008 7	0.011 2	0.011 3	0.021 2	0.023 1

注：***、**、* 分别表示在 1%、5%、10% 的水平显著。

本章小结

本章依托计算机自然语言处理技术，运用文本分析方法，从多个层次研究 MD&A 报告未来展望前瞻性信息中管理层语调对企业财务危机预测的价值。

通常投资者对文本信息的接收是基于总体印象的判断。因此，首先，本章从总体语言基调的层面研究前瞻性信息中管理层净乐观语调与企业财务危机预测的关系。研究发现，文本信息总体语言基调净乐观语调和企业未来是否发生财务危机显著负相关；预测准确率（AUC）值的变化显示，管理层净乐观语调加入由文本可读性特征、财务变量和市场变量构建的不同危机预测基准模型中，均能显著提升财务危机预测模型的预测准确率；上述结果在考虑内生性及进行系列稳健性检验后依然成立。其次，从正面乐观语调和负面悲观语调两个视角研究同一文本信息中不同语调类型对企业财务危机预测的影响。结果发现，管理层负面悲观语调和企业未来是否发生财务危机显著正相关，而管理层正面乐观语调与企业是否发生财务危机并没有显著关系，同样地，具体语调类型加入各种危机预测模型中均能够提升模型的预测准确性。该结果说明，文本信息中负面语调语言与企业财务危机预测的相关性更强。

再者，财务危机形成通常是渐进的发展过程，而投资者总是试图较早地捕捉到企业财务危机发生的各种蛛丝马迹，以期开展早期预警研究，因此，本章进一步研究管理层净乐观语调对财务危机预测的作用时间。研究发现，前瞻性文本信息管理层净乐观语调在滞后三年的预测期内均与企业未来是否发生财务危机显著相关，随着财务危机发生时间的临近，包含管理层净乐观语调指标的危机预测模型预测准确率不断提高。最后，本书从另一条途径即投资者识别与股票市场反应的视角检验前瞻性信息管理层语调是否包含危机预测信息。研究发现，管理层净乐观语调与股票短期市场反应及长期市场反应均显著正相关，具体语调类型回归结果显示，悲观负面语调与股票短期及长期市场反应显著负相关，而乐观正面语调对市场反应的回归系数并不显著。该结果说明，投资者对文本信息中负面语调语言接收更为敏感。

总体而言，无论是从总体语言基调、具体语调类型层面，还是从预测作用时间及市场反应证据层面，本章研究均证明了 MD&A 前瞻性文本信息语调特征能够为投资者预测企业财务危机这一决策行为提供有用信息。

第四章 管理层语调、信息环境与企业财务危机预测

第一节 问题引出

资本市场是信息的集聚地。信息不对称是投资者决策的基本环境,是影响股票流动性强弱和造成股价崩盘的根本因素。同时,信息不对称也是会计信息拥有价值的基础。理论研究表明,会计信息中数字信息和文本信息的披露会改变信息环境,例如,会计信息可比性的增加改善了资本市场信息环境(陈玥和江轩宇,2017)。前述第三章研究发现,前瞻性文本信息的整体语言基调管理层净乐观语调、具体语调类型负面悲观语调与企业未来是否发生财务危机显著相关,且能够提升财务危机预测准确率。该结论表明,MD&A前瞻性文本信息的语调特征在财务危机预测方面具有决策有用性,能够提升投资者的决策效率。那么,管理层语调通过什么机制提升财务危机预测能力?是否通过改善投资者的信息决策环境来提升预测力?

针对该问题,本书采用两种思路进行检验。一方面,基于中介效应的视角,检验文本信息的语调特征是否通过降低信息不对称,提升信息透明度,增强投资者对公司未来经营状况的全面理解,来提升其财务危机预测决策效率。另一方面,基于分组研究的视角,检验在不同的信息约束环境下,尤其是在信息不对称程度较高的环境中,前瞻性文本信息语调特征对财务危机预测的贡献价值是否更大?即间接地表明文本信息语调能够改善信息环境,降低信息不对称,有助于投资者更有效地对财务危机做出预测。

与此同时,其他治理机制作为一种更加本源的制度安排,不仅会对信息环境,即信息不对称程度带来影响,也是影响会计信息发挥经济效应的其他

重要约束条件。媒体报道作为外部信息机制不仅影响着信息传递效率和信息关注度，而且能够通过监督效应发挥公司治理作用，对企业产生由内而外的影响。市场化进程作为更加宏观的外部制度环境，内部控制质量作为企业内部更加本源的制度安排，都是影响会计文本信息披露及其经济后果的重要约束条件。因此，从广义信息环境的视角，这些约束条件对管理层语调在财务危机预测方面的影响如何，值得研究。

综合上述分析，本章研究内容不仅是对第三章研究内容的进一步深化，同时也为投资者选择运用 MD&A 前瞻性信息包括语调信息提供了深层次的经验证据。

第二节　理论分析与假设提出

一、管理层语调影响企业财务危机预测的中介效应检验

数字信息和文本信息是会计年度报告中的两大信息类型。会计数字信息是对企业已经发生的经济活动的记录、计量和反映，具有面向过去的历史性特征。而文本信息作为定性信息，不仅能够对数字信息中所蕴含的经济含义进行详细的描述解释，而且能够补充说明数字信息无法反映的内容。研究证据表明，相对于数字信息，会计文本信息具有增量的信息含量。会计文本信息在企业业绩预测以及股价崩盘风险预警方面有着重要的作用（Bochkay and Levine，2013；孟庆斌等，2017）。年报中前瞻性文本信息是有关描述企业行业市场状况、未来发展战略、经营计划、未来可能面临的风险等内容的重要信息，该部分信息具有预测性质，不能被已有的会计数字信息有效反映，因此，该部分信息能够弥补会计数字信息无法有效预测未来的缺陷。显然，该部分信息能够显著增强投资者对企业未来情况的总体理解和把握，提升其预测准确性。也就是说，前瞻性文本信息会提升会计信息解释力和预测力，帮助投资者降低信息不对称，提升决策效率。管理层语调作为文本信息的基本特征，具有信息含量。前述第三章研究已证实管理层语调在财务危机预测方面具有使用价值。依据前述分析逻辑，可以认定前瞻性文本信息的管理层语调会通过提升会计信息预测力和解释力，改善信息披露环境，降低信息不对

称，帮助投资者加强对企业财务危机的预测。由此，本书提出如下假设。

假设 4-1 前瞻性文本信息中管理层语调通过降低信息不对称，改善信息披露环境，来提升财务危机预测能力。

假设 4-2 前瞻性文本信息中管理层语调通过增强投资者对企业未来经营情况的感知，提升会计信息的预测力和解释力，从而提升财务危机预测能力。

二、管理层语调、信息环境与企业财务危机预测的分组检验

在不同的信息环境中，企业信息供给和投资者信息需求的平衡度不同，信息不对称程度不同，同一信息的边际贡献可能会存在差异，因此，信息环境成为信息价值发挥的重要约束条件。相关研究证据表明，信息环境对文本类风险信息披露经济后果具有影响效应。在信息环境较差、信息不对称程度较高时，风险信息披露对权益资本成本的降低效应更显著，在内部治理环境较好时，风险信息披露提升分析师预测准确度的效应更强（王雄元等，2017；王雄元和高曦，2018）。弗尔德曼（2010）检验了信息环境对 MD&A 部分语调变化所蕴含的增量信息的影响，研究发现，在分析师跟踪数量较少、公司成长性高以及公司规模较小的环境下，MD&A 语调信息含量更高。在已有研究中，分析师和机构投资者作为资本市场中重要的信息中介，通常被视为信息环境的代理变量，并以此衡量信息环境中的信息不对称程度（Lang et al., 2003；梁上坤，2017；白旻等，2018）。本书借鉴已有研究，从分析师关注和机构投资者持股两个视角进行信息环境约束效应的检验。

（一）管理层语调、分析师关注与企业财务危机预测

相对于普通投资者，分析师是专业的信息生产者，是资本市场中重要的信息传递者。分析师借助自身的专业能力，挖掘吸收市场中的不同信息，以提升预测效率，改善信息环境。曲晓辉和毕超（2016）研究发现，分析师对信息含量较高、信息透明度更高、可比性更强的财务报告关注度更高。胡军等（2016）发现，分析师还关注微博等自媒体信息，上市公司微博信息披露能够提高分析师盈余预测准确度，降低预测分歧度。吕伟等（2016）的研究表明，虽然分析师对会计选择性质的理解有限，但通过借鉴其他信息来源，分析师能够更好地对会计选择的实证进行推断。通过对上市公司财务信息和非财务信息的挖掘，撰写分析报告，提供预测信息，对公司已披露信息形成

有效补充，分析师充分地发挥了信息中介作用，提升了资本市场信息效率。张然等（2017）的研究表明，分析师通过对企业基本面的分析，提高了未来股票收益。巴曙松和王超（2018）的研究证实，分析师通过对企业盈余预测信息的吸收汲取，调整其盈利预测并进行信息释放，有效地提高了股票市场反应。上述支撑分析师发挥市场信息中介的信息来源均是市场公共信息，分析师也可以利用自有资源获取私有信息，增加信息供给。程博和潘飞（2017）发现，分析师会利用校友关系，加强与首席执行官（CEO）沟通，增强信息获取，从而促进员工教育水平发挥更强的正向调节作用，即抑制语言多样性对分析师预测准确性的负面影响。综上，分析师通过有效地发挥信息中介的作用，为投资者提供了更丰富的信息源，改善了信息环境，提升了信息透明度。部分研究对分析师信息中介的作用进行了直接验证，肖土盛等（2017）的研究证实，分析师在会计信息质量与公司股价崩盘风险之间发挥信息中介作用。郭阳生（2018）等研究发现，沪港通机制通过影响分析师关注度和分析师预测准确度，改善了上市公司的信息环境。因此，诸多研究直接将分析师跟踪或分析师关注度作为信息环境中信息不对称性的代理衡量变量（梁上坤，2017；白旻和王仁祥，2018）。

此外，分析师作为中介组织力量，承担着监督治理的角色，作为一种专业监督力量（Jensen and Meckling，1976），影响管理层对某种活动的决策，影响公司信息披露的环境和信息披露的质量。已有研究表明，分析师关注会对企业应计盈余管理形成监督，有效地减少了企业应计盈余管理活动（李春涛等，2016），分析师关注及监督作用的增强能够降低内部人交易收益（李琳和张敦力，2017），分析出管理层的欺诈行为（Dyck et al.，2010），降低公司诉讼风险（张俊瑞等，2106），降低内部薪酬差距，提升高管与员工薪酬的公平性。可见，分析师关注有利于控制管理层机会主义行为，降低其私有收益，改善公司治理环境。分析师对信息披露质量的研究证据表明，分析师可以有效地抑制客户集中度对会计信息可比性的负面影响（周冬华和梁晓琴，2018），促进公司对碳信息披露的增加，促进企业社会责任信息更好地被资本市场吸收，降低股票流动性（王攀娜和徐博韬，2017）。需要说明的是，在关于分析师发挥监督治理作用的理论分析中，研究者们依然是基于分析师信息挖掘能力、充当信息中介、降低信息不对称的视角进行探讨，因此，信息获取与供给是分析师最本职的功能角色，也是其他角色发挥的基础。

基于上述分析，随着分析师关注度的提高，反映上市公司经营的信息源愈加充沛，信息不对称程度会随之降低。相反，当分析师关注度低时，上市公司信息较为稀缺，信息不对称程度较高，此时，有限信息源的相对边际贡献可能较大。结合本书研究主题，在分析师关注度低的情形下，年报前瞻性信息中管理层语调对财务危机预测的边际贡献更大。由此，本书提出如下假设。

假设 4-3 其他条件相同时，分析师关注度越低，前瞻性信息中管理层语调对企业未来是否发生财务危机的预测价值越高。

（二）管理层语调、机构投资者持股与财务危机预测

机构投资者拥有和管理上市公司的大部分股票，不仅是重要的市场参与者（Graham et al.，2005），而且是影响公司信息透明度和公共信息环境的重要因素。已有研究表明，机构投资者持股比例和信息环境之间有着重要的联系（Healy et al.，1999；Ajinkya et al.，2005）。机构投资者发挥影响作用的路径如下。

第一，机构投资者通过信息占有，持有和交易股票会对管理层财务决策形成压力和影响，发挥公司治理作用，进而影响信息披露质量（Boone et al.，2015）。机构投资者包括稳定型机构投资者和交易型机构投资者。稳定型机构投资者习惯采用低换手率和长期交易的策略，这种类型的机构可能更喜欢信息不对称程度较高的公司，此时，机构投资者所拥有的信息优势更明显。而交易型机构投资者的投资者特点是投资组合周转率较高，短期交易策略和多元化投资组合，这类投资者期望投资企业的信息透明度更高，信息披露水平和质量更高。相比于交易型机构投资者，稳定型机构投资者私有信息的搜集能力更强，对管理层"施压"和改变管理层决策的能力更强（Boone et al.，2015）。研究表明，机构投资者可以通过多种方式包括直接参与公司决策、公开投票以及合谋干预的方式对管理层财务决策和信息披露形成"监督"影响（Cvijanovic et al.，2016），发挥公司治理作用，尤其是在企业代理成本较低的情形下，其监督作用可以提升企业价值（韩云，2017）。机构投资者通过参与公司治理影响管理层信息披露选择。研究表明，机构投资者持股通过抑制盈余管理活动提升企业盈余信息质量，对应计盈余管理活动的抑制作用在非国有企业和大股东非绝对控股的条件下更显著（薄仙慧和吴联生，2009；孙光国等，2015），而对真实盈余管理活动的抑制只在非国有企业中发挥作用（孙光国等，2015）；同时，机构投资者通过参与公司治理使代

理冲突得以缓解，提升了会计稳健性，这种作用在机构投资者是稳定型时更显著。此外，机构投资者的类型不同，公司治理的影响效应也有差异。稳定型机构投资者更加注重企业长期价值，对管理层监督动机更强，能够有效地抑制管理层逆向选择和道德风险，此时，良好的公司治理约束条件下管理层自愿性信息披露的程度和水平更高（牛建波等，2011）；交易型机构投资者通过发挥公司治理作用，能够提高国有企业的并购绩效（周绍妮等，2017）。

第二，机构投资者通过私有信息搜集，持有和交易股票，影响市场信息效率和公共信息环境（王咏梅和王亚平，2014；Boone et al.，2014）。相比于普通投资者，机构投资者信息占有优势更强，其交易活动易在资本市场上形成示范效应，引起投资者"羊群行为"，间接改变了公共信息环境和资本市场信息效率。孔东民等（2015）从方差比、股价同步性以及私有信息的视角构建三种资本市场信息效率衡量指标，研究发现，机构投资者持股比例的增加会显著提升效率，对资本市场有积极作用。相反，部分研究基于股价崩盘的视角，发现机构投资者大量地参与市场交易，加大了未来股价崩盘风险。曹丰等（2015）发现，我国机构投资者与管理层合谋，隐瞒推迟坏消息披露，利用内幕交易获利，加剧了市场信息不对称，从而引致未来股价崩盘风险提升；吴战篪和李晓龙（2015）的研究表明，内部人交易尤其是大股东大量抛售股票，未来不确定性上升，由此引致的股价崩盘风险并不能被机构投资者识别；许年行等（2013）则认为，机构投资者和股价崩盘风险正相关的症结在于机构投资者交易所带来的市场跟风"羊群行为"。综上，机构投资者影响公司治理效率、影响公司信息披露及市场信息效率的作用的确存在，但由于环境复杂性，研究结论存在差异。

和分析师作为信息中介组织一样，机构投资者同样被诸多研究者视为信息环境的代理变量（吴战篪和李晓龙，2015；梁上坤，2017），可见，机构投资者在缓解信息不对称、提升信息披露水平和信息效率方面的作用更加显而易见和被人认可。延续上述分析思路，本书中，随着机构投资者持股比例的提升，其治理作用增强，盈余数字信息质量较高，配合数字信息的文本信息质量也较高，并且由于机构投资者能够显著影响自愿性信息披露水平，因此，在机构投资者持股较高的情形下，文本信息披露水平也提高。以管理层盈余预告为例，随着机构投资者持股比例的增加，盈余预告的准确性和及时性均显著提升（高敬忠等，2011）。基于该分析，在机构投资者持股比例高的前提下，会计数字信息质量较高，文本信息披露质量和水平也较高，信息源更加充沛。但由于我国制度背景下文本信息和数字信息的异质性较弱（王雄元和高曦等，2018），在会计数字信息已发挥足够危机预测能力的基础上，文本信息的边际贡献就显得偏弱。相反，在机构投资者持股比例低的情形下，信息不对称程度更高，市场信息需求更旺盛，相对于数字信息的文本信息价值会更加凸显。由此，本书提出如下假设。

假设 4-4 其他条件相同时，机构投资者持股比例越低，前瞻性信息中管理层语调对企业未来是否发生财务危机的预测价值越高。

第三节 研究设计

一、数据来源与样本选择

本章节依然以企业陷入 ST 和企业获得持续经营审计意见来界定财务危机。基本的数据范围与前述一致，以 2007~2017 年深沪两市 A 股上市公司为研究样本，剔除金融行业，剔除数据缺失样本，纳入回归分析程序的基础样本量为 14 334 个观测值。由于中介效应变量、信息环境调节效应变量以及其他治理机制变量会有不同程度的缺失，因此，不同的回归检验中，样本量会略有调整。其他研究所用数据主要来源于国泰安数据库和万得（WIND）数据库，上市公司年报下载自巨潮资讯网。为避免极端值对回归结果的影响，对所有连续变量进行上下 1% 的 Winsorize 处理。

二、变量定义及计算过程

本章节是上一章节的延续，前瞻性文本信息是指上市公司年报管理层讨论与分析中的未来展望部分。和上一章节一致，获取方法是依据计算机 python 语言对未来展望部分起始位置和结束位置进行编程界定，然后截取相应的信息。前瞻性信息管理层语调的衡量依然从整体语言基调和具体语调类型两个层面进行，具体为净乐观语调（$Tone$）、乐观语调（Pos）和悲观语调（Neg）。计算过程和上一章节一致，见式（3-1）、式（3-2）、式（3-3），此处不再列示。

中介效应指标选取如下：借鉴周开国等（2014）、王雄元和曾敬（2019）的研究，以分析师盈余预测偏差作为信息不对称的衡量指标；以企业未来三年（包含当年）总资产报酬率（ROA）的标准差作为会计信息预测力的衡量，以此来反映投资者对公司未来经营和风险情况的感知和理解。

中介效应变量、信息环境代理变量以及其他治理机制变量名称及定义见表4-1。其他控制变量名称及定义见第三章表3-1，在此不重复赘述。

表4-1　　　　　　　　新增中介变量及分组变量

分组变量	变量名称	变量符号	变量定义
中介效应变量	分析师预测偏差	Analyst_Error	公司年报公布后跟踪分析师第一次预测的EPS均值-实际EPS｜/年初股价①
	未来经营情况波动	ROA_sd	公司未来三年总资产报酬率的标准差（含当年）
信息环境代理变量	分析师关注	Coverage	上市公司分析师跟踪人数
	机构投资者持股	Instishare	机构投资者持股比例
其他治理机制	媒体报道	Media	其值为ln（1+网络新闻报道量），网络新闻报道量来源中国研究数据服务平台CNRDS数据库
	市场化进程	Mindex	来源于樊纲和王小鲁等编制的中国各地区市场化指数
	内部控制质量	Ic	迪博公司内部控制指数

三、模型设计

中介效应的检验借鉴温忠麟和叶宝娟（2014）的研究，依照如下程序进行检验。第一步，建立中介效应检验模型。结合本书研究目的，构建模型（4-1）、模型（4-2）、模型（4-3）三个模型来描述管理层语调与中介变量间的关系。第二步，检验模型（4-1）中管理层净乐观语调（Tone）的系数 β_1 是否显著。若显著，依次进行模型（4-2）和模型（4-3）的检验；若不显著，则中介效应检验终止。第三步，分别检验模型（4-2）中Tone的系数 α_1 和模型（4-3）中中介变量Mediavar的系数 b_1 是否显著，若均显著，则

---

① 参考朗等（Lang et al.，2003）、胡军等（2016）的研究，采用年初股价对分析师盈余预测偏差进行标准化处理。

证明中介效应存在,并进一步判断模型(4-3)中 $Tone$ 的系数 β'_1 是否显著,以区分完全中介效应和部分中介效应;若二者系数中有一个不显著则执行第四步骤。第四步,当二者系数至少有一个不显著时采用 Bootstrap 法检验系数乘积是否显著,若显著,则依据第三步进一步判断区分中介效应类型;若不显著,则表明中介效应不存在。上述具体的检验步骤如图 4-1 所示。

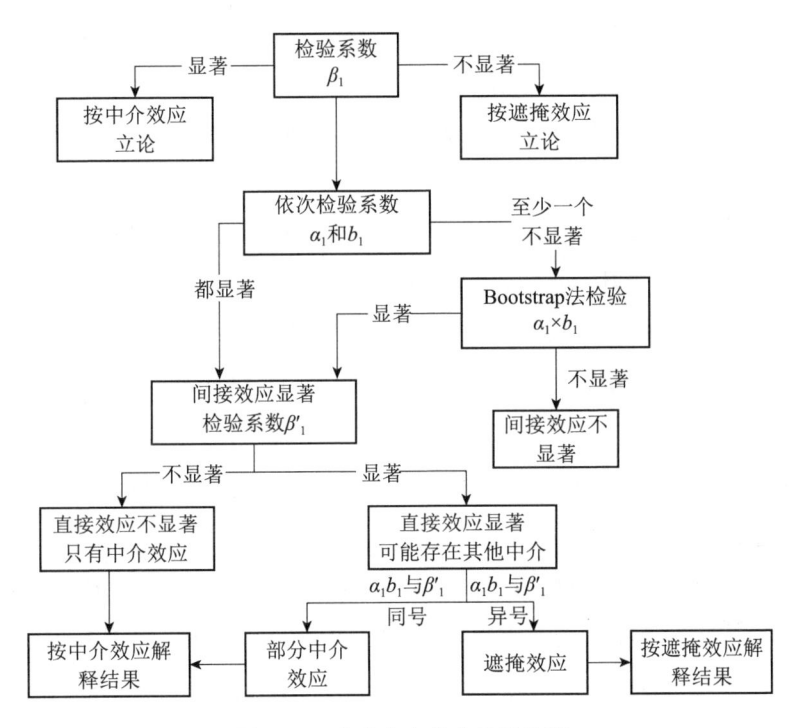

图 4-1 本书中介效应检验步骤

注:借鉴温忠麟和叶宝娟《中介效应分析:方法和模型发展》(2014)的研究。

$$\ln h_i(t) = \beta_0 + \beta_1 Tone_{i,t-1} + \beta_2 Readability_{i,t-1} + \beta_3 WCTA_{i,t-1} + \beta_4 OPRA_{i,t-1}$$
$$+ \beta_5 RETA_{i,t-1} + \beta_6 MVELA_{i,t-1} + \beta_7 SALETA_{i,t-1} + \beta_8 \ln size_{i,t-1}$$
$$+ \beta_9 LERET_{i,t-1} + \beta_{10} Lsigma_{i,t-1} + \beta_{11} LRsize_{i,t-1} + \sum Year\&Ind$$
$$+ \varepsilon \quad (4-1)$$

$$Mediavar_{i,t} = \beta_0 + \alpha_1 Tone_{i,t-1} + \beta_2 Readability_{i,t-1} + \beta_3 WCTA_{i,t-1}$$
$$+ \beta_4 OPRA_{i,t-1} + \beta_5 RETA_{i,t-1} + \beta_6 MVELA_{i,t-1} + \beta_7 SALETA_{i,t-1}$$
$$+ \beta_8 \ln size_{i,t-1} + \beta_9 LERET_{i,t-1} + \beta_{10} Lsigma_{i,t-1} + \beta_{11} LRsize_{i,t-1}$$
$$+ \sum Year\&Ind + \varepsilon \quad (4-2)$$

$$\ln h_i(t) = \beta_0 + \beta_1' Tone_{i,t-1} + b_1 Mediavar_{i,t} + \beta_2 Readbility_{i,t-1} + \beta_3 WCTA_{i,t-1}$$
$$+ \beta_4 OPRA_{i,t-1} + \beta_5 RETA_{i,t-1} + \beta_6 MVELA_{i,t-1} + \beta_7 SALETA_{i,t-1}$$
$$+ \beta_8 \ln size_{i,t-1} + \beta_9 LERET_{i,t-1} + \beta_{10} Lsigma_{i,t-1} + \beta_{11} LRsize_{i,t-1}$$
$$+ \sum Year\&Ind + \varepsilon \tag{4-3}$$

本书中分组效应的检验依据如下程序进行。根据不同的分组变量，将全部样本分为不同的子样本，分别进行回归分析以检验管理层语调对企业财务危机预测价值的变化。为了确保分组回归结果的有效性，本书采用费舍尔组合 Bootstrap 法检验，获得经验 P 值，以进一步验证组间系数是否存在显著性差异。

前瞻性信息中管理层总体语调与财务危机预测分组回归模型见式 (4-4)：

$$\ln h_i(t) = \beta_0 + \beta_1 Tone_{i,t-1} + \beta_2 Readbility_{i,t-1} + \beta_3 WCTA_{i,t-1} + \beta_4 OPRA_{i,t-1}$$
$$+ \beta_5 RETA_{i,t-1} + \beta_6 MVELA_{i,t-1} + \beta_7 SALETA_{i,t-1} + \beta_8 \ln size_{i,t-1}$$
$$+ \beta_9 LERET_{i,t-1} + \beta_{10} Lsigma_{i,t-1} + \beta_{11} LRsize_{i,t-1} + \sum Year\&Ind$$
$$+ \varepsilon \tag{4-4}$$

前瞻性信息中管理层具体语调类型（仅保留负面悲观语调）与财务危机预测分组回归模型见式 (4-5)：

$$\ln h_i(t) = \beta_0 + \beta_1 Neg_{i,t-1} + \beta_2 Readbility_{i,t-1} + \beta_3 WCTA_{i,t-1} + \beta_4 OPRA_{i,t-1}$$
$$+ \beta_5 RETA_{i,t-1} + \beta_6 MVELA_{i,t-1} + \beta_7 SALETA_{i,t-1} + \beta_8 \ln size_{i,t-1}$$
$$+ \beta_9 LERET_{i,t-1} + \beta_{10} Lsigma_{i,t-1} + \beta_{11} LRsize_{i,t-1} + \sum Year\&Ind$$
$$+ \varepsilon \tag{4-5}$$

第四节　回归分析

一、描述性统计

（一）本章新增变量描述性统计结果

本章新增变量的描述性统计结果见表 4-2。新增变量中除分析师关注度和市场化进程外，其余变量观测值均有不同程度的缺失。年报公布后分析师预测偏差的均值为 0.023，中位数为 0.037，二者差异较小，表明样本分布均匀，接近正态分布。公司未来三年的经营情况波动值的均值也大于中位数，同样表明样本呈右偏分布。研究样本中分析师关注度即分析师跟踪人数最大值为 68，最小值为 0，表明不同的公司，分析师关注度差异较大。研究样本中机构投资者持股比例、媒体报道、内部控制质量以及市场化进程指标的均值和中位数数值差异较小，表明样本分布良好，呈正态分布。

表 4-2　　　　　　　　　　本章新增变量描述性统计

变量	N	标准差	均值	中位数	最小值	最大值
Analyst_Error	9 986	0.042	0.037	0.023	0.000 26	0.238
ROA_sd	11 914	0.392	0.037 4	0.013 1	3.54E-06	27.91
Coverage	14 334	9.374	7.621	4	0	68
Instishare	14 272	22.88	40.46	41.4	0.098 3	86.85
Media	11 902	1.018	5.678	5.756	2.773	8.156
Ic	14 328	147.2	640.9	672.7	0	882.9
Mindex	14 334	1.858	7.755	7.93	-0.3	9.95

（二）分析师关注及机构投资者持股分组统计结果

以分析师关注度行业年度中位数为标准，将整个样本分为分析师关注度高组（Coverage=0）和分析师关注度低组（Coverage=1），分别对两个组别样本进行标准差、均值、中位数、最大值和最小值描述性统计，并进一步对组间均值差异和组间中位数差异进行检验，统计结果见表 4-3。从样本量看，分析师关注度高组的样本量为 6 801 个年度观测值，分析师关注度低组的样本量为 7533，两者差异较小，便于后续分组回归比较检验。从标准差来看，因变量财务危机在分析师关注度低组的标准差为 0.216，在分析师关注度高组为 0.074 5，两组差异较大，但标准差总体水平较低；自变量管理层净乐观语调、乐观语调、悲观语调的标准差在分析师关注度高组和分析师关注度低组存在差异，差异相对较小，但具体语调类型的标准差总体水平较高，说明数据变化范围较大；控制变量营业利润率（OPRA）标准差组间差异较大，其他变量组间差异较小。从均值水平及其差异来看，分析师关注度低组

表 4-3　分析师关注分组描述性统计结果

变量名称	Coverage	STGC	Tone	Pos	Neg	Readability	WCTA	OPRA	RETA	MVELA	SALETA	lnsize	Leret	Lsigma	LRsize
样本量	1	7 533	7 533	7 533	7 533	7 533	7 533	7 533	7 533	7 533	7 533	7 533	7 533	7 533	7 533
样本量	0	6 801	6 801	6 801	6 801	6 801	6 801	6 801	6 801	6 801	6 801	6 801	6 801	6 801	6 801
标准差	1	0.216	0.120	4.416	2.469	1.363	0.351	20.97	0.324	3.503	0.607	1.116	0.369	0.058 6	0.770
标准差	0	0.074 5	0.116	4.454	2.371	1.358	0.383	13.67	0.212	3.755	0.687	1.279	0.362	0.050 5	0.926
均值	1	0.048 9	0.573	29.32	7.875	11.74	0.212	3.224	0.094 3	2.639	0.690	21.70	0.033 2	0.103	22.18
均值	0	0.005 59	0.602	29.52	7.252	11.84	0.291	11.98	0.257	2.823	0.857	22.62	0.074 5	0.097 5	23.02
差异检验[a]		−0.043 ***	0.029 ***	0.193 ***	−0.623 ***	0.097 ***	0.079 ***	8.752 ***	0.163 ***	0.184 ***	0.166 ***	0.917 ***	0.041 ***	−0.006 ***	0.840 ***
中位数	1	0	0.575	29.20	7.734	11.65	0.186	4.030	0.133	1.544	0.542	21.65	−0.009 32	0.089 6	22.14
中位数	0	0	0.603	29.33	7.165	11.77	0.249	9.845	0.216	1.580	0.668	22.42	0.029 0	0.087 3	22.91
差异检验[b]		−15.59 ***	14.55 ***	2.42 **	−15.26 ***	4.80 ***	11.26 ***	36.89 ***	34.03 ***	−2.82 ***	17.30 ***	36.94 ***	5.21 ***	−2.59 ***	47.63 ***
最小值	1	0	0.253	17.99	2.111	8.881	−0.563	−100.5	−1.483	0.125	0.058 4	19.12	−0.683	0.030 0	20.48
最小值	0	0	0.253	17.99	2.111	8.881	−0.563	−100.5	−1.483	0.125	0.058 4	19.12	−0.683	0.030 0	20.55
最大值	1	1	0.867	40.87	14.31	16.31	1.902	60.50	1.017	25.32	3.922	25.85	1.609	0.500	25.36
最大值	0	1	0.867	40.87	14.31	16.31	1.902	60.50	1.017	25.32	3.922	25.85	1.609	0.500	25.36

注：a. 均值差异检验采用T检验，表 4-4 与此相同。
b. 中位数差异检验采用非参数秩和检验，表 4-4 与此相同。

的财务危机样本量占比显著高于分析师关注度高组；分析师关注度低组的前瞻性文本信息整体语言基调净乐观度、具体语调类型乐观语调水平均显著低于分析师关注度高组，具体语调类型悲观语调水平则相反，在分析师关注度低组显著更高；其他控制变量在两组间均有显著差异。从中位数水平及其差异来看，因变量财务危机、自变量净乐观语调、乐观语调及悲观语调在分析师关注度高组和分析师关注度低组均存在显著差异；控制变量的中位数在组间也存在显著差异。所有变量的最大值和最小值的描述性统计量在分析师关注度高组和分析师关注度低组差异较小。

以机构投资者持股比例行业年度中位数为标准，将样本分为机构投资者持股高组（$Instishare=0$）和机构投资者持股低组（$Instishare=1$），分别统计两组样本所有变量的标准差、均值、中位数、最大值和最小值，并对均值和中位数进行组间差异检验，结果见表4-4。样本量统计显示，机构投资者持股比例高组和持股比例低组的样本量分别为7 239个观测值和7 035个观测值，样本量接近，有利于增强后续分组回归检验的有效性。标准差的描述性统计显示，因变量财务危机的标准差值在机构投资者持股比例低组高于机构投资者持股比例高组，但标准差总体水平较低，数据变化范围较小。自变量净乐观语调的标准差较小，具体语调类型乐观语调和悲观语调的标准差值较大，说明总体语言基调的数据变化范围较小，具体语调类型的数据变化范围较大。均值及其差异T检验的统计结果显示，机构投资者持股比例低组的财务危机企业比例为3.88%，而机构投资者持股比例高组的财务危机企业比例为1.81%，两者差异显著；前瞻性文本信息总体语言基调净乐观语调在机构投资者持股比例低组和持股比例高组的差异较小，但差异显著；具体语调类型乐观语调和悲观语调的均值在不同的机构投资者持股比例组别差异显著；其他控制变量的均值组别差异也均显著。中位数及其差异非参数秩和检验的统计结果显示，因变量财务危机、自变量具体语调类型的不同的机构投资者持股比例组别差异显著，而总体语言基调净乐观语调组别差异不显著；所有的控制变量在不同的组别均存在显著差异。所有变量的最大值和最小值描述性统计结果在机构投资者持股比例高组和机构投资者持股比例低组差异均较小，表明分组后样本分布均匀。

表 4-4　机构投资者持股分组描述性统计结果

变量名称	Instishare	STGC	Tone	Pos	Neg	Readbility	WCTA	OPRA	RETA	MVELA	SALETA	lnsize	Leret	Lsigma	LRsize
样本量	1	7 095	7 095	7 095	7 095	7 095	7 095	7 095	7 095	7 095	7 095	7 095	7 095	7 095	7 095
	0	7 239	7 239	7 239	7 239	7 239	7 239	7 239	7 239	7 239	7 239	7 239	7 239	7 239	7 239
标准差	1	0.193	0.120	4.358	2.443	1.349	0.389	20.24	0.327	3.954	0.665	1.142	0.369	0.057 7	0.834
	0	0.133	0.118	4.492	2.439	1.368	0.345	16.31	0.243	3.236	0.637	1.328	0.363	0.052 1	0.992
均值	1	0.038 8	0.587	29.13	7.490	11.88	0.276	6.044	0.152	3.078	0.742	21.81	0.036 5	0.102	22.35
	0	0.018 1	0.586	29.70	7.667	11.71	0.223	8.681	0.191	2.382	0.796	22.45	0.068 7	0.098 6	22.81
差异检验		-0.021***	-0.001***	0.571***	0.178***	-0.171***	-0.052***	2.637***	0.039***	-0.695***	0.053***	0.645***	0.032***	-0.004***	0.462***
中位数	1	0	0.590	28.95	7.395	11.82	0.237	6.432	0.166	1.783	0.560	21.71	-0.011 0	0.089 3	22.29
	0	0	0.588	29.60	7.552	11.59	0.197	6.838	0.175	1.392	0.634	22.31	0.024 9	0.087 8	22.72
秩和检验		-7.46***	-0.91	7.81***	4.49***	-8.35***	-9.85***	2.59***	5.09***	-16.01***	11.39***	30.03***	0.311	-6.13***	24.95***
最小值	1	0	0.253	17.99	2.111	8.881	-0.563	-100.5	-1.483	0.125	0.058 4	19.12	-0.683	0.030 0	20.48
	0	0	0.253	17.99	2.111	8.881	-0.563	-100.5	-1.483	0.125	0.058 4	19.12	-0.683	0.030 0	20.48
最大值	1	1	0.867	40.87	14.31	16.31	1.902	60.50	1.017	25.32	3.922	25.85	1.609	0.500	25.36
	0	1	0.867	40.87	14.31	16.31	1.902	60.50	1.017	25.32	3.922	25.85	1.609	0.500	25.36

二、多元回归分析

(一) 管理层语调与财务危机预测的中介效应检验

中介效应检验的回归结果见表 4-5。中介效应检验程序中的第一步，即管理层净乐观语调对财务危机预测影响的实证回归已在第三章得到证实，此处不再重复。

以分析师盈余预测偏差作为中介变量的回归结果见表 4-5 第 (1) 列和第 (2) 列。第 (1) 列中，管理层净乐观语调与分析师盈余预测偏差的回归系数为 -0.018 3，在 1% 的水平显著；第 (2) 列中，在管理层净乐观语调与财务危机预测模型中增加控制分析师盈余预测偏差变量，其系数为 20.26，在 1% 的水平显著。该结果表明间接效应显著。进一步，管理层净乐观语调对分析师预测偏差的回归系数 -0.018 3 与分析师盈余预测偏差对财务危机的回归系数 20.26 的乘积符号为负，第 (2) 列中管理层净乐观语调系数 -2.171 的符号同样为负，且在 10% 的水平显著。该结果表明，分析师盈余预测偏差在管理层语调与财务危机预测中发挥部分中介效应。

表 4-5 第 (3) 列和第 (4) 列显示的是以投资者对企业未来经营情况的判断作为中介变量的检验结果。第 (3) 列中管理层净乐观语调与企业未来三年经营情况波动的回归系数为 -0.113，在 5% 的水平显著；第 (4) 列在原有管理层语调与财务危机预测模型中加入企业未来经营情况波动指标，该指标的回归系数为 3.241，在 1% 的水平显著为正，管理层净乐观语调系数为 -2.651，在 1% 的水平显著为负。根据前述中介效应检验程序，此时比较系数 3.241 和系数 -0.113 的乘积符号是否与管理层净乐观语调系数 -2.651 的符号一致，显然，二者符号一致。该结果表明，中介效应存在且为部分中介效应，即前瞻性文本信息包括其语调信息会增加投资者对企业未来经营情况的判断，提升会计信息预测力和解释力，改善信息环境，从而有助于财务危机预测。

表 4-5　中介效应检验

变量	分析师盈余预测偏差中介效应		投资者未来经营情况判断中介效应	
	(1) Analyst_Error	(2) STGC	(3) ROA_sd	(4) STGC
$Tone_{i,t-1}$	-0.018 3*** (-4.41)	-2.171* (-1.95)	-0.113** (-2.53)	-2.651*** (-3.48)
$Analyst\_Error_{i,t}$		20.26*** (11.71)		
$ROA\_sd_{i,t}$				3.241*** (3.53)
$Readability_{i,t-1}$	-0.001 24*** (-3.69)	-0.088 4 (-1.02)	-0.001 91 (-0.89)	-0.160*** (-2.88)
$WCTA_{i,t-1}$	-0.006 39*** (-2.67)	-2.736*** (-4.66)	-0.021 8 (-1.44)	-2.184*** (-6.28)
$OPRA_{i,t-1}$	-0.000 180*** (-4.12)	-0.046 8*** (-8.01)	-0.001 35* (-1.83)	-0.026 9*** (-7.66)
$RETA_{i,t-1}$	-0.000 865 (-0.16)	-0.428 (-0.88)	-0.109** (-2.03)	-1.172*** (-4.79)
$MVELA_{i,t-1}$	0.001 93*** (6.47)	0.036 8 (0.62)	0.032 2* (1.70)	0.006 24 (0.13)
$SALETA_{i,t-1}$	-0.005 43*** (-4.43)	-0.214 (-0.62)	-0.021 4 (-1.07)	-0.230 (-0.94)
$lnsize_{i,t-1}$	0.015 4*** (13.88)	-0.566*** (-2.72)	0.030 2 (1.55)	-0.059 9 (-0.38)
$LERET_{i,t-1}$	-0.024 8*** (-19.00)	-0.005 80 (-0.01)	-0.031 3 (-1.64)	-0.648** (-2.36)
$Lsigma_{i,t-1}$	0.068 8*** (7.91)	1.458 (0.51)	-0.040 2 (-0.31)	1.723 (1.22)
$LRsize_{i,t-1}$	-0.015 2*** (-11.72)	-0.120 (-0.35)	-0.028 5* (-1.76)	-0.513** (-2.11)
Constant	0.061 4*** (4.28)	11.60** (2.40)	0.097 0 (0.93)	12.29*** (4.19)
Year & Ind	控制	控制	控制	控制
N①	9 986	9 627	11 914	11 832
$Pseudo-R^2$	0.224 6	0.479 3	0.055 5	0.423 6

注：***、**、*分别表示在1%、5%、10%的水平显著。

---

① 由于分析师盈余预测偏差数据存在缺失，回归样本量由14 334个缩减至9 986个，由于Logit模型回归时存在完全预测失败，导致观测值进一步缩减至9 627个。由于公司未来三年ROA波动数据存在缺失，回归样本量由14 334个缩减至11 914个，由于Logit模型回归时存在完全预测失败，导致观测值进一步缩减至11 832个。表4-8、表4-10数据变化与此相同。

(二) 管理层语调、分析师关注与企业财务危机预测

以分析师行业年度中位数为标准分别对分析师关注度低组（Coverage = 1）和分析师关注度高组（Coverage = 0）进行回归检验，同时控制行业年度固定效应，并在公司层面进行聚类调整，具体见表 4-6。第（1）至第（2）列中前瞻性文本信息总体语言基调净乐观语调（Tone）与财务危机预测的回归结果显示，在分析师关注度高组，管理层净乐观语调的系数为 0.962，没有通过统计显著性水平检验，而分析师关注度低组，其系数为 -1.457，对应的 Z 值水平为 -3.40，在 1% 的水平显著。为进一步证明管理层净乐观语调在不同分析师关注度组间差异的有效性，采用费舍尔组合检验，对现有样本随机抽样 1 000 次，构造经验样本，获取组间差异经验 P 值为 0.012，在 5% 的水平显著。前述的分析结果显示，前瞻性信息中负面悲观语调具有财务危机预测能力，而正面乐观语调的检验结果并不显著，因此，此处分组回归分析时仅考虑负面悲观语调。具体语调类型与企业财务危机预测的回归结果见表 4-6 的第（3）至第（4）列。负面悲观语调系数在分析师关注度高组不显著，在分析师关注度低组其回归系数为 3.214，Z 值为 3.38，显著性水平为 1%，同样，为保证组间差异有效性，随机抽样 1 000 次获取经验 P 值为 0.014，在 5% 的水平显著。从预测准确率（AUC）值来看，无论是整体语言基调还是具体语调类型，分析师关注度低组的预测准确率（0.904 8 和 0.904 9）均高于分析师关注度高组的预测准确率（0.880 9 和 0.881 3），两者差异均通过了统计显著性检验。综上所述，在分析师关注度低，信息不对称程度高时，前瞻性信息中管理层语调对财务危机预测的贡献价值更高。

表 4-6 管理层语调、分析师关注和企业财务危机预测分组回归结果

变量	高关注 (1)	低关注 (2)	高关注 (3)	低关注 (4)
$Tone_{i,t-1}$	0.962 (0.41)	-1.457 *** (-3.40)		
$Neg_{i,t-1}$			-1.874 (-0.38)	3.214 *** (3.38)
$Readability_{i,t-1}$	-0.109 (-0.62)	-0.072 0 (-1.38)	-0.109 (-0.62)	-0.072 3 (-1.39)

续表

变量	高关注(1)	低关注(2)	高关注(3)	低关注(4)
$WCTA_{i,t-1}$	-0.814	-2.198***	-0.814	-2.198***
	(-0.92)	(-7.12)	(-0.92)	(-7.12)
$OPRA_{i,t-1}$	-0.0392***	-0.0275***	-0.0392***	-0.0275***
	(-4.18)	(-9.85)	(-4.19)	(-9.85)
$RETA_{i,t-1}$	-1.357**	-0.979***	-1.356**	-0.977***
	(-2.01)	(-4.94)	(-2.00)	(-4.92)
$MVELA_{i,t-1}$	0.150**	0.0789***	0.150**	0.0790***
	(2.40)	(2.90)	(2.40)	(2.91)
$SALETA_{i,t-1}$	-0.212	0.00710	-0.212	0.00708
	(-0.47)	(0.04)	(-0.47)	(0.04)
$lnsize_{i,t-1}$	0.838***	0.0697	0.838***	0.0697
	(2.58)	(0.53)	(2.58)	(0.53)
$LERET_{i,t-1}$	-0.576	-0.811***	-0.576	-0.813***
	(-1.05)	(-3.21)	(-1.05)	(-3.22)
$Lsigma_{i,t-1}$	8.369***	1.869	8.373***	1.878
	(3.21)	(1.29)	(3.21)	(1.30)
$LRsize_{i,t-1}$	-1.028**	-0.365	-1.028**	-0.364
	(-2.31)	(-1.58)	(-2.31)	(-1.58)
Constant	0.293	5.729*	1.257	4.261
	(0.04)	(1.81)	(0.20)	(1.35)
经验 P 值	0.012**		0.014**	
Year & Ind	控制	控制	控制	控制
N	6 177	7 485	6 177	7 485
$Pseudo-R^2$	0.2514	0.3249	0.2514	0.3250
AUC	0.8809	0.9048	0.8813	0.9049

注：***、**、*分别表示在1%、5%、10%的水平显著。

（三）管理层语调、机构投资者持股与企业财务危机预测

以机构投资者持股比例行业年度中位数为标准分别对机构投资者持股比例低组（Instishare=1）和机构投资者持股比例高组（Instishare=0）进行分组回归，回归时控制行业年度固定效应，同时在公司层面进行聚类调整。回归结果见表4-7，其中，第（1）至第（2）列为前瞻性文本信息整体语言基调管理层净乐观语调与企业财务危机预测关系的结果，第（3）至第（4）列则

反映具体语调类型对财务危机预测的影响。首先,管理层净乐观语调的回归结果显示,在机构投资者持股比例高组管理层净乐观语调和企业未来是否发生财务危机并不具有显著相关。但在机构投资者持股比例低组,管理层净乐观语调与企业未来发生财务危机的概率显著负相关,其系数为 -2.203,Z 值为 -4.86,显著性水平均为 1%。为了进一步检验两组系数间是否真正存在显著性差异,采用费舍尔组合检验,对现有样本随机抽样 1 000 次,获取经验样本,经验 P 值为 0.000,在 1% 的水平显著,说明管理层净乐观语调系数在两组间存在显著差异,在机构投资者持股比例低时,负向关系影响更大。其次,具体语调类型的回归结果显示,在机构投资者持股比例低组,负面悲观语调系数均在 1% 的水平显著为正,而在机构投资者持股比例高组则不显著。同样地,为进一步检验悲观语调系数在两组间是否存在显著差异,进行费舍尔组合检验,获得经验 P 值为 0.000,在 1% 的水平显著,即在不同的机构投资者持股比例组别中,具体语调类型和企业未来发生财务危机的相关性有显著差异。预测准确率(AUC)值显示,机构投资者持股比例低时,包含管理层净乐观语调和负面悲观语调指标的模型预测能力分别为 0.912 3 和 0.917 1,显著高于机构投资者持股比例高的组别。上述结果可以反映出在机构投资者持股比例低,即信息不对称程度较高时,前瞻性文本信息中管理层语调对企业财务危机预测的贡献度更高,发挥的价值效应更大。

表 4-7 管理层语调、机构投资者持股和企业财务危机预测分组回归结果

变量	高持股 (1)	低持股 (2)	高持股 (3)	低持股 (4)
$Tone_{i,t-1}$	2.353 (1.42)	-2.203*** (-4.86)		
$Neg_{i,t-1}$			-4.765 (-1.41)	4.898*** (4.84)
$Readability_{i,t-1}$	-0.055 5 (-0.62)	-0.097 5* (-1.67)	-0.055 5 (-0.62)	-0.097 8* (-1.68)
$WCTA_{i,t-1}$	-1.790*** (-3.13)	-2.168*** (-5.76)	-1.790*** (-3.13)	-2.167*** (-5.76)
$OPRA_{i,t-1}$	-0.031 8*** (-7.08)	-0.030 6*** (-8.64)	-0.031 8*** (-7.07)	-0.030 6*** (-8.65)
$RETA_{i,t-1}$	-1.431*** (-3.39)	-1.072*** (-4.87)	-1.433*** (-3.39)	-1.071*** (-4.86)

续表

变量	高持股 (1)	低持股 (2)	高持股 (3)	低持股 (4)
$MVELA_{i,t-1}$	0.015 2 (0.34)	0.110 *** (3.25)	0.015 2 (0.34)	0.110 *** (3.25)
$SALETA_{i,t-1}$	-0.122 (-0.48)	0.042 8 (0.23)	-0.122 (-0.48)	0.041 5 (0.22)
$lnsize_{i,t-1}$	0.126 (0.61)	0.260 (1.57)	0.126 (0.61)	0.260 (1.58)
$LERET_{i,t-1}$	-0.876 ** (-2.29)	-0.687 ** (-2.23)	-0.876 ** (-2.29)	-0.688 ** (-2.24)
$Lsigma_{i,t-1}$	0.293 (0.12)	4.259 ** (2.51)	0.292 (0.12)	4.268 ** (2.51)
$LRsize_{i,t-1}$	-0.939 *** (-3.09)	-0.516 * (-1.90)	-0.939 *** (-3.09)	-0.515 * (-1.90)
Constant	11.82 ** (2.53)	5.939 * (1.81)	14.17 *** (3.46)	3.717 (1.14)
经验 P 值	0.000 ***		0.000 ***	
Year& Ind	控制	控制	控制	控制
N	6 858	7 054	6 858	7 054
$Pseudo-R^2$	0.300 5	0.379 3	0.300 5	0.379 6
AUC	0.893 2	0.912 3	0.910 9	0.917 1

注：***、**、* 分别表示在 1%、5%、10% 的水平显著。

三、稳健性检验

（一）利用 BosonNLP 语义平台重新计算管理层净乐观语调

本书虽然通过情感词典、人工筛选等多渠道构建计算管理层净乐观语调（Tone）所需的正负面词汇"词袋"，但依然会存在遗漏和受主观影响较大的缺点。在此，借助玻森（Boson）NLP 语义分析平台，利用 python 计算计算机编程接入其情感分析功能接口，重新对所有样本 MD&A 前瞻性信息报告进行情感分析，并根据情感分析结果（正面指数和负面指数）重新计算管理层净乐观语调，代入原有模型进行分组回归检验。已有研究指出，玻森 NLP 语义分析平台是基于上百万条社交网络平衡语调和数十万条新闻平衡语调的机器学习模型，采用半监督学习技术，对文本中情感倾向性的分析和评价准确率较高。新的中介效应检验和分组回归结果见表4-8和表4-9。

如表4-8所示，改变管理层净乐观语调计量方式后，以分析师盈余预测偏差为中介变量的检验结果显示，管理层净乐观语调与分析师预测偏差显著负相关，分析师预测偏差与企业未来发生财务危机的概率显著正相关，两者系数相乘符号为负；控制分析师预测偏差后，管理层净乐观语调与企业未来发生财务危机的概率依然显著负相关，上述结果与前述回归结果一致，表明分析师盈余预测偏差的确发挥部分中介效应。以企业未来经营情况波动为中介变量的检验结果显示，管理层净乐观语调与企业未来经营情况波动显著负相关，企业未来经营情况与企业未来发生财务危机的概率显著正相关，财务危机预测模型中控制未来经营情况波动指标后，管理层净乐观语调依然显著为负，前两者系数乘积符号与后者一致，表明改变管理层净乐观语调计量后，中介效应依然显著，且为部分中介效应。

表4-8　　　　　　　　　稳健性检验1——中介效应

变量	分析师盈余预测偏差中介效应		投资者未来经营情况判断中介效应	
	(1) Analyst_Error	(2) STGC	(3) ROA_sd	(4) STGC
$Tonebs_{i,t-1}$	-0.011 7 ** (-2.03)	-1.401 * (-1.81)	-0.045 4 * (-1.79)	-1.657 *** (-3.42)
$Analyst\_Error_{i,t}$		20.58 *** (11.83)		
$ROA\_sd_{i,t}$				3.307 *** (3.54)
$Readbility_{i,t-1}$	-0.000 961 *** (-2.96)	-0.047 7 (-0.57)	-0.000 305 (-0.13)	-0.120 ** (-2.16)
$WCTA_{i,t-1}$	-0.007 10 *** (-2.97)	-2.817 *** (-4.77)	-0.026 5 * (-1.83)	-2.301 *** (-6.75)
$OPRA_{i,t-1}$	-0.000 187 *** (-4.25)	-0.046 7 *** (-8.25)	-0.001 39 * (-1.84)	-0.027 7 *** (-8.31)
$RETA_{i,t-1}$	-0.000 694 (-0.13)	-0.504 (-1.07)	-0.110 ** (-2.03)	-1.139 *** (-4.78)
$MVELA_{i,t-1}$	0.001 96 *** (6.54)	0.033 0 (0.55)	0.032 4 * (1.71)	0.008 47 (0.19)
$SALETA_{i,t-1}$	-0.005 23 *** (-4.21)	-0.178 (-0.53)	-0.020 2 (-1.02)	-0.174 (-0.72)

续表

变量	分析师盈余预测偏差中介效应		投资者未来经营情况判断中介效应	
	（1） Analyst_Error	（2） STGC	（3） ROA_sd	（4） STGC
$lnsize_{i,t-1}$	0.015 8*** (14.19)	-0.525*** (-2.61)	0.032 6 (1.60)	-0.003 37 (-0.02)
$LERET_{i,t-1}$	-0.024 9*** (-19.00)	-0.020 5 (-0.05)	-0.031 4 (-1.64)	-0.673** (-2.47)
$Lsigma_{i,t-1}$	0.068 2*** (7.81)	1.143 (0.38)	-0.041 6 (-0.32)	1.935 (1.36)
$LRsize_{i,t-1}$	-0.015 8*** (-12.15)	-0.155 (-0.46)	-0.031 9* (-1.83)	-0.604** (-2.49)
Constant	0.063 0*** (4.17)	11.24** (2.31)	0.086 1 (0.85)	12.68*** (4.18)
Year & Ind	控制	控制	控制	控制
N	9 986	9 627	11 914	11 832
$Pseudo-R^2$	0.224 8	0.477 4	0.054 5	0.420 1

注：***、**、*分别表示在1%、5%、10%的水平显著。

分析师关注度的分组回归结果（见表4-9）显示，在分析师关注度低组，玻森语义平台计算的管理层净乐观语调的系数为-2.424，在1%的水平显著，而在分析师关注度高组，其系数为-3.809，在5%的水平显著，显著性水平下降。为了进一步检验组间差异，采用费舍尔组合检验，随机抽样1 000次获得的经验P值为0.045，在5%的水平显著，即组间差异显著存在。机构投资者持股分组回归结果显示，无论是在机构投资者持股比例高组还是机构投资者持股比例低组，其均与企业未来发生财务危机的概率显著负相关，且显著性水平均为1%，但机构投资者持股比例低组的系数绝对值更大。采用费舍尔组合检验进一步验证两组组间系数的显著差异，获得经验P值为0.097，在10%的水平显著，说明管理层净乐观语调系数在机构投资者持股比例高组和持股比例低组存在实际差异。此外，分析师关注度低、机构投资者持股比例低时，由管理层净乐观语调等变量构建的危机预测模型预测准确率（AUC）值显著高于分析师关注度高、机构投资者持股比例高时。稳健性检验结果进一步支持了上述研究结论，即在信息不对称程度高时，前瞻性文本信息中管理层语调对危机预测发挥的价值效应更大。

表 4-9　　　　　　　　　稳健性检验1——分组效应

变量	高关注 (1)	低关注 (2)	高持股 (3)	低持股 (4)
$Tonebs_{i,t-1}$	-3.809** (-2.45)	-2.424*** (-3.73)	-2.601*** (-3.08)	-3.473*** (-3.63)
$Readbility_{i,t-1}$	-0.223 (-1.15)	-0.107** (-2.09)	-0.139 (-1.56)	-0.139** (-2.33)
$WCTA_{i,t-1}$	-0.639 (-0.76)	-2.109*** (-6.62)	-1.769*** (-3.09)	-2.051*** (-5.35)
$OPRA_{i,t-1}$	-0.0380*** (-4.03)	-0.0266*** (-9.15)	-0.0290*** (-6.27)	-0.0298*** (-8.23)
$RETA_{i,t-1}$	-1.175* (-1.69)	-1.000*** (-4.91)	-1.322*** (-3.13)	-1.077*** (-4.63)
$MVELA_{i,t-1}$	0.143** (2.20)	0.0759*** (2.81)	0.0255 (0.55)	0.109*** (3.24)
$SALETA_{i,t-1}$	-0.235 (-0.53)	-0.0283 (-0.16)	-0.194 (-0.74)	0.0239 (0.13)
$lnsize_{i,t-1}$	0.762** (2.34)	0.0288 (0.22)	0.0661 (0.32)	0.221 (1.34)
$LERET_{i,t-1}$	-0.531 (-0.97)	-0.795*** (-3.11)	-0.916** (-2.37)	-0.654** (-2.11)
$Lsigma_{i,t-1}$	8.365*** (3.14)	1.653 (1.13)	0.173 (0.07)	4.125** (2.38)
$LRsize_{i,t-1}$	-0.949** (-2.11)	-0.293 (-1.27)	-0.822*** (-2.66)	-0.463* (-1.72)
Constant	4.365 (0.69)	5.434* (1.74)	15.66*** (3.83)	5.358* (1.68)
经验P值	0.045**		0.097*	
Year& Ind	控制	控制	控制	控制
N	6 177	7 485	6 858	7 054
$Pseudo-R^2$	0.265 3	0.329 2	0.309 4	0.378 9
AUC	0.892 2	0.912 1	0.912 5	0.918 7

注：***、**、* 分别表示在1%、5%、10% 的水平显著。

（二）对管理层语调指标进行行业均值调整

作为微观经济活动的主体，企业生产经营活动会受到系统性宏观经济变动和行业环境变动的影响，进而企业的信息披露尤其是文本信息披露会呈现行业同质性特征。例如，MD&A 未来展望部分关于对行业格局和趋势进行描述分析时，相同行业的企业信息披露内容高度相似，产生信息披露"羊群行为"，从而降低信息传递价值。基于此，本书对 MD&A 前瞻性信息管理层净乐观语调和具体语调指标进行行业年度均值调整，重新进行中介效应和分组效应回归检验。

如表 4-10 所示，分析师盈余预测偏差中介效应回归结果中，第一步，管理层净乐观语调对分析师预测偏差的回归系数在 1% 的水平显著为负；第二步，分析师预测对企业未来发生财务危机概率的回归系数显著为正，管理层净乐观语调与企业财务危机在 10% 的水平显著负相关。第一步的管理层净乐观语调系数与第二步分析师预测偏差的系数乘积的符号与第二步管理层净乐观语调系数符号一致，表明中介效应显著且为部分中介效应。同样地，表 4-10 第（3）至第（4）列中以企业未来经营情况波动为中介效应的回归结果显示，第一步中，管理层净乐观语调系数在 10% 的水平显著为负；第二步中，企业未来经营情况波动系数显著为正，管理层净乐观语调系数显著为负，前两者系数乘积符号与后者系数符号一致，表明部分中介效应存在。该稳健性检验结果与前述一致，表明前述结果稳健。

表 4-10　　　　　稳健性检验 2——中介效应

变量	分析师盈余预测偏差中介效应		投资者未来经营情况判断中介效应	
	(1) Analyst_Error	(2) STGC	(3) ROA_sd	(4) STGC
$Tone\_R_{i,t-1}$	-0.018 2*** (-4.36)	-2.147* (-1.94)	-0.062 5* (-1.92)	-3.067*** (-3.81)
$Analyst\_Error_{i,t}$		20.27*** (11.73)		
$ROA\_sd_{i,t}$				1.368*** (2.67)
$Readability_{i,t-1}$	-0.001 24*** (-3.68)	-0.088 6 (-1.02)	-0.003 14 (-1.25)	-0.177*** (-3.04)
$WCTA_{i,t-1}$	-0.006 42*** (-2.69)	-2.739*** (-4.66)	-0.019 2 (-1.20)	-2.229*** (-6.00)
$OPRA_{i,t-1}$	-0.000 181*** (-4.14)	-0.046 8*** (-8.08)	-0.000 880* (-1.88)	-0.027 3*** (-6.99)
$RETA_{i,t-1}$	-0.000 815 (-0.16)	-0.427 (-0.88)	0.009 26 (0.25)	-1.132*** (-4.73)

续表

变量	分析师盈余预测偏差中介效应		投资者未来经营情况判断中介效应	
	(1) Analyst_Error	(2) STGC	(3) ROA_sd	(4) STGC
$MVELA_{i,t-1}$	0.001 93 *** (6.50)	0.036 7 (0.62)	0.067 7 ** (2.37)	0.033 0 (0.52)
$SALETA_{i,t-1}$	-0.005 44 *** (-4.44)	-0.211 (-0.61)	-0.007 28 (-0.71)	-0.260 (-1.16)
$lnsize_{i,t-1}$	0.015 4 *** (13.91)	-0.565 *** (-2.72)	0.071 9 ** (2.40)	-0.009 27 (-0.06)
$LERET_{i,t-1}$	-0.024 8 *** (-19.01)	-0.008 75 (-0.02)	-0.014 9 * (-1.82)	-0.740 ** (-2.42)
$Lsigma_{i,t-1}$	0.068 7 *** (7.90)	1.472 (0.51)	0.149 * (1.75)	2.016 (1.19)
$LRsize_{i,t-1}$	-0.015 3 *** (-11.77)	-0.120 (-0.35)	-0.078 6 ** (-2.56)	-0.567 ** (-2.33)
Constant	0.052 4 *** (3.69)	10.49 ** (2.18)	0.177 ** (2.11)	11.65 *** (3.77)
Year& Ind	控制	控制	控制	控制
N	9 986	9 986	11 914	11 832
$Pseudo-R^2$	0.224 5	0.479 1	0.088 3	0.401 5

注：***、**、*分别表示在1%、5%、10%的水平显著。

分析师分组回归结果见表4-11。如第（1）至第（2）列所示，经行业年度均值调整后的管理层净乐观语调系数在分析师关注度低组显著为负，显著性水平为1%，而分析师关注度高组系数不显著。采用费舍尔组合检验Bootstrap法进行组间系数差异检验，随机抽样1 000次获得的经验P值为0.011，在5%的水平显著，表明组间差异显著。如第（3）至第（4）列所示，具体语调类型悲观语调系数在分析师关注度低组显著为正，且在分析师关注度高组没有通过统计学的显著性水平检验。同样地，组间系数差异检验显著。上述结果表明，在分析师关注度低组（Coverage=1），管理层净乐观语调、悲观语调与企业财务危机预测的相关性更强。从预测精确度（AUC）值看，分析师关注度低时，整个模型的预测准确率更高，且与分析师关注度高时的预测准确率存在显著差异。总体而言，考虑行业环境影响因素后，分析师关注度对管理层语调和企业财务危机预测关系的影响与上述研究结论一致。

表 4-11　　　　　　稳健性检验 2——分析师关注度

变量	高关注 (1)	低关注 (2)	高关注 (3)	低关注 (4)
$Tone\_R_{i,t-1}$	0.974 (0.42)	-1.457*** (-3.40)		
$Neg\_R_{i,t-1}$			-1.900 (-0.38)	3.215*** (3.38)
$Readability_{i,t-1}$	-0.109 (-0.62)	-0.0720 (-1.38)	-0.109 (-0.62)	-0.0723 (-1.39)
$WCTA_{i,t-1}$	-0.814 (-0.92)	-2.198*** (-7.12)	-0.814 (-0.92)	-2.198*** (-7.12)
$OPRA_{i,t-1}$	-0.0392*** (-4.18)	-0.0275*** (-9.85)	-0.0392*** (-4.19)	-0.0275*** (-9.85)
$RETA_{i,t-1}$	-1.357** (-2.01)	-0.979*** (-4.94)	-1.356** (-2.00)	-0.977*** (-4.92)
$MVELA_{i,t-1}$	0.150** (2.40)	0.0789*** (2.90)	0.150** (2.40)	0.0790*** (2.91)
$SALETA_{i,t-1}$	-0.212 (-0.47)	0.00710 (0.04)	-0.212 (-0.47)	0.00708 (0.04)
$lnsize_{i,t-1}$	0.838*** (2.58)	0.0697 (0.53)	0.838*** (2.58)	0.0697 (0.53)
$LERET_{i,t-1}$	-0.576 (-1.05)	-0.811*** (-3.21)	-0.576 (-1.05)	-0.813*** (-3.22)
$Lsigma_{i,t-1}$	8.368*** (3.21)	1.870 (1.29)	8.371*** (3.21)	1.878 (1.30)
$LRsize_{i,t-1}$	-1.028** (-2.31)	-0.365 (-1.58)	-1.028** (-2.31)	-0.364 (-1.58)
Constant	1.253 (0.20)	4.276 (1.35)	1.256 (0.20)	4.264 (1.35)
经验 P 值	0.011**		0.009***	
Year& Ind	控制	控制	控制	控制
N	6 177	7 485	6 177	7 485
$Pseudo-R^2$	0.2515	0.3249	0.2514	0.3250
AUC	0.8809	0.9048	0.8812	0.9049

注：***、**、*分别表示在1%、5%、10%的水平显著。

机构投资者分组回归结果见表 4-12。如第（1）至第（2）列所示，经行业均值调整后，管理层净乐观语调在机构投资者持股比例低组的系数均在

1%的水平显著为负,但在持股比例高组的系数并不显著。和上述相同,Bootstrap法进行组间系数差异检验的 P 值为0.000,表明组间差异的确存在。具体语调类型的分组回归结果显示,相对于持股比例高组,悲观语调系数在机构投资者持股比例低组显著为正,显著性水平为1%。且组间系数差异通过了显著性水平检验。预测准确率(AUC)值在机构投资者持股比例低组高于机构投资者持股比例高组。以上结果表明,经行业年度均值调整后,在机构投资者持股比例低组,前瞻性文本信息管理层语调对财务危机预测的补充贡献更大,即前述研究结论是稳健的。

表 4-12　　　　　　稳健性检验 2——机构投资者持股

变量	高持股(1)	低持股(2)	高持股(3)	低持股(4)
$Tone\_R_{i,t-1}$	2.355 (1.42)	-2.203*** (-4.86)		
$Neg\_R_{i,t-1}$			-4.770 (-1.41)	4.898*** (4.84)
$Readability_{i,t-1}$	-0.0555 (-0.62)	-0.0975* (-1.67)	-0.0555 (-0.62)	-0.0978* (-1.68)
$WCTA_{i,t-1}$	-1.790*** (-3.13)	-2.168*** (-5.76)	-1.790*** (-3.13)	-2.167*** (-5.76)
$OPRA_{i,t-1}$	-0.0318*** (-7.08)	-0.0306*** (-8.64)	-0.0318*** (-7.07)	-0.0306*** (-8.65)
$RETA_{i,t-1}$	-1.431*** (-3.39)	-1.072*** (-4.87)	-1.433*** (-3.39)	-1.071*** (-4.86)
$MVELA_{i,t-1}$	0.0152 (0.34)	0.110*** (3.26)	0.0152 (0.34)	0.110*** (3.25)
$SALETA_{i,t-1}$	-0.122 (-0.48)	0.0428 (0.23)	-0.122 (-0.48)	0.0415 (0.22)
$lnsize_{i,t-1}$	0.126 (0.61)	0.260 (1.57)	0.126 (0.61)	0.260 (1.58)
$LERET_{i,t-1}$	-0.876** (-2.29)	-0.687** (-2.23)	-0.876** (-2.29)	-0.688** (-2.24)
$Lsigma_{i,t-1}$	0.293 (0.12)	4.259** (2.51)	0.292 (0.12)	4.269** (2.51)
$LRsize_{i,t-1}$	-0.939*** (-3.09)	-0.516* (-1.90)	-0.939*** (-3.09)	-0.515* (-1.90)

续表

变量	高持股 (1)	低持股 (2)	高持股 (3)	低持股 (4)
$Constant$	14.17*** (3.46)	3.740 (1.15)	14.17*** (3.46)	3.722 (1.14)
经验P值	0.000***		0.000***	
Year& Ind	控制	控制	控制	控制
N	6 858	7 054	6 858	7 054
$Pseudo-R^2$	0.300 5	0.379 3	0.300 5	0.379 6
AUC	0.893 2	0.912 3	0.894 0	0.912 4

注：***、**、* 分别表示在1%、5%、10%的水平显著。

四、进一步研究

（一）媒体报道对前瞻性信息传递效率的影响

媒体作为一种信息中介，在现代经济社会尤其是资本市场中发挥着重要的作用。媒体通过对信息进行搜集、整理与传播能够有效地降低市场信息不对称，改变投资者认知，提升资本市场定价效率。首先，现今社会中丰富便捷的媒体渠道能够提升信息的传递速率，使公司重大信息或新公布的信息第一时间传递到投资者手中。相比较于机构投资者，个人投资者基于信息传递速率所获得的边际收益更高。其原因在于，机构投资本身即具有较强的信息挖掘能力，掌握着公司特质信息，而个人投资者信息的获取与分析能力均较弱，信息劣势更加明显。其次，为了提升影响力，增加受众数量，媒体报道通常会对专业信息进行二次加工编码，采用更加通俗易懂的语言传递信息，使得信息更容易被吸收理解。相比于年报等虽然表述直接但却具有专业深度的信息，投资者尤其是个人投资者显然更加青睐媒体报道信息。最后，媒体作为信息中介拥有信息挖掘能力，能够对信息进行深层次解读，使得投资者增加对公司经营、财务等基本面的理解。研究表明，正是基于上述信息传递作用，媒体报道能够提升股票收益率，降低股价同步性（黄俊和郭照蕊，2014），增加投资者对公司风险等信息的理解，降低企业资本成本（夏楸等，2018），提升资本市场资源配置效率。

此外，媒体深入的信息挖掘和广泛的信息传播能够形成有效的监督力量，媒体报道具有治理功能。媒体发挥公司治理功能主要通过两个途径：一是通过声誉机制直接对公司管理层形成监督，抑制其机会主义行为，减少道德风险和逆向选择行为，缓解代理成本问题；二是通过舆论压力机制，增加政府外部监管机构的注意力，使其发挥更有效的监督作用。研究表明，媒体报道使得管理层更加关注自身薪酬业绩的敏感性，利用盈余管理为其薪酬进行辩护（张玮倩和乔明哲，2015），媒体报道能够有效地抑制管理层在职消费行为对公司信息透明度的负面影响（王新安和张春梅，2016），从而促进公司薪酬契约的完善（李培功和沈艺峰，2013）；通过与政府的合力监督，媒体报道能够提升董事会工作效率（Bednar，2012），促进违规行为的更改（Dyck et al.，2010），改善公司内部治理，提升信息披露质量。基于上述对媒体报道作用机制的分析可以发现，基于信息传递的视角，媒体报道可以提升年报中前瞻性文本信息的传递效率，促进其更好地被投资者吸收理解，从而提升前瞻性信息的预测价值；基于公司治理的视角，媒体报道能够保障提升年报中前瞻性文本信息的披露质量，使其发挥有效的预测价值。因此，媒体报道能够进一步提升前瞻性文本信息的语调在财务危机预测方面的价值。

现有研究认为，媒体和分析师共同作为外部信息中介，均发挥着信息传递作用。但媒体和分析师关注的信息重点不同，前者主要是公司层面信息，后者既包含公司层面，也包含行业以及宏观层面的信息。实践中，哪类信息能够被投资者先获知，发挥更大的作用并不得而知，因此，两种信息机制间是互补效应还是替代效应，已有研究结论并不一致。肖浩和詹雷（2016）研究认为，媒体报道和分析师行为在影响股价同步性方面发挥着替代效应，一方行为的加强将削弱另一方行为的影响效应，而吕敏康和陈晓萍（2018）研究发现，媒体报道能够补充增强分析师关注度对股价信息含量的影响，形成互补效应。造成结论差异的原因在于信息传递过程中二者存在重叠信息源，且不同研究关注的信息对象不同。本书中，随着分析师关注度的增加，整个市场信息信息环境变好，无论媒体报道是否发挥作用，前瞻性信息语调对财务危机预测的边际贡献均较小。而在分析师关注度低时，外部信息环境较差，信息不对称程度较高，前瞻性信息语调在危机预测方面边际贡献较高。此时，如果媒体报道发挥替代效应，则在分析师关注度低时，媒体报道应提供额外信息源，改善外部信息环境，降低前瞻性信息的预测价值。反之，如果媒体报道仅发挥补充作用，则外部信息环境无法得以改变，在分析师关注度低时，媒体报道会进一步促进前瞻性信息的预测价值。

机构投资者同样拥有较强的信息挖掘能力，且主要关注公司特质信息。因此，在机构投资者持股比例较高时，信息源已经很充沛，管理层语调的边际信息贡献较低。相反，在机构投资者持股比例较低时，管理层语调的信息补充效应更明显。和上述机制相同，在机构投资者持股比例低时，如果媒体报道能够促进提升前瞻性信息的传递效率，提升其预测性能，则媒体报道发挥补充作用，反之则发挥替代效应。

自媒体的发展促进了网络新闻的建立及新闻信息的快速传播，各大报刊财经新闻也会第一时间在自有网站进行呈现。因此，本书以各公司的网络新闻报道量加 1 的自然对数作为媒体报道的衡量，并根据行业年度中位数进行样本的高低分组。当媒体报道量高于中位数时，取值为 1，否则为 0。分组回归结果见表 4-13 和表 4-14。

表 4-13　媒体报道对管理层语调、分析师关注与财务危机预测的影响

变量	分析师关注度低 (1)	分析师关注度高 (2)	分析师关注度低 (3)	分析师关注度高 (3)
$Tone_{i,t-1}$	-0.618** (-2.04)	0.234 (0.13)		
$Tone_{i,t-1} \times Mediadum_{i,t}$	-1.426* (-1.71)	0.066 0 (0.02)		
$Neg_{i,t-1}$			1.184** (2.03)	-1.908 (-0.39)
$Neg_{i,t-1} \times Mediadum_{i,t}$			6.629** (2.27)	3.680 (0.27)
$Mediadum_{i,t}$	1.740** (2.21)	-0.392 (-0.09)	0.263 (1.36)	-0.360 (-0.69)
$Readbility_{i,t-1}$	-0.090 7 (-1.56)	-0.286 (-1.48)	-0.092 6 (-1.60)	-0.286 (-1.46)
$WCTA_{i,t-1}$	-2.403*** (-6.59)	-3.724*** (-5.06)	-2.405*** (-6.59)	-3.745*** (-5.02)
$OPRA_{i,t-1}$	-0.025 2*** (-7.45)	-0.046 4*** (-5.03)	-0.025 1*** (-7.40)	-0.046 5*** (-5.03)
$RETA_{i,t-1}$	-1.040*** (-4.63)	-0.500 (-0.60)	-1.044*** (-4.65)	-0.438 (-0.51)
$MVELA_{i,t-1}$	0.077 6** (2.57)	0.228** (2.47)	0.076 9** (2.56)	0.227** (2.47)

续表

变量	分析师关注度低 (1)	分析师关注度高 (2)	分析师关注度低 (3)	分析师关注度高 (3)
$SALETA_{i,t-1}$	-0.042 7 (-0.21)	-0.702 (-1.13)	-0.048 4 (-0.24)	-0.704 (-1.13)
$lnsize_{i,t-1}$	0.088 3 (0.57)	0.667** (2.46)	0.091 5 (0.59)	0.659** (2.41)
$LERET_{i,t-1}$	-0.816*** (-2.92)	-0.721 (-1.04)	-0.829*** (-2.97)	-0.718 (-1.03)
$Lsigma_{i,t-1}$	1.617 (1.05)	7.988** (2.55)	1.659 (1.07)	7.975** (2.53)
$LRsize_{i,t-1}$	-0.530* (-1.90)	-0.951** (-2.49)	-0.527* (-1.90)	-0.938** (-2.45)
Constant	8.554** (2.28)	4.068 (0.53)	7.842** (2.10)	4.190 (0.60)
Year& Ind	控制	控制	控制	控制
N	5 476	5 798	5 476	5 798
$Pseudo-R^2$	0.349 9	0.402 5	0.350 8	0.402 6

注：***、**、*分别表示在1%、5%、10%的水平显著。

表4-14　媒体报道对管理层语调、机构持股与财务危机预测的影响

变量	机构持股比例低 (1)	机构持股比例高 (2)	机构持股比例低 (3)	机构持股比例高 (4)
$Tone_{i,t-1}$	-0.840*** (-2.73)	0.877 (0.61)		
$Tone_{i,t-1} \times Mediadum_{i,t}$	-1.879** (-2.01)	1.094 (0.35)		
$Neg_{i,t-1}$			3.382** (2.52)	-1.952 (-0.50)
$Neg_{i,t-1} \times Mediadum_{i,t}$			6.382* (1.73)	-1.382 (-0.15)
$Mediadum_{i,t}$	1.894** (2.16)	-1.023 (-0.33)	-0.020 9 (-0.09)	0.063 0 (0.21)
$Readbility_{i,t-1}$	-0.142** (-2.24)	-0.105 (-1.00)	-0.145** (-2.32)	-0.105 (-1.00)
$WCTA_{i,t-1}$	-2.659*** (-6.17)	-2.429*** (-4.39)	-2.658*** (-6.13)	-2.431*** (-4.39)

续表

变量	机构持股比例低 (1)	机构持股比例高 (2)	机构持股比例低 (3)	机构持股比例高 (4)
$OPRA_{i,t-1}$	-0.0288*** (-6.90)	-0.0356*** (-5.84)	-0.0287*** (-6.93)	-0.0356*** (-5.81)
$RETA_{i,t-1}$	-1.090*** (-4.39)	-1.355*** (-2.78)	-1.079*** (-4.35)	-1.357*** (-2.79)
$MVELA_{i,t-1}$	0.108*** (2.74)	0.0189 (0.34)	0.106*** (2.72)	0.0186 (0.34)
$SALETA_{i,t-1}$	-0.0357 (-0.16)	-0.181 (-0.57)	-0.0502 (-0.22)	-0.182 (-0.57)
$lnsize_{i,t-1}$	0.181 (1.02)	0.113 (0.51)	0.167 (0.94)	0.113 (0.51)
$LERET_{i,t-1}$	-0.816** (-2.31)	-0.770* (-1.76)	-0.815** (-2.34)	-0.771* (-1.76)
$Lsigma_{i,t-1}$	4.435** (2.56)	-3.401 (-1.30)	4.436*** (2.58)	-3.393 (-1.30)
$LRsize_{i,t-1}$	-0.485 (-1.61)	-1.099*** (-3.15)	-0.459 (-1.52)	-1.098*** (-3.15)
Constant	6.264* (1.65)	17.62*** (3.04)	5.223 (1.37)	18.48*** (3.56)
Year& Ind	控制	控制	控制	控制
N	5 853	5 706	5 853	5 706
$Pseudo-R^2$	0.4139	0.3646	0.4147	0.3643

注：***、**、* 分别表示在1%、5%、10%的水平显著。

回归结果显示，在分析师关注度低组，管理层净乐观语调与媒体报道的交乘项系数显著为负，和管理层净乐观语调的系数符号一致。负面语调与媒体报道的交乘项系数显著为正，和负面语调的系数符号一致。而在分析师关注度高组，交乘项系数均不显著。该结果表明，在分析师关注度低时，媒体报道只是促进了前瞻性信息语调在财务危机预测方面价值的发挥，并没有有效地增加外部其他信息源，即媒体报道发挥补充作用。

机构投资者持股比例的回归结果和分析师关注度回归结果一致，在机构投资者持股比例低时，语调与媒体报道交乘项系数与语调系数符号一致，而在机构投资者持股比例高组，交乘项系数并不显著。该结果再次表明媒体报道发挥信息补充作用。

(二) 管理层语调、市场化进程与企业财务危机预测

上述分析师和机构投资者都是信息中介组织，其专业职能会影响信息效应的发挥。而外部市场环境市场化进程是影响企业信息披露水平与质量，以及信息中介组织能否有效尽职的外在制度安排，属于更加本源的外在环境影响因素。因此，本书进一步探讨外在制度安排对信息环境的调节进而对文本信息管理层语调预测价值的影响。

理论研究和实践经验表明，市场化改革是推动我国经济增长的重要驱动力。根据樊纲等（2011）的研究，衡量市场化改革进程的指标市场化指数包括政府与市场的关系、非国有经济的发展、产品市场及要素市场的发育程度、中介组织发育和法律制度环境五个方面。这些方面不仅是市场化改革方方面面的体现，更是市场层面微观企业生存的综合环境要素。我国各地区市场化进程发展不均衡，微观企业生存的市场环境存在较大差异，企业经营决策及内部治理也由此受到不同的影响。各地区市场化进程差异主要表现在外部法律制度环境差异、政府干预程度差异以及外部治理环境差异等方面。市场化进程对企业的影响机制主要表现在：第一，相对于市场化进程慢的地区，市场化进程较快的地区法律制度更加完善，投资者保护程度更强。高水平市场化进程环境下，法律环境保障更完善，信息透明度更高，对投资者形成的有效保护能够弥补投资者注意力缺失，进而提升投资决策效率。第二，相对于市场化进程慢的地区，市场化进程较快的地区政府对市场的干预较少，市场成为资源配置的主要力量，资源配置效率也更高（方军雄，2006）。第三，在市场化进程较快的地区，外部中介组织发育成熟，外部治理机制更加有效，通过渗透，企业内部治理水平和内部控制有效性也得以提升，因此，市场化进程不同的地区，公司内外部治理水平会呈现出显著差异。研究表明，市场化进程作为一种外部治理机制，通过强化对管理层的监督，对管理层真实盈余管理产生抑制作用，保护企业股权激励应有效用的发挥（侯晓红和姜蕴芝，2015），能够约束管理层通过权力占有企业高额现金（杨兴全等，2014），促进薪酬激励效应的发挥（胡秀群，2016），加快资本结构的动态调整（姜付秀和黄继承，2011），提升绩效水平。

通过上述机制，市场化进程差异不仅是影响企业决策活动的外部宏观制度层面的因素，同时也是影响企业会计信息披露的重要环境因素。程新生等（2011）认为，市场化进程是影响会计信息披露和会计信息价值发挥的重要制度性因素。在市场化进程较高的地区，强制性信息披露质量得以保障、企

业自愿性信息披露的优势得以体现,管理层自愿性披露的动机更强,会计信息质量和信息透明度更高(施先旺等,2014),因此,在市场化进程较高的地区,自愿性信息披露对权益资本成本的降低作用、对企业价值的提升作用更显著,公司未来股价崩盘的风险也更低(程新生等,2011;施先旺等,2014)。此外,有观点从会计信息治理效应的视角出发,认为高水平的市场化进程能够发挥替代作用,使得会计信息在市场化进程较低的环境下价值更突出(姚曦和杨兴全,2012)。本书中,前瞻性文本信息是会计数字信息的重要补充。在市场化进程较高时,会计数字信息质量较高,信息透明度较高,信息源充沛,外部发育完善的中介组织对数字信息的挖掘较为深入,投资者对文本信息的依赖减轻。而在市场化进程较低时,会计信息透明度较低,信息源稀缺,投资者对信息的需求相对更为旺盛,从预测的角度而言,有限信息源的相对边际贡献更高,预计前瞻性信息中管理层语调为投资者提供的增量贡献也就更显著。依据此分析,可以预计在市场化进程低时,前瞻性文本信息语言特征语调对财务危机预测的贡献作用更加凸显。

回归结果见表4-15。在市场化进程低组,管理层净乐观语调的回归系数为-3.103,在1%的水平与企业未来财务危机的发生概率显著负相关,具体语调类型负面消极语调的系数为0.155,Z值为5.03,显著性水平为1%,表明前瞻性信息中负面语调比例越高,企业未来发生财务危机的可能性越高。而在市场化进程高组,总体语言基调净乐观语调和具体语调类型的回归系数均不显著。从模型的预测准确率看,在市场化进程低组,包含净乐观语调的危机预测模型预测能力为0.9145,包含负面语调的模型预测能力为0.9134,分别高于市场化进程高组。以上结果表明,当市场化进程较低时,前瞻性信息中总体语言基调和负面语调的危机预测价值更高,信息使用价值更大。该结果与预期相符。

表4-15 管理层语调、市场化进程和企业财务危机预测分组回归结果

变量	市场化进程高 (1)	市场化进程低 (2)	市场化进程高 (3)	市场化进程低 (4)
$Tone_{i,t-1}$	-2.254 (-1.52)	-3.103 *** (-4.79)		
$Neg_{i,t-1}$			0.0950 (1.43)	0.155 *** (5.03)

续表

变量	市场化进程高 (1)	市场化进程低 (2)	市场化进程高 (3)	市场化进程低 (4)
$Readability_{i,t-1}$	-0.172*	-0.112*	-0.139	-0.0526
	(-1.84)	(-1.90)	(-1.46)	(-0.90)
$WCTA_{i,t-1}$	-2.318***	-1.803***	-2.287***	-1.760***
	(-3.43)	(-5.25)	(-3.42)	(-5.13)
$OPRA_{i,t-1}$	-0.0319***	-0.0271***	-0.0325***	-0.0272***
	(-5.09)	(-8.27)	(-5.33)	(-8.31)
$RETA_{i,t-1}$	-1.059***	-1.223***	-1.069***	-1.226***
	(-2.90)	(-4.50)	(-2.95)	(-4.56)
$MVELA_{i,t-1}$	0.164***	0.0486*	0.162***	0.0479*
	(3.14)	(1.73)	(3.11)	(1.74)
$SALETA_{i,t-1}$	-0.0469	-0.101	-0.0400	-0.114
	(-0.18)	(-0.44)	(-0.15)	(-0.50)
$lnsize_{i,t-1}$	0.0449	0.182	0.0542	0.174
	(0.18)	(1.34)	(0.22)	(1.29)
$LERET_{i,t-1}$	-0.613	-0.734**	-0.627	-0.735**
	(-1.50)	(-2.55)	(-1.54)	(-2.57)
$Lsigma_{i,t-1}$	0.362	3.750**	0.504	3.760**
	(0.13)	(2.44)	(0.18)	(2.44)
$LRsize_{i,t-1}$	-0.592*	-0.717***	-0.612*	-0.711***
	(-1.79)	(-3.18)	(-1.87)	(-3.20)
$Constant$	10.18**	11.15***	8.058*	7.580**
	(2.46)	(3.59)	(1.90)	(2.38)
Year& Ind	控制	控制	控制	控制
N	6 263	7 855	6 263	7 855
$Pseudo - R^2$	0.3562	0.3569	0.3508	0.3580
AUC	0.9110	0.9145	0.9098	0.9134

注：***、**、*分别表示在1%、5%、10%的水平显著。

（三）管理层语调、内部控制质量与企业财务危机预测

如果说上述分析师关注度、机构投资者持股作为信息环境是一种外部环境的体现，那么，内部控制则是本源性更强的制度安排（梁上坤，2017），是公司内部信息环境的一种综合体现。内部控制直接影响着企业整体的信息披露质量。内部控制的基本目标不仅是要保证企业经营的效率性和有效性，还要确保财务报告可靠、企业具有合法性。显然，内部控制和企业公司治理

及会计信息有着直接紧密的联系。从内部控制的五要素来看,通过控制环境的完善,明确董事会和管理层的职责,监督抑制管理层的机会主义行为,缓解代理冲突,提升内部治理效率和水平;通过风险评估,识别公司经营环境的变化,并予以应对策略,降低企业未来的不确定性;通过控制活动,尽量规避管理层逆向选择和道德风险等机会主义行为,降低财务舞弊的可能性,提升财务报告可靠性的同时提升企业经营效率;通过信息与沟通,建立顺畅的信息传递渠道,提升内部信息的传递效率,缓解内部不对称,增加内部信息透明度;通过监督机制,管理层行为、员工行为、企业生产经营活动、信息生产与企业经营目标,促进企业价值最大化实现的同时确保诸多利益相关者的利益。综上所述,高质量的内部控制可以提升企业内部治理水平,改善内部信息披露环境和提升会计信息质量。

大量的研究证据从不同的视角研究发现,公司内部控制质量与会计信息密切相关,尤其是国外研究起步较早(Doyle et al., 2008; Chan et al., 2008)。近几年,我国的研究成果也相当丰富。首先,研究证据表明,高水平的公司内部控制能够提升会计信息质量,学者们从不同的角度衡量会计信息质量,包括应计盈余管理、真实盈余管理、财务重述概率、盈利预测质量等。刘启亮等(2013)的研究表明,内部控制质量越高,会计信息应计盈余管理水平越低,财务重述的概率越低,会计信息的质量越高。王运陈等(2015)研究发现,高质量的内部控制能够提高会计信息质量,表现为应计质量和盈余持续性的提高。陈国辉和伊闽南(2018)以创业板上市公司盈利预测质量为研究对象,发现公司内部控制能够削弱管理层权力对盈利预测质量的负向影响。关于内部控制与真实盈余管理的关系,已有研究结论存在差异。胡明霞(2018)发现,内部控制质量不仅能够抑制应计盈余管理,也可以有效地抑制真实盈余管理。区分内部控制的实施阶段后,张友棠和熊毅(2017)以2007~2015年A股上市公司为样本,发现内部控制质量对两类盈余管理的影响不同,发现企业内部控制基本规范(CSOX)颁布进入强制实施阶段后,应计盈余管理水平下降,真实盈余管理水平反而上升,区分产权性质后,民营企业真实盈余管理上升幅度更大。区分内部控制审计的性质,李远慧和李晓(2018)发现,内部控制审计进入强制实施阶段后,上市公司的真实盈余管理程度有所降低。

其次,从信息效率的视角,研究内部控制缓解信息不对称进而引发的市场信息效率的变化。由于内部控制能够抑制两类盈余管理行为,提升了信息透明度,因此,高质量的内部控制能够提高上市公司股价的信息含量。以内部人交易为研究对象,内部控制通过缓解内部信息不对称,增加市场投资者的信息透明度,降低了内部人交易的短期市场反应,并抑制了内部人交易的获利能力,尤其是董事、高管等占有绝对信息优势的内部人交易(树成琳,2016)。此外,其他相关的研究证据有:内部控制可以促进管理层盈余预测等自愿性信息披露行为,进一步分类从内部控制五要素出发,发现内部控制信息沟通水平能够提升盈余预测能力,而控制环境和内部监督则是提升了自愿性披露意愿(叶颖攻,2016);由于当公司内部控制水平较高时,管理层机会主义行为得以抑制,因而内部控制能够增强会计稳健性(方红星和张志平,2012)。

与上述研究证据思路不同,有部分研究将内部控制本身作为一种公司信息披露,认为该信息披露增加了市场信息供给,缓解了信息不对称,会引起一定的经济后果。刘红梅等(2018)以新三板上市公司为样本,研究内部控制缺陷披露程度和真实盈余管理水平的关系,发现两者呈负相关。蒋红芸和王雄元(2018)从内部控制信息内容的视角研究不同类型的内部控制信息披露与股价崩盘风险的潜在关系,发现内部监督信息以及内部控制质量的提升和股价崩盘风险显著负相关,而风险评估信息由于其信息性质的负面特殊性,向市场传递了增量信息,反而和企业股价崩盘风险正相关,具体考虑外在环境影响因素后,发现在业绩较差、公司治理水平低下以及信息透明度较低的情形下,上述相关性关系更强。

基于上述理论分析和研究证据,内部控制作为公司内在机制对公司信息供给、信息质量有着重要的影响,成为影响公司信息披露的重要调节变量。研究证据表明,内部控制作为调节因素影响着战略偏离度和财务报告可比性的关系(张先治等,2018)、影响着现金股利政策的市场反应(屈依娜和陈汉文,2018)。延续上述分析思路,结合本书研究对象,在公司内部控制质量水平较高的情形下,会计盈余信息质量较高,盈余管理活动得以抑制,市场信息不对称程度较低,投资者对额外信息包括文本补充性信息的需求较弱。相反,在内部控制质量水平较低的情形下,会计信息质量较弱,市场信息不对称程度较高,投资者信息需求旺盛,需要更多的信息进行相互补充和印证,此时,补充性信息源文本信息的边际贡献更加凸显。因此,预计其他条件相同时,内部控制质量越低,前瞻性信息中管理层语调对企业未来是否发生财务危机的预测价值更高。回归结果见表4-16。

表 4-16　管理层语调、内部控制质量和企业财务危机预测分组回归结果

变量	内部控制质量高 (1)	内部控制质量低 (2)	内部控制质量高 (3)	内部控制质量低 (4)
$Tone_{i,t-1}$	-0.927 (-0.43)	-1.457 *** (-3.29)		
$Neg_{i,t-1}$			2.265 (0.47)	3.155 *** (3.21)
$Readbility_{i,t-1}$	-0.073 9 (-0.28)	-0.078 2 (-1.63)	-0.076 8 (-0.29)	-0.078 6 * (-1.65)
$WCTA_{i,t-1}$	-1.937 ** (-2.38)	-1.839 *** (-5.85)	-1.939 ** (-2.39)	-1.840 *** (-5.85)
$OPRA_{i,t-1}$	-0.045 9 *** (-4.60)	-0.027 7 *** (-9.76)	-0.045 9 *** (-4.60)	-0.027 7 *** (-9.75)
$RETA_{i,t-1}$	-1.464 * (-1.83)	-1.089 *** (-5.67)	-1.458 * (-1.83)	-1.087 *** (-5.66)
$MVELA_{i,t-1}$	0.069 3 (1.30)	0.101 *** (3.39)	0.069 5 (1.30)	0.101 *** (3.39)
$SALETA_{i,t-1}$	0.600 ** (1.99)	0.042 1 (0.26)	0.598 ** (2.00)	0.042 1 (0.26)
$\ln size_{i,t-1}$	-0.218 (-0.58)	0.261 ** (1.96)	-0.219 (-0.58)	0.260 * (1.96)
$LERET_{i,t-1}$	-1.184 (-0.89)	-0.659 *** (-2.72)	-1.195 (-0.89)	-0.659 *** (-2.72)
$Lsigma_{i,t-1}$	6.583 (1.41)	1.958 (1.34)	6.633 (1.42)	1.961 (1.35)
$LRsize_{i,t-1}$	0.170 (0.27)	-0.644 *** (-3.02)	0.173 (0.27)	-0.643 *** (-3.01)
$Constant$	-1.920 (-0.18)	8.097 *** (2.90)	-2.858 (-0.28)	6.641 ** (2.38)
Year& Ind	控制	控制	控制	控制
N	4 072	7 074	4 072	7 074
$Pseudo-R^2$	0.486 1	0.322 0	0.486 2	0.322 0
AUC	0.855 7	0.898 7	0.855 9	0.898 7

注：***、**、*分别表示在1%、5%、10%的水平显著。

表 4-16 显示和预期一致，在内部控制质量较低时，管理层净乐观语调系数为负、具体语调类型系数为正，均在 1% 的水平显著。相反，在内部控制质量较高时，管理层语调系数都不显著。进一步比较预测准确率（AUC）

值，结果显示，在内部控制质量较低时，管理层净乐观语调和具体语调类型所构建的危机预测模型预测准确率都为 0.898 7，显著高于内部控制质量高组。以上结果表明，在内部控制质量较低的情形下，前瞻性文本信息语调特征对财务危机预测的增量贡献更大。

本章小结

本章是对第三章的进一步深入研究，其目的在于分析管理层语调提升财务危机预测能力的作用机制及外在约束条件的影响。基于中介效应研究方法，以分析师盈余预测偏差和投资者对企业未来经营情况感知判断为中介变量，本章实证研究发现，前瞻性文本信息中管理层语调能够有效地降低信息不对称，改善信息环境，提升投资者对企业未来经营情况的感知和理解，从而提升财务危机预测能力。基于分组效应研究方法，检验不同信息环境约束下管理层语调与企业财务危机预测的关系。以分析师关注度和机构投资者持股比例作为信息环境的代理变量，实证结果显示，在分析师关注度低、机构投资者持股比例低，即外部信息环境较差、信息不对称程度较强时，前瞻性文本信息中管理层净乐观语调、悲观语调和未来企业是否发生财务危机的相关性更强，此时所构建的财务危机预测模型预测准确率较高。分组结果间接地表明，在信息环境较差、信息不对称情况更为严重时，前瞻性文本信息语调特征对危机预测的补偿作用更加明显。

进一步考虑其他治理机制的潜在影响。从信息传递效率的视角，将媒体报道纳入分析框架，研究发现，在分析师关注度低、机构投资者持股比例低时，媒体报道能够更加有效地促进前瞻性文本中语调信息被市场理解和吸收，从而提升前瞻性信息语调在财务危机预测方面的价值。该结果表明，同样作为信息中介，在外部信息环境改善方面，媒体报道对分析师和机构投资者仅发挥补充作用，并非替代作用。从制度本源的视角，将外部市场化进程和内部控制质量纳入分析框架，研究发现，在市场化进程低时，外部治理环境较差，信息不对称进一步恶化，信息需求更加明显，前瞻性信息中管理层净乐观语调和负面语调的危机预测价值更高；而在公司内部控制质量较低的情形下，前瞻性信息管理层净乐观语调和悲观语调与企业未来发生财务危机概率的相关性更强，且以此为基础构建的危机预测模型预测准确率更高。

第五章 语调管理、机会主义行为与企业财务危机预测

第一节 问题引出

前述章节研究发现，年报前瞻性文本信息的总体语言基调和语调类型能够向投资者提供企业未来是否发生财务危机的增量信息，且这种作用在外部信息环境差、信息不对称程度高时更显著。但需要说明的是，前述研究框架中并没有考虑会计信息的有偏性，没有纳入管理层对信息进行管理等因素[①]，即前述研究假设会计信息是无偏的，管理层是绝对理性的，公司信息披露是真实的且具有较高质量。事实上，年报作为一种单向的信息披露形式，管理层作为企业内部管理人，具有信息优势，掌握着信息披露的主动权。基于政治成本、薪酬契约及债务契约等动机，管理层极有可能也存在空间能够对年报数字信息和文本信息进行策略性管理。研究表明，管理层机会主义行为是普遍存在的。管理层基于自我利益实现所进行的权力寻租会导致过度投资（白俊和连立帅，2014），公司盈余管理行为中很大一部分也是基于机会主义动机而进行，尤其是当高管薪酬激励方式为股权激励时，机会主义盈余管理行为更加突出（张娟和黄志忠，2014），同时管理层为最大化自我利益也会对股权激励计划中的行权价格进行干预，当管理层权力越大时，这种干预行为越明显（王烨等，2012）。上述基于机会主义动机所进行的信息操纵与管理表现为会计盈余数字信息被操纵。除此之外，研究还发现管理层会对信息

[①] 一般而言，语调管理及语调操纵被视作具有负面影响、包含贬义情感色彩的词语，而本书认为语调管理可能是业绩优良公司的管理层传递信号的一种手段，此时，语调管理可能具有褒义情感色彩。因此，本书中将"语调管理"视作具有中性色彩的词语。

类型、信息披露时机进行策略性管理，以实现超额收益（Cheng and Lo，2006；李欢和罗婷，2016），具体而言，为配合自身股票交易行为，管理层会在买入股票时选择减少披露好消息的数量，以降低股票价格，在减持股票时，增加好消息披露数量以提升股票价格（李欢和罗婷，2016）；同时，为控制信息市场反应，降低负面信息反应，管理层会对披露时机进行管理，倾向于选择在周末，延迟集中披露负面信息（张丽霞，2016）。

计算机自然语言处理技术的发展使得文本信息语言特征的研究成为现今的研究热点。文本信息语言的易选择性、表述形式的多样化以及信息内容可鉴证性较差的特点，使得管理层对文本信息进行策略性管理空间更大。可读性的相关研究发现，在公司业绩较差时，管理层会策略性地在年报中采用可读性较低的语言，以混淆投资者对负面信息的接收（Li，2008）。谭等（Tan et al.，2014）也发现，管理层会通过增加乐观语言表述和降低可读性来影响负面信息的不利市场反应。阿吉娜（Ajina et al.，2016）研究发现，年报可读性和盈余管理显著相关，进行盈余管理的企业倾向于披露更加复杂可读性更低的年报信息。罗等（2016）进一步验证了上述结论，发现当管理层对下一年度收益进行盈余管理以超过上一年收益时，在管理层讨论与分析部分采用更加复杂、可读性更低的语言进行信息传递。语调的相关研究发现，为促进某种特殊交易活动的实现、隐藏盈余管理行为及实现超额收益，管理层会对文本信息语调进行向上或向下管理。黄宣等（2014）发现，收益新闻稿文本信息中存在语调操纵管理的现象，这部分被操纵的语调预示着公司未来收益和现金流的下降，而且管理层对语调的向上或向下管理与企业预期事件息息相关，为满足分析师盈利预测边界值，配合未来盈余重述、股票增发及并购等需要传递正面信息的事件，管理层进行向上语调管理，反之，则进行向下语调管理，如期权授予；当公司诉讼风险较低时，管理层在行使期权之前会增加盈余新闻稿中乐观语调信息披露（Tama-Sweet，2009）。王华杰和王克敏（2018）研究了年报文本信息中的语调操纵和应计盈余操纵的关系，结果显示，语调操纵和应计盈余操纵方向一致。朱朝晖和许文瀚（2018）以 2012～2016 年的年报文本信息和业绩预告文本信息为对象，研究管理层语调和具体盈余管理类型的关系，结果显示，管理层语调乐观度和应计盈余管理显著正相关，和真实盈余管理显著负相关。上述结果表明，管理层为配合盈余管理会对文本信息语调进行操纵。曾庆生等（2018）从内部人交易实现私有收益的视角研究管理层对年报语调的操纵管理，结果显示，管理层通过对年报中乐观积极语调的操纵，实现股票交易收益，积极的语调实则是一种"口是心非"的表现，是在为管理层增加股票卖出规模做铺垫。

综观已有研究，管理层对文本信息内容、语言特征包括语调进行操纵管理是资本市场值得关注的热点现象。那么这部分被操纵的语调信息可靠性和价值何在，经济后果如何？一般而言，管理层特意管理的这部分语调属于超额信息，传递财务数据预期之外的信息，一方面，这部分信息经常被认为是虚假和"口是心非"的，具有混淆性特征；另一方面，这部分信息也可能是管理层传递私有信息的渠道，因为管理层拥有对公司未来业绩和价值进行判断的信息优势（Piotroski et al.，2005），可能会将自己对公司未来发展的情感态度以及公司预期战略行为与文本信息传递紧密联系在一起。此外，语调管理还和管理层机会主义紧密联系在一起。因此，本章研究以管理层对语调信息的管理为切入点，研究语调管理、机会主义行为与企业财务危机预测的关系，是对前述章节的更深一步研究。

第二节　理论分析与假设提出

一、前瞻性信息中管理层进行语调管理的方向选择

根据已有研究，管理层对语调的管理表现为增加或降低文本信息中的乐观语调或悲观语调水平，从而使整体语调水平净乐观语调超过或低于正常语调水平。提升或降低净乐观语调水平的选择与管理层试图通过文本语言语调传递何种性质的信息息息相关，即和信息传递宗旨与目的密切联系。一般而言，如果管理层试图传递积极的信号，很可能增加乐观语调或降低悲观语调，使净乐观语调水平上升，反之，如若试图传递消极的信号，很可能降低乐观语调水平，增加悲观语调。上述对文本信息乐观语调或悲观语调的调增或调减，形成了语调管理的方向选择。

本书的研究对象为年报中管理层讨论与分析部分的前瞻性信息，即未来展望部分的文本信息。该部分内容是管理层在回顾企业经营业绩及财务状况的基础上，对企业未来发展形势的判断。该部分信息前瞻性的特质使其与历史信息相比，具有较高的预测价值（Li，2010）。该部分信息内容与企业回顾

性信息既相互联系又相互独立。一方面，管理层对未来业绩的展望是基于过去业绩的判断，历史经营是未来经营业绩实现的基础，管理层不可能在企业未来发展展望中信口开河，肆意操纵，即管理层对未来信息进行描述时的操纵空间会受到一定约束；另一方面，企业未来发展展望是一种预期判断，具有较大的不确定性，管理层可以通过预期政策行为改变企业现有不足，改善未来经营状况和积极规避未来可能的风险因素。换言之，正是由于预期的不确定性，又给予管理层对公司未来发展进行展望时的较大的描述空间，尤其是在公司当前业绩较差，现有市场反应较差时，通过预期信息传递改变投资者的现有认知便成为管理层的重要选择之一。虽然我国制度背景下，《公开发行证券的公司信息披露内容与格式准则第 2 号——年度报告的内容与格式》详细规定了管理层讨论与分析部分信息披露的内容与要点，但对披露形式没有具体要求。此外，作为文本信息，有部分信息属于既不可观测又不可核实的信息（王惠芳，2009），管理层是否如实进行了披露不得而知，而且我国对于文本信息披露的监管几乎属于空白（曾庆生等，2018），如此情形下，管理层依然拥有对文本信息语调操纵的裁量权。

现有研究证据表明，文本信息语调能够被投资者识别，具有信息价值（Li，2010；Bochkay and Levine，2013），即文本信息是有效的信息传递渠道，而且依据心理学前景理论，投资者对悲观语调的厌恶及反应要大于对乐观语调的接收，因此，在不考虑其他机会主义行为的前提下，仅对前瞻性文本信息反映的信息内容而言，管理层在陈述时会增加整体语调的乐观度，对语言基调进行烘托渲染，更多地使用表达乐观情感的语言，尽可能地避免使用负面情感语言，以提升整体语言的乐观度，使这部分信息可能呈现出"超额乐观"的特征。通过语言语调的烘托渲染，管理层试图向他人呈现公司未来发展态势良好的健康形象。这是管理层的最优选择。

二、管理层超额乐观语调与企业财务危机预测

上述分析表明，在不考虑其他机会主义行为时，向上调整语调即增加整体语言基调的乐观度是较优的选择。从语言学的角度看，这种对乐观语调的过度渲染表现为一种过度夸大的修辞，但从管理层的视角看，这种乐观语调的过度渲染可能是管理层故意为之，是超出公司财务指标等正常信息传递之外的非预期信息，属于语调"管理"的一种形式。

依据社会心理学理论，这种对前瞻性信息的乐观语调采用过度渲染膨胀的方式进行表述属于管理层在信息披露中的印象管理行为[①]。印象管理是指管理层会通过一定的方式影响自己和公司在其他利益相关者眼中的印象。已有研究表明，管理层在年报披露中存在印象管理行为，主要表现为自利性归因、可读性操纵以及语调离差的策略性分布等（孙蔓莉，2004；朱朝晖等，2018）。那么，管理层在前瞻性信息披露时是否存在对语言情感基调尤其是乐观语调的过度渲染行为呢？根据印象管理理论，影响该行为的关键在于形象构建的动机。一般而言，决定动机强弱的因素包括理想目标的价值、行为的公开性、资源的稀缺性及信息不对称（孙蔓莉，2004）。理想目标的价值主要表现为管理层在前瞻性信息披露中采用过度渲染的语调传递信息时能够获取的收益。文献回顾已指出，管理层在文本信息披露时，所使用的语调越积极，市场反应越积极，企业预期收益越多，包括资本成本、股票收益波动率以及分析师预测离散度的显著下降等（Kothari et al.，2009）。而前瞻性文本信息的乐观语调有着同样的收益价值。与历史信息不同，前瞻性信息是面向未来的。无论企业过去的经营状态及成果如何，未来预期收益均是可变的。愈加乐观的未来信息展望能够获得更多的正向反应，提升企业市场竞争力。从行为的公开性看，MD&A 文本信息是公司年报的重要组成部分，和年报数字信息一起成为投资者重要的公开信息来源。《公开发行证券的公司信息披露内容与格式准则第 2 号——年度报告的内容与格式》对 MD&A 前瞻性信息强制性披露内容有明确的规定，且鼓励管理层增加自愿性披露内容。因此，相比其他信息渠道，管理层通过 MD&A 前瞻性信息进行信息传递，更易获得投资者关注，信息传递效率更高。资源的稀缺性体现为管理层可通过前瞻性信息披露降低企业信息不对称，缓解企业融资约束，增加企业资源获取的易得性。程新生等（2011）研究指出，公司 MD&A 未来发展展望信息披露水平会影响企业外部融资水平，进而影响企业投资效率。王雄元和高曦（2018）研究发现，年报中的风险信息披露是对公司已有风险的进一步解释和说明，能够降低企业权益资本成本。亦有文献指出，管理层基于股票增发再融资需求会对文本信息语调进行操纵（Huang et al.，2014），这一证据从侧面说明

[①] 在财务研究中，通常将印象管理与管理层自利、信息操纵联系在一起，具有负面否定含义。但在社会心理学中，印象管理作为一种管理手段，能够促进人际社会交往顺畅的继续下去，是人类文明的标志、个人修养的量尺。综合上述视角，本书中将"印象管理"作为中性词语看待。

了信息披露的语调对企业资源获取的价值。从信息不对称的视角看，相比其他文本信息，MD&A前瞻性信息与企业历史信息既有关联又有剥离，未来的不确定性会进一步凸显前瞻性信息的价值。研究表明，前瞻性信息的披露及其语调特征具有增量信息，有利于缓解信息不对称，改善投资者决策的信息环境（蒋艳辉和冯楚建，2015；Li，2010）。综上，管理层在前瞻性信息陈述时有强烈的动机提升总体语调的乐观度，呈现出超额乐观语调。当管理层对公司未来发展持肯定态度，且把握十足时，超额乐观语调水平越高。

公司年报MD&A前瞻性文本信息主要陈述管理层关于企业未来发展的态度，是管理层在综合评价企业未来发展战略、未来经营计划、未来风险状态后的信息反映，是能够反映企业未来状态（包括财务危机）的最直接信息，那么前瞻性信息中管理层超额乐观语调和企业未来是否发生财务危机有何联系，投资者能否认为语调"越乐观就意味着越安全"呢？这取决于超额乐观语调的真实性和可信度。如果超额语调是可靠的，那么，超额乐观语调水平越高，企业未来发生财务危机的可能性越低。基于语言情感的一般分析，乐观语调表示管理层支持与肯定的态度，负面消极语调表示否定与不确定的态度，对乐观语调的过度渲染则表示管理层对未来更加自信与确信。一方面，在强制性披露规则下，前瞻性信息中披露的部分信息会在未来得到佐证和检验，具有可鉴证性，一定程度上保障了该信息的可靠性。与此同时，前瞻性信息披露内容涉及公司战略、公司经营计划、公司所面对的风险等公司私有信息。管理层披露私有信息会面临较高的专有成本，可能增加公司的竞争风险（胡元木和谭有超，2013）。若管理层采用超额乐观语调来阐述该部分信息，可理解为管理层在面临较高风险和成本的前提下，将其所拥有的私有信息寄予在语言情感态度中进行信号传递。该视角下，这部分信息是值得信赖的。相反，另一方面，由于文本信息的语言选择弹性较大，同一信息选用不同的词语来表述，传递的情感基调会不同。因此，管理层会对文本信息进行虚假操纵粉饰。前瞻性信息中超额乐观语调的呈现可能是管理层为配合特有动机、掩盖坏消息、预防市场不良反应进行的虚假粉饰，此时，这部分信息属于假性乐观。因此，假性乐观存在的前提条件是管理层存在操纵文本信息语调的特有动机和空间。基于上述分析，本书提出如下研究假设。

假设5-1 其他条件相同，不考虑其他特有动机时，MD&A前瞻性信息中管理层语调管理之超额乐观语调水平越高，企业未来发生财务危机的可能性越低。

三、语调管理、机会主义行为与企业财务危机预测

有部分研究文献指出，管理层非预期语调信息是管理层操纵信息，这部分信息是虚假的，具有"混淆性"特征。这部分语调信息反而预示着企业未来盈余和现金流的下降（Huang et al.，2014）。但需要明确的是，只有存在某种特有动机和前提时，管理层才有必要增加文本信息的"混淆性"，增加文本信息中"信口雌黄"的成分。黄宣等（2014）的研究进一步指出，管理层语调管理和公司股票增发、并购、未来财务重述及股票期权激励等事件息息相关。否则，当公司拥有健康发展的向上状态时，管理层没有理由传递虚假混淆性信号。此外，国内外研究均已表明，为配合盈余管理行为，增加经营活动和数字信息的"真实性"，管理层会对文本信息语调进行向上或向下管理（Huang et al.，2014；王华杰和王克敏，2018；朱朝晖和许文瀚，2018）。因此，盈余管理是影响文本信息操纵的重要因素。现有理论指出，盈余管理是公司管理层利用会计方法的多样性或通过左右真实交易来影响会计信息报告，从而影响相关契约签订及履行或影响利益相关者对公司业绩的判断（Healy and Wahlen，1999；章卫东，2010）。管理层进行盈余管理的动机表现为三大类：资本市场动机、契约动机和监管动机。基于资本市场动机的视角，为推进股票 IPO 和增发的顺利实施，以及股票期权的执行，管理层会进行盈余管理；基于契约视角，高管报酬契约和银行债务契约是公司盈余管理行为增加的重要因素；基于监管视角，研究显示管理层为避免亏损和被ST，有效降低退市风险，会对利润表中的项目或在第四季度进行操纵应计盈余管理，而退市制度变革是影响盈余管理行为的重要因素（许文静等，2018）。综上所述，盈余管理行为和管理层机会动机之间联系紧密，换言之，盈余管理行为是管理层实现特有机会主义动机的重要路径。

基于上述分析，本书将应计盈余管理行为作为管理层操纵文本信息披露，实现某种机会主义行为的代理变量。根据上述希利和瓦伦（Healy and Wahlen）的观点，应计盈余管理最终会调整和改变企业财务报告结果。而文本信息是公司财务结果数字信息的重要解释和补充，为增加盈余管理的隐蔽性，管理层会对年报披露中的文本信息进行操纵，以保证盈余信息与文本信息的表面"一致性"。当企业进行向上盈余管理活动时，管理层会增加文本信息中乐观语调，以传递对企业未来充满积极的态度。反之，当企业进行向下盈

余管理活动时，管理层会适当降低文本语言的乐观程度。总之，这部分操纵式的语言信息降低了文本信息的质量，对文本信息的预测能力形成负面影响。基于上述分析，本书提出如下研究假设。

假设 5-2 其他条件相同时，管理层盈余管理行为会降低语调管理之超额乐观语调与企业未来发生财务危机的相关性。

第三节 研究设计

一、数据来源与样本选择

本章从管理层自利的视角，研究语调管理、机会主义行为对企业财务危机预测的影响。作为对前述章节的进一步深入和补充，本章的数据来源和样本选择和前述章节一致。研究对象为 2007~2017 年深沪两市 A 股上市公司，剔除金融行业，剔除数据缺失样本。财务危机的界定仍然以企业首次被 ST 和被出具持续经营审计意见为标准。其他研究用数据主要来源于国泰安数据库和 WIND 数据库，上市公司年报下载自巨潮资讯网。为避免极端值对回归结果的影响，对所有连续变量进行上下 1% 的 Winsorize 处理。基础样本量和前述章节一致，滞后一期回归时实际样本量为 14 334 个公司年度观测值。由于本章节中的新增变量应计盈余管理、高管货币薪酬、高管持股比例、高管在职消费存在不同程度的缺失值，因此，实际回归时，样本量存在调整变化。

二、变量设计和定义

本章研究中前瞻性文本信息和前述章节一致，指年报管理层讨论与分析中未来展望部分的信息。前瞻性文本信息语调管理的衡量借鉴黄宣等（2014）、王华杰和王克敏（2018）的研究，利用语调影响因素模型，将管理层净乐观语调分为正常语调（由影响因素决定）和超额语调（残差）两部分，残差即为管理层语调管理数值。语调影响因素模型见模型（5-1）和模型（5-2）。借鉴王华杰和王克敏（2018）的研究，基于中国经济实践，影响因素模型中删除分析师预测影响因素，分别在不控制公司未来盈余和控制公司未来盈余两种情形下计算语调操纵管理值。模型（5-1）的残差记为语调管理 ABTone，模型（5-2）的残差记为语调管理 ABTone_F。

$$Tone_{i,t} = \beta_0 + \beta_1 EARN_{i,t} + \beta_2 LERET_{i,t} + \beta_3 \ln size_{i,t} + \beta_4 BTM_{i,t}$$
$$+ \beta_5 LEV_{i,t} + \beta_6 STD\_RET_{i,t} + \beta_7 STD\_EARN_{i,t} + \beta_8 AGE_{i,t} + \beta_9 DIV_{i,t}$$
$$+ \beta_{10} LOSS_{i,t} + \beta_{11} \Delta EARN_{i,t} + \sum Year \& Ind + \varepsilon \quad (5-1)$$

$$Tone_{i,t} = \beta_0 + \beta_1 EARN_{i,t} + \beta_2 LERET_{i,t} + \beta_3 \ln size_{i,t} + \beta_4 BTM_{i,t}$$
$$+ \beta_5 LEV_{i,t} + \beta_6 STD\_RET_{i,t} + \beta_8 STD\_EARN_{i,t} + \beta_8 AGE_{i,t} + \beta_9 DIV_{i,t}$$
$$+ \beta_{10} LOSS_{i,t} + \beta_{11} \Delta EARN_{i,t} + \beta_{12} FEARN_{i,t} + \sum Year \& Ind + \varepsilon$$
$$(5-2)$$

上述模型中因变量管理层净乐观语调（Tone）的计算和前述第三章一致。EARN 为总资产收益率；LERET 为按月度计算的股票累积异常收益率；lnsize 为总资产规模的自然对数；BTM 为公司账面市值比；LEV 为资产负债率；STD_RET 为股票月度收益率标准差；STD_EARN 为总资产收益率三年标准差；AGE 为公司上市时间；DIV 为公司主营业务所涉及行业数量，反映公司多元化程度；LOSS 为虚拟变量，若公司当年亏损取值为 1，否则为 0；ΔEARN 为与上年相比，公司当年盈利变化情况；FEARN 为公司未来一期收益，即未来一期总资产报酬率。

本书中应计盈余管理的计算借鉴修正后的 Jones 模型，模型如下：

$$NDA_t = a_1(1/A_{t-1}) + a_2(\Delta S_t - \Delta R_t)/A_{t-1} + a_3(PPE_t/A_{t-1}) \quad (5-3a)$$
$$TA_t/A_{t-1} = a_1(1/A_{t-1}) + a_2(\Delta S_t/A_{t-1}) + a_3(PPE_t/A_{t-1}) + \varepsilon \quad (5-3b)$$
$$DA_t = TA_t/A_{t-1} - NDA_t \quad (5-3c)$$

其中，总应计利润（TA）是净利润与经营现金流量净额的差额，其构成包括非操控应计利润（NDA）和操控性应计利润（DA）。A_{t-1} 代表公司第 t 年初总资产，PPEt 代表第 t 年末固定资产原值，ΔSt 和 ΔRt 分别代表第 t 年营业收入和应收账款的变化。本书中采用应计盈余管理程度，即为 DA 的绝对值形式。

在进一步研究中，首先，从管理层薪酬契约的视角，衡量管理层机会主义行为的动机。管理层薪酬包括三种形式：显性的货币化薪酬（LNcom）和股权激励（Mantop），隐性的在职消费（Perk）。其中，货币化薪酬以"金额最高的前三名高管薪酬总额的自然对数"来衡量，股权激励即高管持股比率，在职消费的衡量借鉴陈冬华等（2005）、陈怡秀等（2017）的研究，在职消费总额体现为管理费用的八个明细项目：办公费、差旅费、业务招待费、会议费、通信费、出国培训费、董事会费和小车费，并以公司资产规模为标准进行相对量化处理。其次，从外部监管、信息不对称的视角衡量管理层实施机会主义行为的空间，涉及变量包括分析师关注度和会计师事务所排名。

三、模型设计

和前述研究一致，本章依然采用风险模型进行财务危机预测。该模型的一般形式如下：

$$\ln h_i(t) = \alpha(t) + \bar{\beta} X_i(t) \quad (5-4)$$

其中，$h_i(t)$ 表示公司 i 在时间 t 时发生财务危机的风险；$\alpha(t)$ 表示公司发生财务危机的基准风险；$\bar{\beta}$ 表示相关预测变量 X 的系数。具体估计时将风险模型作为一个离散的 Logistic 模型，采用最大似然法进行估计。假设 5-1 检验见模型 (5-4)。其中控制变量包括文本信息可读性、财务变量和市场变量，具体变量名称和定义见前述章节。

$$\begin{aligned}
\ln h_i(t) = &\ \beta_0 + \beta_1 ABTone_{i,t-1}(ABTone\_F_{i,t-1}) + \beta_2 Readability_{i,t-1} \\
&+ \beta_3 WCTA_{i,t-1} + \beta_4 OPRA_{i,t-1} + \beta_5 RETA_{i,t-1} + \beta_6 MVELA_{i,t-1} \\
&+ \beta_7 SALETA_{i,t-1} + \beta_8 \ln size_{i,t-1} + \beta_9 LERET_{i,t-1} + \beta_{10} Lsigma_{i,t-1} \\
&+ \beta_{11} LRsize_{i,t-1} + \sum Year\ \&\ Ind + \varepsilon \quad (5-5)
\end{aligned}$$

进一步地，假设 5-2 的检验见模型 (5-6)。

$$\begin{aligned}
\ln h_i(t) = &\ \beta_0 + \beta_1 ABTone_{i,t-1}(ABTone\_F_{i,t-1}) \\
&+ \beta_2 ABTone_{i,t-1}(ABTone\_F_{i,t-1}) \times ABSDA_{i,t-1} \\
&+ \beta_3 ABSDA_{i,t-1} \beta_4 Readability_{i,t-1} + \beta_5 WCTA_{i,t-1} \\
&+ \beta_6 OPRA_{i,t-1} + \beta_7 RETA_{i,t-1} + \beta_8 MVELA_{i,t-1} \\
&+ \beta_9 SALETA_{i,t-1} + \beta_{10} \ln size_{i,t-1} + \beta_{11} LERET_{i,t-1} \\
&+ \beta_{12} Lsigma_{i,t-1} + \beta_{13} LRsize_{i,t-1} + \sum Year\ \&\ Ind + \varepsilon \quad (5-6)
\end{aligned}$$

第四节　回归分析

一、描述性统计

此处仅报告本章新增变量的描述性统计结果，其他控制变量的描述性统计分析见第三章。根据管理层语调影响因素模型,在不考虑未来业绩时计算的管理层语调管理指标($ABTone$)的平均值为 0.586,中位数为 0.588,二者水平接近,表明样本呈正态分布;最大值为 0.696,最小值为 0.477,表明在现有样本中,管理层对前瞻性文本信息进行语调管理的形式为提升净乐观语调水平,呈现超额乐观语调,即管理层在进行未来展望时,乐于采用夸张渲染的方式。在考虑未来业绩时管理层语调管理指标($ABTone\_F$)值的平均值和中位数相近,同样表明样本呈正态分布;最小值为 0.477,最大值为 0.7,该水平和 $ABTone$ 的最小值、最大值接近,说明在管理层语调影响因素模型中,未来业绩对语调的影响较小。应计盈余管理程度($ABSDA$)的样本量为 13976,说明基础样本中有部分样本的 $ABSDA$ 存在缺失值;$ABSDA$ 的平均值为 0.0746,中位数为 0.0518,平均值略高于中位数,最小值为 0.00101,最大值为 0.453,表明样本应计盈余管理程度相差较大。管理层货币化薪酬($LNcom$)的平均值和中位数相等,表明样本呈正态分布,最小值为 12.36,最大值为 16.14。相比基础样本量,高管持股比率($Mantop$)的样本统计量为 12372,存在缺失值,其平均值和中位数相差较大,且平均值显著高于中位数,说明高管持股比率在样本中分布不均衡;该指标的最小值为 0,最大值为 0.599,表明样本公司中股权激励实施差异较大。在职消费($Perk$)的样本统计量为 12242,存在缺失值,平均值为 0.425%,中位数为 0.314%,水平接近,但最大值和最小值的差异较大。分析师关注度的样本统计量减少至 11161 个,缺失值较多,该情形和我国经济实践中分析师中介组织发育较晚的现象一致;分析师关注度的最大值和最小值差异较大,表明不同的公司分析师跟踪数量差异较大。四大会计师事务所的均值为 0.116,表明样本中有 11.6% 的企业的年度报告由四大会计师事务所进行审计。变量描述性统计结果详见表 5-1。

表 5-1　　　　　　　　　变量描述性统计结果

变量	样本量	标准差	平均值	中位数	最小值	最大值
$ABTone$	14334	0.0362	0.586	0.588	0.477	0.696
$ABTone\_F$	14334	0.0367	0.585	0.586	0.477	0.7
$ABSDA$	13976	0.077	0.0746	0.0518	0.00101	0.453
$Lncom$	14310	0.717	14.19	14.19	12.36	16.14
$Mantop$	12372	0.146	0.0774	0.0000108	0	0.599

续表

变量	样本量	标准差	平均值	中位数	最小值	最大值
Perk（%）	12 242	0.391	0.425	0.314	0.017 7	2.23
Coverage	11 161	9.26	9.706	6	1	40
Top4	14 334	0.321	0.116	0	0	1

本章所涉及的主要变量的相关系数见表5-2。结果显示，管理层语调管理指标ABTone、ABTone_F和企业财务危机（STGC）在1%的水平显著负相关，表明语调超额乐观水平越高，未来发生的财务危机可能性越低。应计盈余管理（DA）和管理层语调管理的相关系数显著为正，即为配合盈余管理，管理层会对文本信息语调进行和盈余管理方向一致的向上或向下管理，该结果与已有研究结论一致。盈余管理程度（ABSDA），即盈余管理的绝对值和企业财务危机的相关系数显著为正，即公司盈余管理程度越高，企业发生财务危机的可能性越大，该结果和已有研究结论一致。盈余管理程度和管理层语调管理的相关系数显著为负，表明机会主义行为盈余管理程度是对前瞻性文本信息管理层语调管理之超额乐观语调可靠性的干扰。

表5-2　　　　　　　　　　主要变量相关系数表

变量	STGC	ABTone	ABTone_F	DA	ABSDA
STGC	1				
ABTone	-0.241***	1			
ABTone_F	-0.243***	0.992***	1		
DA	-0.091***	0.182***	0.175***	1	
ABSDA	0.061***	-0.022**	-0.015*	0.281***	1

二、多元回归分析

（一）管理层语调管理之超额乐观语调与企业财务危机预测

需要说明的是，根据薛爽等（2010）的研究中对MD&A信息有用性的界定标准，本章研究仅考查语调管理与企业财务危机预测的相关性，并不检验模型对财务危机预测的准确度。此外，下述所有回归分析均控制了行业年度固定效应，并在公司层面进行了聚类调整。在不考虑管理层其他特有动机的前提下，管理层对前瞻性展望信息所进行的语调管理之超额乐观语调与企业财务危机预测的回归结果见表 5-3。

表 5-3　语调管理之超额乐观语调和企业财务危机预测回归结果

变量	(1)	(2)	(3)	(4)
$ABTone_{i,t-1}$	-52.83*** (-25.38)	-34.35*** (-11.46)		
$ABTone\_F_{i,t-1}$			-57.47*** (-24.08)	-44.48*** (-13.54)
$Readbility_{i,t-1}$		-0.063 4 (-1.34)		-0.046 5 (-1.00)
$WCTA_{i,t-1}$		-1.424*** (-4.63)		-1.388*** (-4.47)
$OPRA_{i,t-1}$		-0.014 9*** (-5.35)		-0.011 3*** (-4.17)
$RETA_{i,t-1}$		-0.326 (-1.56)		-0.183 (-0.85)
$MVELA_{i,t-1}$		0.064 2** (2.53)		0.052 4** (2.02)
$SALETA_{i,t-1}$		-0.096 0 (-0.61)		-0.060 0 (-0.38)
$lnsize_{i,t-1}$		-0.247** (-2.07)		-0.437*** (-3.56)
$LERET_{i,t-1}$		-0.378* (-1.69)		-0.594*** (-2.67)
$Lsigma_{i,t-1}$		1.739 (1.34)		2.921** (2.28)
$LRsize_{i,t-1}$		-0.078 6 (-0.39)		0.163 (0.78)
$Constant$	24.46*** (21.13)	22.07*** (8.13)	26.75*** (20.65)	25.71*** (9.25)
Year & Ind	控制	控制	控制	控制
N[①]	14 250	14 250	14 250	14 250
$Pseudo-R^2$	0.320 0	0.385 7	0.347 8	0.417 1

注：***、**、* 分别表示在 1%、5%、10% 的水平显著。

[①] 由于 Logit 模型回归时存在完全预测失败，由此导致样本量由 14 334 个缩减至 14 250 个。

在不考虑其他控制变量时，管理层语调管理之超额乐观语调 *ABTone* 和 *ABTone_F* 的系数均在1%的水平显著为负，进一步加入财务、市场等财务危机预测变量后，两指标的系数依然在1%的水平显著为负。该结果表明，不考虑其他特有动机时，前瞻性文本信息中管理层过度渲染夸大的语言乐观度越高，企业未来发生财务危机的可能性越低，即管理层对未来展望的过度乐观可能表现为管理层对未来一种"底气十足"的自信，假设5-1得到验证。该结果与王华杰和王克敏（2018）的研究结论存在一致性。

（二）语调管理、机会主义行为与企业财务危机预测

进一步考虑管理层机会主义盈余管理行为，假设5-2的检验结果见表5-4。在第（1）列回归中，不考虑未来业绩的管理层语调管理之超额乐观语调衡量指标 *ABTone* 与企业未来是否发生财务危机在1%的水平显著负相关，该指标与应计盈余管理程度的交乘项与企业未来是否发生财务危机在1%的水平显著正相关，两者符号相反，说明管理层盈余管理行为降低了管理层超额乐观语调与企业未来是否发生财务危机的相关性。从实践经济意义来看，管理层盈余管理行为降低了文本信息语调特征的预测价值，降低了文本信息质量。考虑未来业绩的管理层语调管理之超额乐观语调衡量指标（*ABTone_F*）的回归结果见表5-4的第（2）列。*ABTone_F* 的回归结果和 *ABTone* 的回归结果相比，交乘项系数的 Z 值有所降低，但依然显著，显著性水平为10%。假设5-2得到进一步验证，即盈余管理机会主义行为会削弱前瞻性信息管理层语调的预测价值，增加了语调信息的"混淆性"。

表5-4 语调管理、机会主义行为与企业财务危机预测回归结果

变量	(1)	(2)
$ABTone_{i,t-1}$	-39.71*** (-11.36)	
$ABTone_{i,t-1} \times ABSDA_{i,t-1}$	57.12*** (2.81)	
$ABTone\_F_{i,t-1}$		-49.11*** (-12.54)
$ABTone\_F_{i,t-1} \times ABSDA_{i,t-1}$		47.12* (1.91)

续表

变量	(1)	(2)
$ABSDA_{i,t-1}$	-31.09***	-26.07**
	(-2.89)	(-2.02)
$Readability_{i,t-1}$	-0.0767	-0.0590
	(-1.62)	(-1.26)
$WCTA_{i,t-1}$	-1.518***	-1.474***
	(-4.81)	(-4.62)
$OPRA_{i,t-1}$	-0.0165***	-0.0128***
	(-5.62)	(-4.42)
$RETA_{i,t-1}$	-0.271	-0.129
	(-1.27)	(-0.60)
$MVELA_{i,t-1}$	0.0627**	0.0503*
	(2.38)	(1.87)
$SALETA_{i,t-1}$	-0.0973	-0.0563
	(-0.57)	(-0.33)
$lnsize_{i,t-1}$	-0.285**	-0.478***
	(-2.41)	(-3.88)
$LERET_{i,t-1}$	-0.376*	-0.589***
	(-1.68)	(-2.63)
$Lsigma_{i,t-1}$	1.530	2.772**
	(1.14)	(2.08)
$LRsize_{i,t-1}$	-0.0619	0.181
	(-0.30)	(0.84)
Constant	25.58***	28.84***
	(9.33)	(10.18)
Year & Ind	控制	控制
N①	13 769	13 769
$Pseudo-R^2$	0.3933	0.4235

注：***、**、* 分别表示在1%、5%、10% 的水平显著。

三、内生性与稳健性检验

（一）考虑会计准则修订影响，控制内生性

在样本区间 2007~2017 年，证监会对会计准则《公开发行证券的公司信

---

① 盈余管理数据的缺失以及 Logit 模型回归时完全预测失败等原因导致样本量缩减。

息披露内容与格式准则第 2 号——年度报告的内容与格式》进行了多次修订。准则修订内容变化较大的为 2012 年，这次修订对披露内容和披露形式进行了统一说明，且首次在准则中强调 MD&A 报告要"力戒空洞、模板化"，并对未来展望部分所包含的内容进行了明确规定。可见，随着准则披露要求的多次修订与完善，MD&A 信息披露包括未来展望部分信息披露质量和价值量更高。借鉴孟庆斌等（2017）的研究，将 2012 年准则修订视为外生冲击事件，比较准则修订前后 MD&A 前瞻性信息价值的变化。回归结果见表 5-5。

表 5-5　　　　　　　　会计准则修订外生冲击回归结果

变量	(1) Year<2012	(2) Year≥2012	(3) Year<2012	(4) Year≥2012
$ABTone_{i,t-1}$	-38.35*** (-6.58)	-43.21*** (-9.77)		
$ABTone_{i,t-1} \times ABSDA_{i,t-1}$	23.07 (0.72)	101.3*** (4.11)		
$ABTone\_F_{i,t-1}$			-47.75*** (-7.23)	-53.97*** (-11.02)
$ABTone\_F_{i,t-1} \times ABSDA_{i,t-1}$			0.965 (0.03)	99.09*** (3.59)
$ABSDA_{i,t-1}$	-12.34 (-0.74)	-55.33*** (-4.17)	-1.108 (-0.06)	-54.35*** (-3.69)
$Readability_{i,t-1}$	-0.109 (-1.52)	-0.0774 (-1.18)	-0.0874 (-1.24)	-0.0617 (-0.95)
$WCTA_{i,t-1}$	-1.909*** (-3.77)	-1.290*** (-3.56)	-1.869*** (-3.69)	-1.228*** (-3.36)
$OPRA_{i,t-1}$	-0.0151*** (-2.66)	-0.0189*** (-5.31)	-0.0115** (-2.08)	-0.0145*** (-4.16)
$RETA_{i,t-1}$	-0.435 (-1.44)	-0.0620 (-0.20)	-0.318 (-1.11)	0.130 (0.42)
$MVELA_{i,t-1}$	0.127** (2.11)	0.0429 (1.18)	0.118** (2.01)	0.0311 (0.83)
$SALETA_{i,t-1}$	-0.454 (-1.20)	0.0788 (0.42)	-0.380 (-1.05)	0.120 (0.62)
$lnsize_{i,t-1}$	-0.283 (-1.22)	-0.366** (-2.53)	-0.436* (-1.89)	-0.590*** (-3.90)
$LERET_{i,t-1}$	-0.436 (-1.06)	-0.262 (-0.90)	-0.565 (-1.36)	-0.511* (-1.78)

续表

变量	(1) Year<2012	(2) Year≥2012	(3) Year<2012	(4) Year≥2012
$Lsigma_{i,t-1}$	-1.673 (-0.60)	2.081 (1.27)	-0.139 (-0.05)	3.281** (2.01)
$LRsize_{i,t-1}$	-0.128 (-0.35)	0.0954 (0.40)	0.104 (0.28)	0.366 (1.47)
Constant	28.19*** (6.67)	25.45*** (7.53)	30.71*** (7.34)	29.92*** (8.38)
Year& Ind	控制	控制	控制	控制
N	4 391	9 196	4 391	9 196
$Pseudo-R^2$	0.4784	0.3516	0.5053	0.3853

注：***、**、*分别表示在1%、5%、10%的水平显著。

如表5-5所示，2012年准则修订后，语调管理指标与应计盈余管理程度交乘项的系数在年份大于2012年样本组显著为正，而在年份小于2012年的样本组中并不显著。其可能原因为，随着准则修订后前瞻性信息披露质量更高，盈余管理机会主义行为所带来影响的相对损害更大。

（二）利用PSM配比法，控制内生性问题

采用PSM配比法控制选择性偏误、遗漏变量所导致的内生性问题。借鉴朱朝晖和许文瀚（2018）的研究，依据前瞻性文本信息语调管理之超额乐观语调水平的高低，将管理层超额乐观语调指标替换为哑变量。以语调管理的行业年度中位数为标准，当语调的超额乐观度大于样本中位数时，定义为1，否则为0，由此界定处理组和控制组。以预测模型涉及的公司基本财务特征WCTA、EBITTA、RETA、MVELA、SALETA、lnsize为协变量，采用近邻匹配方法1∶1进行匹配。回归结果显示，管理层超额乐观语调指标1和指标2的平均处理效应（ATT）值分别为-3.48和-3.92，均在1%的水平显著。表5-6显示的是PSM匹配后的样本回归结果。与上述结果一致，语调管理之超额乐观语调系数在1%的水平显著为负，应计盈余管理程度与语调管理的交乘项系数分别在5%和10%的水平显著为负，该结果表明管理层语调管理之超额乐观语调与企业未来发生财务危机的概率负相关，机会主义盈余管理会降低两者的相关性，上述研究结论得到进一步验证。

表 5-6　　　　　　　　　　　PSM 回归结果

变量	(1)	(2)	(3)	(4)
$ABTone_{i,t-1}$	-47.84***	-51.93***		
	(-6.55)	(-5.67)		
$ABTone_{i,t-1} \times ABSDA_{i,t-1}$		12.07**		
		(2.02)		
$ABTone\_F_{i,t-1}$			-48.70***	-49.69***
			(-6.21)	(-5.45)
$ABTone\_F_{i,t-1} \times ABSDA_{i,t-1}$				5.987*
				(1.72)
$ABSDA_{i,t-1}$		-2.587		-0.00412**
		(-1.53)		(-2.05)
$Readbility_{i,t-1}$	-0.0763	-0.172	0.163	0.111
	(-0.60)	(-1.18)	(1.44)	(0.96)
$WCTA_{i,t-1}$	-1.291*	-2.478***	-0.478	-1.272*
	(-1.75)	(-3.49)	(-0.80)	(-1.75)
$OPRA_{i,t-1}$	-0.0338***	-0.0297**	-0.0111	-0.0121
	(-2.97)	(-2.56)	(-0.53)	(-0.64)
$RETA_{i,t-1}$	-1.444**	-1.044	-1.483**	-1.113*
	(-2.18)	(-1.55)	(-2.22)	(-1.82)
$MVELA_{i,t-1}$	0.199***	0.285***	0.130**	0.159**
	(3.52)	(4.24)	(2.50)	(2.41)
$SALETA_{i,t-1}$	-0.322	-0.889*	0.274	0.0121
	(-1.12)	(-1.92)	(1.16)	(0.04)
$lnsize_{i,t-1}$	-0.514*	-0.420	-0.235	-0.262
	(-1.66)	(-1.26)	(-0.64)	(-0.68)
$LERET_{i,t-1}$	-2.184***	-2.296***	-1.173*	-1.055*
	(-3.34)	(-3.95)	(-1.78)	(-1.91)
$Lsigma_{i,t-1}$	3.974	1.478	6.288*	5.505*
	(1.12)	(0.40)	(1.88)	(1.84)
$LRsize_{i,t-1}$	0.892*	0.869	0.115	0.174
	(1.96)	(1.52)	(0.22)	(0.31)
Constant	13.14**	15.38**	19.55***	20.20***
	(2.21)	(2.45)	(2.99)	(3.03)
Year& Ind	控制	控制	控制	控制
N	4 638	4 101	5 056	4 537
$Pseudo-R^2$	0.2611	0.2561	0.3014	0.2992

注：***、**、* 分别表示在 1%、5%、10% 的水平显著。

(三) 考虑管理层过度乐观特征对语调的影响

基于行为金融视角的研究发现，管理者会呈现出某种特质性倾向，例如，管理者会表现出过度自信或过度乐观特征，即管理层认为自我认知水平总是"优于或高于平均水平"。管理者过度自信乐观不仅会影响公司决策，而且会影响文本信息语调的选择。姜付秀（2009）的研究表明，管理者过度自信会促进企业的扩张决策，增加企业未来发生财务困境的风险。戴维斯等（Davis et al., 2014）以上市公司电话会议自愿性文本信息披露为研究对象，发现在控制公司当前绩效、未来绩效和管理层战略性激励等影响文本语调选择的影响因素后，管理层特质因素对文本信息的语调有显著的增量解释能力，进一步，管理者的性别、教育背景、早期经历以及是否参加慈善组织对文本语调有显著的影响。金（Kim, 2017）直接将上市公司电话会议的异常乐观语调和异常确定性语调作为管理者过度自信的代理变量，发现其和公司未来的投资决策及股票回购决策显著相关。为控制管理层过度乐观所带来的影响，在控制变量中增加管理层过度乐观指标。借鉴郝颖等（2005）的研究，以管理层是否增持公司股票，且增持原因不包括红股和业绩股为标准衡量管理层过度乐观。回归结果见表 5-7。

表 5-7　稳健性检验之考虑管理层过度乐观特征对语调影响的回归结果

变量	(1)	(2)	(3)	(4)
$ABTone_{i,t-1}$	-34.38 *** (-11.43)	-39.65 *** (-11.30)		
$ABTone_{i,t-1} \times ABSDA_{i,t-1}$		56.47 *** (2.75)		
$ABTone\_F_{i,t-1}$			-44.52 *** (-13.50)	-49.03 *** (-12.48)
$ABTone\_F_{i,t-1} \times ABSDA_{i,t-1}$				46.11 * (1.85)
$ABSDA_{i,t-1}$		-30.74 *** (-2.83)		-25.53 * (-1.95)
$Readability_{i,t-1}$	-0.063 7 (-1.35)	-0.076 9 (-1.62)	-0.046 9 (-1.01)	-0.059 1 (-1.26)
$WCTA_{i,t-1}$	-1.414 *** (-4.60)	-1.510 *** (-4.78)	-1.380 *** (-4.45)	-1.466 *** (-4.60)

续表

变量	(1)	(2)	(3)	(4)
$OPRA_{i,t-1}$	-0.0149***	-0.0165***	-0.0114***	-0.0128***
	(-5.34)	(-5.60)	(-4.16)	(-4.40)
$RETA_{i,t-1}$	-0.318	-0.265	-0.174	-0.122
	(-1.52)	(-1.24)	(-0.81)	(-0.57)
$MVELA_{i,t-1}$	0.0637**	0.0623**	0.0520**	0.0501*
	(2.52)	(2.37)	(2.00)	(1.86)
$SALETA_{i,t-1}$	-0.0925	-0.0954	-0.0559	-0.0535
	(-0.59)	(-0.56)	(-0.36)	(-0.31)
$\ln size_{i,t-1}$	-0.252**	-0.289**	-0.443***	-0.481***
	(-2.11)	(-2.44)	(-3.60)	(-3.91)
$LERET_{i,t-1}$	-0.379*	-0.377*	-0.594***	-0.589***
	(-1.70)	(-1.68)	(-2.67)	(-2.63)
$Lsigma_{i,t-1}$	1.700	1.506	2.890**	2.758**
	(1.30)	(1.12)	(2.25)	(2.06)
$LRsize_{i,t-1}$	-0.0661	-0.0518	0.175	0.190
	(-0.33)	(-0.25)	(0.84)	(0.88)
$OClag_{i,t-1}$	-1.454	-1.280	-1.444	-1.254
	(-1.35)	(-1.22)	(-1.30)	(-1.19)
$Constant$	22.00***	25.45***	25.66***	28.73***
	(8.10)	(9.25)	(9.23)	(10.10)
Year & Ind	控制	控制	控制	控制
N[①]	14 250	13 769	14 250	13 769
$Pseudo-R^2$	0.3866	0.3940	0.4179	0.4241

注：***、**、*分别表示在1%、5%、10%的水平显著。

与上述研究结论一致，管理层超额乐观语调系数以及该语调与盈余管理机会主义行为的交乘项系数均通过了统计显著性水平检验。结果进一步表明在控制管理层过度乐观特征后，上述的回归结论仍然成立。

（四）在管理层语调影响因素模型中考虑分析师关注因素

黄宣等（2014）的研究中将分析师预测作为影响管理层净乐观语调指标计算的重要因素。前述分析借鉴王华杰和王克敏（2018）研究，认为我国制

[①] 由于盈余管理数值缺失以及Logit模型回归时会因为完全预测失败等原因导致部分观测样本失效，从而使得表5-7中第（2）列、第（4）列N值与第（1）列、第（3）列N值存在差异。

度背景下，分析师中介组织发育较晚，数据缺失严重，剔除了分析师这一影响因素。在此，在管理层净乐观语调影响因素模型（5-2）和模型（5-3）中加入分析师关注度这一因素，重新对书中假设进行检验。回归结果见表5-8，在第（1）列和第（3）列中，管理层语调管理系数在1%的水平显著为负，在第（2）列和第（4）列中，语调管理和应计盈余管理交乘项系数均在5%的水平显著为正，回归结果与上述结果一致，即在管理层语调影响因素模型中，控制分析师关注的影响，并不影响上述研究结论。

表 5-8　　稳健性检验之考虑分析师关注对语调影响的回归结果

变量	(1)	(2)	(3)	(4)
$ABTone_{i,t-1}$	-42.16*** (-9.08)	-48.83*** (-8.20)		
$ABTone_{i,t-1} \times ABSDA_{i,t-1}$		60.66** (2.27)		
$ABTone\_F_{i,t-1}$			-49.47*** (-9.99)	-56.58*** (-8.70)
$ABTone\_F_{i,t-1} \times ABSDA_{i,t-1}$				61.56** (2.16)
$ABSDA_{i,t-1}$		-33.26** (-2.27)		-33.82** (-2.19)
$Readbility_{i,t-1}$	-0.0890 (-1.18)	-0.102 (-1.32)	-0.0767 (-1.02)	-0.0875 (-1.14)
$WCTA_{i,t-1}$	-0.531 (-1.09)	-0.685 (-1.35)	-0.545 (-1.11)	-0.679 (-1.33)
$OPRA_{i,t-1}$	-0.0278*** (-6.00)	-0.0275*** (-5.78)	-0.0237*** (-4.96)	-0.0234*** (-4.76)
$RETA_{i,t-1}$	0.273 (0.68)	0.503 (1.08)	0.391 (0.90)	0.603 (1.27)
$MVELA_{i,t-1}$	0.0932* (1.91)	0.0952* (1.83)	0.0845* (1.66)	0.0829 (1.55)
$SALETA_{i,t-1}$	-0.120 (-0.58)	-0.0712 (-0.31)	-0.0970 (-0.46)	-0.0255 (-0.11)
$lnsize_{i,t-1}$	-0.255 (-1.34)	-0.332* (-1.70)	-0.434** (-2.22)	-0.519*** (-2.60)
$LERET_{i,t-1}$	-0.685* (-1.95)	-0.789** (-2.20)	-0.842** (-2.36)	-0.943*** (-2.60)

续表

变量	(1)	(2)	(3)	(4)
$Lsigma_{i,t-1}$	5.787**	6.102**	6.894***	7.276***
	(2.54)	(2.53)	(3.00)	(3.06)
$LRsize_{i,t-1}$	-0.00762	0.00792	0.193	0.221
	(-0.03)	(0.03)	(0.71)	(0.79)
Constant	24.08***	28.87***	27.07***	32.00***
	(6.08)	(6.40)	(6.69)	(6.84)
Year& Ind	控制	控制	控制	控制
N[①]	11 032	10 629	11 032	10 629
$Pseudo-R^2$	0.3310	0.3336	0.3561	0.3587

注：***、**、* 分别表示在1%、5%、10% 的水平显著。

四、进一步研究

前述研究将应计盈余管理行为作为机会主义的代理变量，其原因在于，大量的研究表明盈余管理行为普遍存在于企业的经营活动中，与企业诸多特殊活动紧密联系。但有理论研究指出，严格来讲，应计盈余管理应分为信息驱动型盈余管理和机会主义盈余管理（张娟和黄志忠，2014）。前者属于企业的合理活动，是管理层为提升会计信息的"相关性"而有意为之，并不会损害企业价值，而后者则是管理层为实现私人利益随意操控为之，会对企业价值造成损害（Gul et al.，2003；Francis et al.，2005）。在该理论框架中，应计盈余管理并不全是机会主义的代表，因此，该视角下上述研究结论有失偏颇。根据舞弊三角理论，管理层财务舞弊的条件包括压力、机会和借口。压力表示管理层舞弊的动机，利益的追逐；机会代表环境的许可，一般表现为内外部治理与监督机制存在真空。借口即管理层（舞弊者）认为合理化的理由，该条件自身不会引发舞弊，前两个条件的配合是关键。鉴于此，本书拟从薪酬契约和信息透明度两视角来刻画分析管理层存在机会主义动机和实施机会主义行为空间的前提条件，以及应计盈余管理行为的影响，以此进一步验证机会主义盈余管理的负向调节效应。

[①] 由于盈余管理数值缺失以及 Logit 模型回归时会因为完全预测失败等原因导致部分观测样本失效，从而使得表5-8中第（2）列、（4）列N值与（1）列、（3）列N值存在差异。

（一）薪酬激励动机下语调管理、机会主义行为与企业财务危机预测

本书之所以从薪酬契约动机研究机会主义盈余管理行为，其原因在于在委托代理理论框架下，自我利益无法满足是管理层进行逆向选择和道德风险行为的最根本动因，而薪酬激励契约的合理与否直接影响着管理层利益的实现，因此，它是决定影响管理层自利动机大小和程度强弱的最核心要素。

在所有权和经营权相分离的现代经营体制下，如何有效地缓解企业内部委托人股东和代理人管理层的代理冲突一直是实务界和理论界关注的热点问题。高管薪酬激励契约将高管收益实现与企业业绩有效地结合起来，是缓解代理冲突的重要途径之一。但由于经济实践中管理层掌握着企业经营的主动权，拥有信息优势，管理层可能通过盈余管理调节企业经营业绩使其满足薪酬激励契约条款，从而避免自身利益受到损失。李延喜等（2007）将其视为企业存在盈余管理问题的根本原因。

在薪酬激励契约设计中，货币化薪酬是最基本的表现形式，是将物质财富与个人社会地位及成功综合为一体的一种代表。一般认为，高管薪酬激励能够促进企业业绩提升，这种激励效应且在地方国有企业（吴国鼎，2016）和非国有控股企业中表现更强（周仁俊等，2010）。增加 CEO 薪酬在企业规模和财富增加方面的效应是显著的，降低 CEO 薪酬不仅不能提高企业规模和股东财富，反而会产生一定的负面影响。上述结果表明了 CEO 薪酬的"工资刚性"和单边激励效果。进一步，内部和外部适当的薪酬差距可以实现较好的企业业绩，具有正向激励作用（覃予等，2015；Nader EI-Sayed and EIbardan，2016）。上述研究证据表明，货币化薪酬和业绩密切相关，也正是基于这种关系，企业业绩才会成为货币薪酬契约设定的核心依据，而管理层才有动机对业绩进行盈余管理，以保证货币薪酬自我利益的实现。但是制定高水平的货币薪酬激励契约对管理层盈余管理行为是促进还是抑制呢？已有研究并没有得出一致结论。一种观点认为，基于辩护需求，为使自身薪酬结果更加"正当合理"，以及职务晋升、控制权收益等需求，管理层有盈余管理动机。货币化薪酬激励强度越大，管理层盈余管理水平越高（李延喜等，2007；路军伟等，2015），且内部薪酬越大，不公平待遇容易引发反向激励应，发生盈余管理共谋行为，导致盈余管理程度提升（杨志强和王华，2014），尤其是当高管薪酬低于同行业公司平均水平时，基于攀比心理，高

管盈余管理程度也会增加。另一种观点认为，如果高管货币化薪酬水平较高，内部薪酬差距较大时，拥有薪酬优势的管理层会更加努力，减少盈余管理行为（Rosen，1986），因为此时高管盈余管理成本会大幅提升。较高的薪酬水平会吸引媒体、分析师等外部治理中介的关注，监督效应会增强，而且基于禀赋效应，管理层能获得较高的薪酬溢价，机会主义行为自然会降低（张娟和黄志忠，2014；杨薇等，2019）。综上，货币薪酬激励契约的设计能够引发企业盈余管理机会主义行为，但影响方向还是悬而待决的话题，那么，在货币化薪酬激励动机下应计盈余管理如何调节影响管理层超额乐观语调与企业财务危机预测的关系也有待验证。

  股权激励作为一种协调治理机制，通过管理层持股的形式缓解股东与管理层之间的利益冲突，降低代理成本，提升公司价值。因此，股权激励设计的初衷是积极正面的，即股权激励有助于业绩提升，在非国有控股企业（周仁俊等，2010）、市值规模较大的企业股权激励效果较好，而且股权激励机制带来更多的社会监督和关注，管理层盈余管理的成本和风险显著提升，该类行为会得到抑制（Gul et al.，2003）。但随着管理层持股比例的增加，管理层控制权提升，在监督制衡机制较弱的情形下，为更好地实现自我利益，管理层实施机会主义的空间和能力增强，会利用信息优势进行盈余管理，表现出负面的堑壕效应。研究表明，股权激励会诱发盈余管理行为，股权激励程度越大，盈余管理行为越多（Cheng and Warfield，2005；杨慧辉等，2012），股权激励后所带来的业绩提升亦是盈余管理所致，剔除"盈余管理"噪声后，股权激励并没带来实质的业绩增加（许娟娟等，2016），盈余管理行为成为管理激励治理机制影响审计定价和导致资产误定价的中介途径（王生年和朱艳艳，2017；邵剑兵和陈永恒，2018）。但进一步的研究指出，股权激励机制下管理层的收益函数和股东存在区别，支撑管理层收益实现的基础为股价的变化，因此，股权激励所带来的信息披露和操纵应计利润等机会主义行为有强烈的择时特征，在股权激励草案公告日前、行权日和出售前，机会主义行为显著增加。具体而言，在股权激励计划公告日前或授予日前通过向下盈余管理，增加坏消息的披露频率，降低股票价格，而在行权日前或出售日前通过向上盈余管理以及增加好消息披露提升股票价格（Baker et al.，2003；Safdar，2003；肖淑芳等，2009；Brockman et al.，2010）。基于此，近期的研究更加全面地在控制样本选择和内生性问题之后，发现股权激励后公司盈余管理行为减少或规模显著低于股权激励实施前（赵华伟，2017）。综上可以看出，已有研究中关于股权激励是否诱发盈余管理水平的增加并无一致结论，股权激励动机可能增强也可能减弱盈余管理对管理层超额乐观语调与企业财务危机预测的调节效应，即该影响是竞争性的，有待进一步验证。

学术界对在职消费影响效应的研究是有争议的，表现为两种观点的争执：代理观和效率观。前者认为在职消费是高管自我私欲的满足，会损坏股东利益，增加代理成本，对企业业绩产生负向影响（Yermack et al., 2006；Grinstein et al., 2008）。后者则认为由于契约的不完备性，在职消费是经理替代性的补偿方式，能提升工作效率，体现激励作用（Rajan and Wulf, 2006；Adithipyangkul et al., 2011）。在我国，由于监督制度不健全，以及官本位文化使然，在职消费很可能是一种隐性腐败，体现为代理成本，且管理层权力会促进在职消费的增加（张铁铸和沙曼，2014）。但是在薪酬激励不足的情形下，在职消费也可能成为高管人员替代性选择和补充（陈冬华，2005）。梁上坤和陈冬华（2014）更进一步地基于业绩波动性视角，认为国有企业在职消费在业绩波动时可以更有效地降低代理成本，且这一作用在保护性行业中更明显；非国有企业中在职消费通过政府补贴路径，表现为一种关系资本投资，促进企业业绩增长（黎文靖等，2015）。随着研究的深入，学者们将在职消费具体划分为合理在职消费和超额在职消费，新的类型划分成为协调代理观和效率观的切入点。合理在职消费水平是管理层经营管理企业的必要支出，有助于企业经营效率和价值的提升，而超额在职消费是管理层私有收益的保护，是权力寻租和腐败的表现，具有一定的隐蔽性（薛健等，2017；郝颖等，2018）。基于此，合理正常的在职消费并不会诱发管理层盈余管理，或者说管理层利用盈余管理掩藏在职消费的动机并不强，而超额在职消费作为一种隐蔽行为，需要更多的盈余管理行为来配合（王东清和李静，2017）。因此，随着在职消费水平的提高，管理层超额在职消费显著增加，管理层机会主义盈余管理也会增加。本书预计，在在职消费水平高的组，应计盈余管理负向调节影响管理层超额乐观语调与企业财务危机预测的效应更显著。

根据上述分析，以行业年度货币化薪酬水平的中位数为标准进行分组，回归结果见表5-9。在货币化薪酬水平低组，管理层超额乐观语调与盈余管理的交乘项系数在5%的水平显著为正，即当货币化薪酬激励水平较低时，管理层机会主义盈余管理行为更强，对管理层超额乐观语调与财务危机预测的负向影响也更显著。

表 5-9 货币化薪酬激励影响回归结果

变量	货币化薪酬水平高组（1）	货币化薪酬水平低组（2）	货币化薪酬水平高组（3）	货币化薪酬水平低组（4）
$ABTone_{i,t-1}$	-39.61*** (-5.12)	-38.59*** (-9.83)		
$ABTone_{i,t-1} \times ABSDA_{i,t-1}$	61.10 (1.60)	49.86** (2.18)		
$ABTone\_F_{i,t-1}$			-49.22*** (-5.59)	-49.96*** (-11.06)
$ABTone\_F_{i,t-1} \times ABSDA_{i,t-1}$			45.02 (0.92)	51.77** (2.14)
$ABSDA_{i,t-1}$	-31.13 (-1.53)	-27.75** (-2.31)	-22.82 (-0.88)	-29.25** (-2.30)
$Readability_{i,t-1}$	-0.236** (-2.19)	-0.0270 (-0.51)	-0.240** (-2.23)	-0.00659 (-0.13)
$WCTA_{i,t-1}$	-1.390** (-2.24)	-1.499*** (-4.41)	-1.446** (-2.29)	-1.450*** (-4.25)
$OPRA_{i,t-1}$	-0.0133 (-1.60)	-0.0169*** (-5.30)	-0.00600 (-0.67)	-0.0137*** (-4.41)
$RETA_{i,t-1}$	-0.601 (-1.03)	-0.234 (-0.98)	-0.428 (-0.73)	-0.0791 (-0.33)
$MVELA_{i,t-1}$	0.0686 (1.21)	0.0655** (2.33)	0.0660 (1.18)	0.0492* (1.71)
$SALETA_{i,t-1}$	-0.0819 (-0.23)	-0.0537 (-0.28)	-0.112 (-0.32)	-0.000121 (-0.00)
$lnsize_{i,t-1}$	-0.344 (-1.39)	-0.231* (-1.71)	-0.590** (-2.28)	-0.433*** (-3.10)
$LERET_{i,t-1}$	-1.117** (-2.56)	-0.203 (-0.79)	-1.369*** (-2.94)	-0.415 (-1.62)
$Lsigma_{i,t-1}$	3.557 (1.24)	0.752 (0.50)	4.461 (1.50)	2.055 (1.38)
$LRsize_{i,t-1}$	0.0128 (0.03)	-0.00655 (-0.03)	0.301 (0.69)	0.229 (0.90)
Constant	25.69*** (4.94)	22.58*** (6.35)	29.63*** (5.42)	27.15*** (7.38)
Year & Ind	控制	控制	控制	控制
N	6 242	6 999	6 242	6 999
$Pseudo-R^2$	0.342 2	0.383 8	0.372 5	0.416 5

注：***、**、* 分别表示在 1%、5%、10% 的水平显著。

股权激励的影响效应回归结果见表5-10。根据行业年度中位数，将样本分为股权激励水平高组和股权激励水平低组，在股权激励水平低组，管理层语调管理之超额乐观语调与盈余管理的交乘项系数在1%的水平显著为正。该结论与张娟和黄志忠（2014）的研究结论相一致，当股权激励水平较低时，管理层机会主义盈余管理动机更强，对管理层语调管理之超额乐观语调预测价值的负面效应更显著。本书结论表明，股权激励机制发挥的治理协同效应，在股权激励水平较低时，激励与监督不足，代理成本较高，机会主义动机更强，而在股权激励水平较高时，机会主义行为得到抑制。

表5-10　　　　　　　　　股权激励影响回归结果

变量	股权激励水平高组（1）	股权激励水平低组（2）	股权激励水平高组（3）	股权激励水平低组（4）
$ABTone_{i,t-1}$	-38.46*** (-4.25)	-39.00*** (-8.71)		
$ABTone_{i,t-1} \times ABSDA_{i,t-1}$	1.664 (0.23)	85.52*** (3.19)		
$ABTone\_F_{i,t-1}$			-57.03*** (-5.71)	-49.82*** (-9.43)
$ABTone\_F_{i,t-1} \times ABSDA_{i,t-1}$			0.674 (0.09)	90.61*** (2.86)
$ABSDA_{i,t-1}$	1.459 (1.04)	-47.50*** (-3.28)	1.465 (1.01)	-50.46*** (-2.97)
$Readability_{i,t-1}$	-0.127 (-0.87)	-0.0993 (-1.50)	-0.109 (-0.79)	-0.0896 (-1.36)
$WCTA_{i,t-1}$	-0.405 (-0.54)	-1.509*** (-3.93)	-0.183 (-0.24)	-1.461*** (-3.74)
$OPRA_{i,t-1}$	-0.0268*** (-2.96)	-0.0167*** (-4.40)	-0.0194** (-2.09)	-0.0131*** (-3.50)
$RETA_{i,t-1}$	-0.0344 (-0.03)	0.0348 (0.12)	0.670 (0.59)	0.141 (0.46)
$MVELA_{i,t-1}$	0.0305 (0.37)	0.0573* (1.70)	-0.00976 (-0.11)	0.0429 (1.17)
$SALETA_{i,t-1}$	0.165 (0.37)	0.0189 (0.10)	0.225 (0.50)	0.0580 (0.31)
$lnsize_{i,t-1}$	0.0266 (0.08)	-0.439*** (-3.17)	-0.336 (-0.94)	-0.637*** (-4.28)

续表

变量	股权激励水平高组（1）	股权激励水平低组（2）	股权激励水平高组（3）	股权激励水平低组（4）
$LERET_{i,t-1}$	0.192	-0.446	0.0421	-0.666**
	(0.28)	(-1.49)	(0.07)	(-2.25)
$Lsigma_{i,t-1}$	1.627	1.736	3.099	2.908*
	(0.37)	(1.01)	(0.71)	(1.68)
$LRsize_{i,t-1}$	0.176	0.0214	0.649	0.268
	(0.31)	(0.09)	(1.10)	(1.05)
Constant	13.20**	27.90***	20.88***	32.63***
	(2.03)	(7.59)	(3.36)	(8.29)
Year& Ind	控制	控制	控制	控制
N	4 543	5 851	4 543	5 851
$Pseudo-R^2$	0.3341	0.3494	0.3754	0.3813

注：***、**、* 分别表示在1%、5%、10%的水平显著。

表5-11显示的是隐性薪酬激励在职消费的影响效应。同样地，以行业年度中位数进行分组，结果表明在在职消费水平高组，管理层语调管理之超额乐观语调与盈余管理的交乘项系数在1%的水平显著为正，即当在职消费水平较高，可能的超额消费更多时，为使在职消费更加隐蔽，管理层需要更多的机会主义盈余管理行为来配合，此时对管理层超额乐观语调与财务危机预测的负向影响也更显著。该研究结论与张娟和黄志忠（2014）的研究结论一致。

表5-11　　　　　　在职消费影响回归结果

变量	在职消费水平高组（1）	在职消费水平低组（2）	在职消费水平高组（3）	在职消费水平低组（4）
$ABTone_{i,t-1}$	-35.02***	-47.03***		
	(-6.60)	(-9.18)		
$ABTone_{i,t-1} \times ABSDA_{i,t-1}$	82.45***	-5.368		
	(3.05)	(-1.50)		
$ABTone\_F_{i,t-1}$			-44.18***	-65.56***
			(-7.65)	(-9.50)
$ABTone\_F_{i,t-1} \times ABSDA_{i,t-1}$			96.91***	55.31
			(3.52)	(1.41)
$ABSDA_{i,t-1}$	-46.90***	1.237	-55.02***	-31.39
	(-3.07)	(1.25)	(-3.54)	(-1.52)

续表

变量	在职消费水平高组（1）	在职消费水平低组（2）	在职消费水平高组（3）	在职消费水平低组（4）
$Readbility_{i,t-1}$	-0.048 2 (-0.46)	-0.127* (-1.80)	-0.036 7 (-0.36)	-0.122* (-1.74)
$WCTA_{i,t-1}$	-1.267** (-2.37)	-0.960** (-2.31)	-1.186** (-2.17)	-0.996** (-2.34)
$OPRA_{i,t-1}$	-0.015 8*** (-2.95)	-0.022 2*** (-4.76)	-0.012 8** (-2.47)	-0.018 3*** (-3.96)
$RETA_{i,t-1}$	-0.750** (-2.05)	0.612 (1.30)	-0.702* (-1.93)	0.939** (2.03)
$MVELA_{i,t-1}$	0.007 53 (0.24)	0.092 0** (1.98)	0.001 40 (0.04)	0.077 2 (1.54)
$SALETA_{i,t-1}$	-0.085 6 (-0.26)	-0.011 5 (-0.05)	-0.081 4 (-0.24)	0.045 7 (0.22)
$lnsize_{i,t-1}$	-0.391** (-1.97)	-0.554*** (-2.99)	-0.474** (-2.39)	-0.881*** (-4.22)
$LERET_{i,t-1}$	-0.476 (-1.15)	-0.338 (-0.98)	-0.640 (-1.52)	-0.696** (-2.06)
$Lsigma_{i,t-1}$	2.533 (1.13)	3.800* (1.75)	3.387 (1.44)	5.717*** (2.71)
$LRsize_{i,t-1}$	0.373 (1.11)	0.289 (1.03)	0.512 (1.49)	0.646** (2.12)
Constant	16.68*** (3.07)	30.13*** (7.18)	20.32*** (3.68)	39.17*** (8.23)
Year& Ind	控制	控制	控制	控制
N	5 113	5 058	5 113	5 058
$Pseudo-R^2$	0.382 4	0.382 4	0.416 0	0.430 4

注：***、**、*分别表示在1%、5%、10%的水平显著。

（二）信息透明度对语调管理、机会主义行为与企业财务危机预测关系的影响

现代公司制企业两权分离的特质使得管理层相对于股东在信息质量和数量上拥有显著优势，即形成了信息不对称。而信息透明度反映外部投资者能够自由充分地获取公司内部经营情况和财务信息的程度，是保障证券市场价格信息含量以及保护投资者利益的重要基石。因此，信息透明度越高，信息质量越高，投资者获得的信息对称性越高。高质量的信息透明度

作为一种保障能够促进其他公司治理机制的有效发挥,提升薪酬业绩敏感性,促进中小股东参与治理效率,有效降低第一类代理成本和第二类代理成本,提升资源配置效率。反之,在信息透明度低的环境中,管理层将信息屏障作为自己机会主义行为的保护伞,以实现自我利益。研究表明,信息透明度低的公司,高管内部人交易活跃,且能够获得显著的超额回报(Gu and Li, 2012;曾庆生,2014)。因此,当信息透明度较低时,外部监督环境较弱,管理层信息优势明显,机会主义操纵行为不易被发现,且能够得以顺利进行。沿用该思路,此时盈余管理机会主义对年报前瞻性信息语调预测价值的负向影响作用更强。本书借鉴曾庆生等(2018)的研究,以年报分析师跟踪人数即分析师关注度和事务所排名作为信息透明度的衡量指标。分析师作为资本市场中的信息中介,具有很强的信息挖掘能力,分析师关注度的提升能够显著提升信息透明度。国际四大事务所的审计质量得到的市场认可度更高,四大事务所的高质量审计是对高会计信息质量的鉴证,因此,一般认为经四大会计师事务所审计后的会计信息质量更高,透明度也更高。

表 5-12 和表 5-13 呈现的是在不同分析师关注度、不同会计师事务所排名中管理层语调管理、盈余管理机会主义行为及财务危机预测的回归结果。结果显示,在分析师关注度低、非四大会计师事务所组别中,机会主义盈余管理与管理层语调管理之超额乐观语调的交乘项系数显著为正;相反,在分析师关注度高、四大会计师事务所组别中,交乘项系数不显著。该结果与预期结果一致,即在透明度较低,外部投资者信息不足,信息环境更加隐蔽时,管理层机会主义行为空间更大,同时,对前瞻性文本信息语调预测价值的负向影响程度也更显著。

表 5-12　　　　　信息透明度之分析师影响回归结果

变量	分析师关注水平高组(1)	分析师关注水平低组(2)	分析师关注水平高组(3)	分析师关注水平低组(4)
$ABTone_{i,t-1}$	-37.29*** (-4.39)	-38.49*** (-9.91)		
$ABTone_{i,t-1} \times ABSDA_{i,t-1}$	17.65 (0.46)	66.74*** (2.65)		
$ABTone\_F_{i,t-1}$			-43.87*** (-4.89)	-48.59*** (-10.65)

续表

变量	分析师关注水平高组（1）	分析师关注水平低组（2）	分析师关注水平高组（3）	分析师关注水平低组（4）
$ABTone\_F_{i,t-1} \times ABSDA_{i,t-1}$			15.59	58.17 *
			(0.39)	(1.89)
$ABSDA_{i,t-1}$	−8.753	−36.16 ***	−8.180	−31.91 **
	(−0.42)	(−2.74)	(−0.38)	(−1.99)
$Readbility_{i,t-1}$	−0.225	−0.041 9	−0.222	−0.027 2
	(−1.51)	(−0.82)	(−1.46)	(−0.54)
$WCTA_{i,t-1}$	−1.544 **	−1.514 ***	−1.517 *	−1.472 ***
	(−2.00)	(−4.42)	(−1.86)	(−4.25)
$OPRA_{i,t-1}$	−0.024 1 ***	−0.015 2 ***	−0.021 4 ***	−0.011 6 ***
	(−3.75)	(−4.85)	(−3.42)	(−3.76)
$RETA_{i,t-1}$	0.093 7	−0.327	0.171	−0.200
	(0.22)	(−1.44)	(0.39)	(−0.86)
$MVELA_{i,t-1}$	0.127 **	0.055 6 **	0.108 *	0.045 8 *
	(2.20)	(2.09)	(1.75)	(1.66)
$SALETA_{i,t-1}$	−0.675	−0.020 6	−0.612	0.011 1
	(−1.57)	(−0.11)	(−1.40)	(0.06)
$lnsize_{i,t-1}$	−0.233	−0.223 *	−0.457	−0.387 ***
	(−0.75)	(−1.78)	(−1.41)	(−2.99)
$LERET_{i,t-1}$	−0.511	−0.420 *	−0.747	−0.630 **
	(−0.91)	(−1.67)	(−1.34)	(−2.51)
$Lsigma_{i,t-1}$	6.914 **	0.878	8.406 ***	2.102
	(2.43)	(0.61)	(2.97)	(1.47)
$LRsize_{i,t-1}$	0.194	0.106	0.399	0.303
	(0.43)	(0.44)	(0.87)	(1.22)
Constant	17.77 ***	20.23 ***	21.35 ***	24.21 ***
	(2.98)	(5.90)	(3.36)	(6.83)
Year& Ind	控制	控制	控制	控制
N	6 723	6 409	6 723	6 409
$Pseudo-R^2$	0.340 3	0.362 4	0.359 6	0.394 1

注：***、**、* 分别表示在 1%、5%、10% 的水平显著。

表5-13　　　　　　信息透明度之事务所排名影响回归结果

变量	四大	非四大	四大	非四大
$ABTone_{i,t-1}$	-52.91*** (-4.38)	-38.98*** (-10.47)		
$ABTone_{i,t-1} \times ABSDA_{i,t-1}$	55.77 (1.20)	50.15** (2.23)		
$ABTone\_F_{i,t-1}$			-61.33*** (-4.66)	-49.66*** (-12.17)
$ABTone\_F_{i,t-1} \times ABSDA_{i,t-1}$			37.42 (0.65)	45.16** (1.96)
$ABSDA_{i,t-1}$	-27.30 (-1.07)	-27.72** (-2.34)	-17.96 (-0.57)	-25.54** (-2.11)
$Readability_{i,t-1}$	-0.470** (-2.08)	-0.0475 (-1.01)	-0.416* (-1.87)	-0.0309 (-0.67)
$WCTA_{i,t-1}$	-2.737** (-2.22)	-1.466*** (-4.57)	-2.891** (-2.23)	-1.450*** (-4.48)
$OPRA_{i,t-1}$	-0.0214** (-2.33)	-0.0167*** (-5.16)	-0.0200** (-1.97)	-0.0128*** (-4.05)
$RETA_{i,t-1}$	-0.627 (-1.11)	-0.271 (-1.22)	-0.609 (-1.03)	-0.111 (-0.50)
$MVELA_{i,t-1}$	0.0146 (0.08)	0.0656** (2.51)	-0.0359 (-0.14)	0.0514* (1.94)
$SALETA_{i,t-1}$	0.554 (0.78)	-0.112 (-0.63)	0.698 (0.98)	-0.0691 (-0.39)
$lnsize_{i,t-1}$	-1.241*** (-2.72)	-0.218* (-1.80)	-1.570*** (-2.92)	-0.425*** (-3.39)
$LERET_{i,t-1}$	1.100 (1.07)	-0.492** (-2.09)	0.652 (0.64)	-0.690*** (-2.94)
$Lsigma_{i,t-1}$	-4.882 (-1.08)	2.159 (1.52)	-2.594 (-0.59)	3.440** (2.44)
$LRsize_{i,t-1}$	0.479 (0.91)	-0.128 (-0.60)	0.867 (1.42)	0.141 (0.64)
Constant	51.98*** (4.93)	24.96*** (8.48)	54.50*** (5.15)	28.64*** (9.44)
Year& Ind	控制	控制	控制	控制
N	1 144	12 301	1 144	12 301
$Pseudo-R^2$	0.5307	0.3935	0.5589	0.4255

注：***、**、*分别表示在1%、5%、10%的水平显著。

本章小结

　　本章突破前述章节分析框架，更加深入地从会计信息有偏性、管理层机会主义的视角，研究文本信息语调管理策略对财务危机预测价值的影响。以语调影响因素模型为基础，构建管理层语调管理之超额乐观语调指标，以印象管理理论为指导，研究发现，管理层在前瞻性信息陈述时，存在对语调的过度渲染行为，使研究样本的语调呈现超额乐观特征，且在不考虑其他特有机会主义动机时，超额乐观语调水平越高，企业未来发生财务危机的可能性越低。同时，为配合盈余管理机会主义行为，管理层会对文本信息语调进行向上或向下管理，从而影响语调信息的价值，因此，盈余管理会负向调节前瞻性超额乐观语调与企业财务危机预测的关系，即管理层存在为满足机会主义动机操纵管理文本信息语调之嫌。

　　严格来讲，盈余管理包括合理的信息驱动型盈余管理行为和机会主义型盈余管理，因此，"一刀切"式地以应计盈余管理作为机会主义行为的代理变量有失偏颇。鉴于此，以管理层薪酬激励契约为切入点，研究存在机会主义动机前提时，盈余管理行为如何影响前瞻性信息语调的危机预测价值。研究发现，在管理层货币化薪酬激励水平较低、股权激励水平较低，在职消费水平更高时，管理层机会主义动机更强，此时，盈余管理对前瞻性信息超额乐观语调的财务危机预测价值的负向调节作用更显著。此外，以分析师关注度和会计师事务所排名为信息透明度的代理变量，研究发现，在信息透明度低，信息不对称程度较高，即管理层存在实施机会主义行为空间时，盈余管理在前瞻性信息超额乐观语调与财务危机预测二者关系间所发挥的调节影响效应更强。

第六章 研究结论与展望

第一节 研究结论与政策建议

一、研究结论

资本市场中股价崩盘、债券违约等频繁爆发的信用风险事件，严重损害了投资者的利益。投资者传统的认知模式例如"隐性担保""政府兜底""刚性兑换"等认知受到了极大挑战。现实境况迫使投资者需要获取更多的信息进行风险预判和危机预测。会计作为一门信息系统，成为投资者重要的信息来源，但已有的研究体系着重分析会计数字信息，对文本信息的关注较少。自然语言处理技术的进步使得文本信息大样本研究成为当下的热点。那么，不同于数字信息，会计文本信息能否帮助投资者提升风险预判能力呢？鉴于此，本书研究年报中前瞻性文本信息的语调特征对企业财务危机预测的价值贡献。首先，本书基于信号传递和言语有效的视角，研究 MD&A 前瞻性信息中管理层语调是否与企业未来发生财务危机显著相关，是否能够提升财务危机的预测能力。其次，作为一种信息披露，前瞻性信息中管理层语调提升财务危机预测能力的作用机制是什么？语调信息是否能够有效地缓解信息不对称，提升投资者的判断力？在不同的信息约束环境中价值体现如何？最后，突破原有的分析框架，管理层作为信息披露主体，拥有信息优势，掌握着信息披露主动权，会对文本信息操纵，因此，管理层自利动机下的语调管理策略会如何影响前瞻性文本信息在财务危机预测中的有用性呢？针对上述问题，本书以 2007~2017 年 A 股上市公司为研究样本，以企业被 ST 和获得持续经营审计意见作为企业财务危机的界定标准；在梳理总结现有研究文献的基础上，借鉴已有研究，通过翻译国外的 LM 情感词典、参考常用中文情感词典以及手工翻阅年报三种方式，构建文本分析"词袋"，计算前瞻性文本信息语调衡量指标：反映总体语调特征的管理层净乐观语调和反映具体语调类型的乐观语调和悲观语调；并以委托代理、信息不对称、信号传递等基础理论为指导，构建前瞻性文本信息中管理层语调与企业财务危机预测的逻辑关联，利用实证模型对上述问题进行检验。获得的研究结论如下。

第一，借鉴薛爽等（2010）的研究，定义前瞻性信息在财务危机预测中能够发挥作用的标准：与未来财务危机发生概率相关或能够提升预测准确性（ROC 曲线面积 AUC 值）。基于风险模型，采用最大似然估计法，将其作为一个离散的 logistic 模型进行估计，回归时所有自变量均滞后一期。研究发现：（1）前瞻性文本信息的整体语言基调管理层净乐观语调与企业未来发生财务危机的概率显著负相关，且能够提升财务危机预测准确率。该结果在控制内生性、考虑公司治理遗漏变量、改变管理层净乐观语调计量、改变财务危机界定标准、变量行业均值调整等系列内生性和稳健性检验之后依然成立。（2）进一步，具体语调类型的研究结果表明，前瞻性文本信息的负面悲观语调与企业未来发生财务危机概率显著正相关，且能够提升危机预测准确率，而正面乐观语调并没有显著联系。（3）不同于风险模型，通过 PSM 方法将财务危机企业与健康企业配对，构建新的研究样本，检验管理层净乐观语调对财务危机预测的作用时间，研究发现，前瞻性文本信息中管理层净乐观语调与财务危机发生概率在滞后三年的预测期内均显著相关，但预测准确率随着财务危机发生时间的临近不断提高。（4）从投资者市场反应的角度，对前瞻性信息中管理层语调是否包含危机预测信息进行检验。在进一步控制审计意见等反映危机信息的竞争性信息源后，研究发现，管理层净乐观语调、负面语调与短期市场反应及长期市场反应均显著正相关。该结果说明投资者能够认知前瞻性信息中的语调信息，而负面语调信息的接收更为敏感。

第二，借鉴已有研究，（1）采用中介效应检验方法，以分析师盈余预测偏差作为信息不对称的代理变量，以企业未来三年 ROA 波动作为投资者对企业未来经营情况的感知和理解，研究发现，上述中介变量在管理层语调与财务危机预测间发挥部分中介效应，即前瞻性信息中管理层语调能够降低信息不对称，增强投资者对企业未来经营情况的判断，从而提升财务危机预测能力。（2）采用分组检验的方法，从信息环境调节的视角间接寻找管理层语调对信息环境的改变进而对财务危机预测的影响，结果显示：在外部分析师关注度低、机构投资者持股比例低，即外部信息环境较差时，前瞻性信息总体语言基调管理净乐观语调、具体语调类型负面悲观语调与企业未来发生财务危机概率的相关性更强，且对财务危机预测准确率的提升显著高于外部分析师关注高、机构投资者持股比例高，即外部信息环境较好时。改变管理层净乐观语调计量以及对语调进行行业均值调整重新进行分组回归，结论依然成立。(3) 进一步，从制度本源的视角研究其他治理机制的潜在影响。考虑媒体报道对信息传递效率的影响，研究发现，在分析师关注度低或机构投资者持股比例低时，媒体报道能够促进前瞻性信息中管理层语调更好地发挥预测价值；从宏观制度层面，研究发现，在市场化进程较慢的环境中，前瞻性信息中管理层语调对财务危机预测的价值贡献最高。(4) 与前面外部信息环境不同，内部控制质量是企业内部更加本源的制度，研究发现，在内部控制质量低时，前瞻性文本信息中管理层净乐观语调和悲观语调与企业未来发生财务危机概率的相关性更强，且财务危机预测准确率的提升度更高。

  第三，与前述分析框架不同，进一步基于会计信息有偏性考虑管理层语调管理策略对语调信息披露进而对财务危机预测的影响。借鉴已有研究构建管理层语调影响因素模型，计算文本信息语调管理指标。研究发现：(1) 管理层在前瞻性信息传递时存在印象管理行为，表现为超额乐观语调，且超额乐观程度越高，未来发生财务危机的概率越低。(2) 从文本信息操纵与数字信息操纵相互配合的视角，发现管理层盈余管理机会主义行为会削弱超额乐观语调与企业发生财务危机概率的相关性。上述结果在考虑管理层过度乐观特征及进行系列内生性和稳健性检验后依然成立。(3) 基于舞弊三角理论，机会主义行为的实施需要自利动机的推动以及行为环境的许可，进一步从薪酬契约激励的视角研究发现在管理层货币化薪酬激励水平较低、股权激励水平较低，在职消费水平更高时，管理层机会主义动机更强，此时机会主义盈余管理对管理层语调在财务危机预测中有用性的负向影响更强；信息透明度低，信息不对称程度较高，监督环境薄弱为管理层实施机会主义行为创造了空间，盈余管理在前瞻性信息超额乐观语调与财务危机预测二者关系间发挥的调节影响效应更强。

二、政策建议

本书肯定了年报前瞻性文本信息中管理层语调对企业财务危机预测的价值，有着重要的实践意义和现实启示。基于该研究结论，本书从信息使用（投资者）、信息供给方（企业）、信息监管方（监管机构）三个层面进行相关政策建议的阐述。

第一，投资者及其他外部利益相关者应充分重视文本信息的使用价值。本书的研究结论为投资者及其他外部利益相关者扩充信息来源渠道提供了经验证据。(1) 投资者应提高自我意识，改变传统的仅关注会计数字信息的习惯，重视企业文本信息披露，不仅要捕捉文本信息内容，也要深入挖掘语调等基本语言特征蕴含的内在信息。投资者应充分利用多种信息形式，不同信息相互佐证，提升决策的科学性和合理性，增加预判准确率，降低决策失误风险，避免潜在损失。(2) 当外部信息环境较差时，信息源较为稀缺时，文本信息的信息价值边际贡献更高，此时，投资者更应该提高思想意识，充分重视文本信息源的使用；反之，当外部信息环境较好，信息中介组织发育成熟完善，投资者应重视中介结构对文本信息的解析，挖掘利用有用的信息。(3) 投资者应警惕注意管理层机会主义行为对文本信息有效性的损害，增强辨析信息"真伪"的能力，注重对公司信息的全面解读，尤其是在管理层特有动机较强、信息透明度较低时，文本信息干扰迷惑投资者决策的概率可能更高。

第二，管理层应积极利用文本信息传递渠道，传递有价值信号。本书的研究结论支持年报文本信息是管理层重要的信息传递机制之一。(1) 公司管理层可通过加强文本信息披露，将文本信息传递路径发展成为企业自身区别于其他企业的一种重要信号，增加信息的对称性，获得投资者的认可，以获取更多的市场资源，降低企业风险，提升自身可持续发展的能力。(2) 虽然管理层掌握着信息披露的主动权，且为配合机会主义行为，在激励动机和行为空间许可的范围内能够对文本信息包括其语调特征进行操纵粉饰，但管理层应该充分认识到不断累积的信息操纵行为可能会使企业失去投资者的拥护，失去获取资源的能力，增加企业失败破产的风险。

第三，监管层应加强对文本信息披露的监管，促进文本信息在风险预警中更好地发挥作用。本书研究结论表明，MD&A 前瞻性信息并非只是模板式披露，而是具有增量信息价值，有助于企业财务危机预测。（1）监管层应从准则制定层面规范 MD&A 文本信息的披露格式和披露内容、规范语言语调的使用。在强制性信息披露部分，细化文本信息内容和呈现格式的披露规则，在语言使用方面避免模糊性词汇的使用，鼓励应有的正负面语调词汇的出现，鼓励管理层传递语调信息。在自愿性信息披露部分，管理层应增加原则导向，提升管理层的主动披露意愿和鼓励情感色彩词汇的使用。（2）监管层可从准则制定层面适当提升文本信息的披露比例，以增加对数字信息的解释和补充力度，尤其是鼓励提升前瞻性文本信息的披露比例，以增加会计信息的预测价值。（3）监管层可以引入第三方鉴证增强 MD&A 信息披露的可靠性和有用性。现有的审计准则规定，审计师对 MD&A 文本信息只有审阅职责，该类信息的披露质量并不影响审计意见类型。因此，可以考虑将文本信息披露质量纳入鉴证范畴，通过专业审计师的鉴证来进一步保证 MD&A 文本信息的可靠性和有用性，可以采用试点和逐步推进的方式，鼓励高风险行业，公司特有事件下，引入 CPA 对文本信息进行评价鉴证。（4）监管层应从法律层面明确文本信息披露主体的责任，加大对操纵信息披露行为的惩罚力度，同时，当信息披露主体存在自愿性信息披露行为时，可从法律层面降低因信息披露不一致性给披露主体带来的诉讼责任。（5）监管层应顺应市场发展，鼓励公司在前瞻性信息披露部分增加特有需求信息的披露，例如，违约、股权质押等潜在风险信息，增加文本信息的预测价值。（6）监管部门应当积极引导投资者关注 MD&A 文本信息，包括前瞻性信息。目前，已有的财务危机预测模型主要依赖财务报表等硬信息，对公司未来发展前景等叙述性文本信息关注较少。显然，该类信息具有增量信息价值，可以帮助投资者更好地风险预判，尤其是在公司外部信息质量较差的条件下，该类信息的价值更大。因此，监管部门可以通过政策指引，媒体宣传等手段引导投资者关注文本信息，促进资本市场对该类信息的解读吸收。（7）监管层应进一步推广促进信息中介组织的发育，加强引导信息中介组织对文本信息的深入解析。本书研究结论表明，在外部信息环境较好时，文本信息对危机预测的边际贡献较弱，这一结论从侧面说明了信息中介组织在信息源提供方面的替代性作用，信息中介组织的发展完善能够有效地缓解信息不对称，提升信息使用效率。此外，书中结论还表明，在公司内部控制水平较高时，文本信息的边际贡献价值同样较弱，该结论也表明，良好的公司内部治理机制和较高的内部控水平能够全面提升投资者和管理层的信息不对称，增加扩充有效的信息源和提升信息透明度。因此，持续推进公司内部治理机制的完善，提升内部控制水平应是监管层始终倡导的方向，也是企业获得投资者认可、增强竞争力的重要路径。

第二节 研究不足与研究展望

一、研究不足与局限性

本书综合管理者理性和机会主义非理性的视角较为全面地研究了年报中前瞻性文本信息的语调特征对财务危机的预测价值，得到了一些可靠且有价值的研究结论，但由于研究时间和自身能力的限制，本书尚存在以下需未来研究弥补完善的不足与局限性之处。

第一，管理层语调的计量没有充分考虑汉语言文字的排序逻辑问题。本书借鉴现有的研究，采用"词袋法"，构建汉语言情感词典计算前瞻性文本信息的语调值，并在稳健性检验部分基于现有语义平台，采用机器学习法进行稳健性检验。但由于汉语言文字的博大精深，同样的文字不同的排序可能传递不同的情感与语义。简单地以"词袋"进行衡量，对语言文字的挖掘有限，可能并没有体现背后真正的情感色彩，衡量存在误差，从而影响研究结论的稳健性。此外，本书的研究与谢德仁和林乐（2015）等诸多学者的研究一致，并没有考虑否定词汇和肯定词汇结合，以及否定之否定即肯定等汉语言文字的表述习惯，该不足也可能影响管理层语调衡量的准确性，进而造成研究结论有失偏颇。

第二，研究方法上，本书选用的危机预测方法和预测精确度的衡量简单易行，但也容易受到质疑。书中采用数学统计模型中的风险模型变形为Logistic模型进行实证检验，采用ROC曲线的面积衡量预测精确度，以上操作的最大优点是简单易行，准确率也较高，但新兴的神经网络、支持向量机、决策树等方法似乎更容易受到人们的青睐，换言之，学者们对传统的数学模型统计预测与人工智能预测孰优孰劣一直存在争议。因此，学界对危机预测方法的争议可能削弱本书研究结果的信服力。

第三，本书中缺少对文本信息语调与其他语言特征及内容信息交互影响的研究。本书聚焦研究文本信息管理语调的危机预测价值，在进行预测时将文本信息可读性作为控制变量引入。事实上，文本信息语言特征及内容信息之间可能存在相互影响的关系。从信息操纵的视角，管理层可能采用复杂而积极的语调去掩盖某特有动机，也可能通过增加提升语调的乐观度去吸引投资者或分析师的关注，避免其对风险等负面信息的关注。囿于研究篇幅，本书对此话题并未涉猎。

二、研究展望

鉴于书中的研究不足或局限性，未来可展开的研究方向如下。

第一，考虑汉语言文字的逻辑排序，进一步提升"词袋"法衡量的科学性。王克敏等（2018）在最新的研究中，采用文本逆接成分密度指标，即文本中表示转折含义的词语词频来表示文本逻辑关系的复杂性，借鉴该思路，本书未来也可以从情感词语连接的角度进一步考虑词语排序对文本语言基调的影响。

第二，未来可采用多种危机预测方法，对前瞻性信息中管理层语调的危机预测价值进行深入比较研究，以进一步肯定文本信息的使用价值。此外，本书在研究时剔除了金融行业的样本，但该行业恰恰是宏观经济运行中容易引发系统性风险的行业，那么，对于金融行业，年报情感语调能否是危机预测的有效代理变量呢，未来可采用不同的危机预测方法展开研究。

第三，未来可对文本信息语言特征与内容信息之间的交互影响进行深入研究。本书从文本信息和数字信息操纵配合的视角，研究了管理层自利动机下盈余管理机会主义行为对文本语调的影响，进而对财务危机预测的影响。但文本信息语言的复杂性使得在其内部存在着语言特征之间、语言特征与内容信息之间替代操纵的形式，该行为对文本信息的使用价值影响如何，投资者的市场反应如何，这些话题都有待进一步研究。

第四，本书在进行危机预测时考虑了公司治理特征、考虑了管理层乐观特性，稳健性检验时进行了行业均值调整，即本书较为全面地考虑了行业层面、公司层面的影响因素，但从宏观层面来看，经济周期、经济政策波动也是财务危机的重要影响因素。本书的时间跨度较长，2007~2017年，那么，在较长的时间跨度内，经济环境及经济政策都有较大变动，如此背景下，文本信息语言基调对危机预测的贡献价值又该如何变动呢？未来可从该视角展开深入分析。

参考文献

[1] 巴曙松，王超. 分析师对业绩披露信息含量及其市场定价效率的影响 [J]. 金融论坛, 2018, 23 (10): 3 - 17 + 53.

[2] 白俊, 连立帅. 国企过度投资溯因：政府干预抑或管理层自利？[J]. 会计研究, 2014 (2): 41 - 48 + 95.

[3] 白旻, 王仁祥. 股价崩盘风险、信息环境与企业现金调整 [J]. 审计与经济研究, 2018, 33 (5): 118 - 127.

[4] 薄仙慧, 吴联生. 国有控股与机构投资者的治理效应：盈余管理视角 [J]. 经济研究, 2009, 44 (2): 81 - 91 + 160.

[5] 鲍新中, 杨宜. 基于聚类 - 粗糙集 - 神经网络的企业财务危机预警 [J]. 系统管理学报, 2013, 22 (3): 358 - 365.

[6] 蔡宁. 信息优势、择时行为与大股东内幕交易 [J]. 金融研究, 2012 (5): 179 - 192.

[7] 蔡玉兰, 钱崇秀, 董雪杰. 财务报表信息对企业财务困境的预测能力 [J]. 预测, 2016, 35 (5): 48 - 54.

[8] 曹丰, 鲁冰, 李争光, 徐凯. 机构投资者降低了股价崩盘风险吗？[J]. 会计研究, 2015 (11): 55 - 61 + 97.

[9] 曾庆生, 周波, 张程, 陈信元. 年报语调与内部人交易："表里如一"还是"口是心非"？[J]. 管理世界, 2018, 34 (9): 143 - 160.

[10] 陈冬华, 陈信元, 万华林. 国有企业中的薪酬管制与在职消费 [J]. 经济研究, 2005 (2): 92 - 101.

[11] 陈国辉, 伊闽南. CEO 权力强度、内部控制与创业板上市公司盈利预测质量 [J]. 审计与经济研究, 2018, 33 (5): 46 - 54.

[12] 陈收, 赖柏纯, 杨宽. 基于信息披露质量的财务预警研究 [J]. 经济与管理研究, 2015, 36 (8): 122 - 129.

[13] 陈霄,叶德珠,邓洁.借款描述的可读性能够提高网络借款成功率吗[J].中国工业经济,2018(3):174-192.

[14] 陈怡秀,孙世敏,屠立鹤.在职消费经济效应的影响因素——基于高管异质性视角的研究[J].经济管理,2017,39(5):85-100.

[15] 陈艺云,贺建风,覃福东.基于中文年报管理层讨论与分析文本特征的上市公司财务困境预测研究[J].预测,2018,37(4):53-59.

[16] 陈玥,江轩宇.会计信息可比性能够降低审计收费吗?——基于信息环境与代理问题的双重分析[J].审计研究,2017(2):89-97.

[17] 程博,潘飞.语言多样性、信息获取与分析师盈余预测质量[J].管理科学学报,2017,20(4):50-70.

[18] 程新生,刘建梅,程悦.相得益彰抑或掩人耳目:盈余操纵与 MD&A 中非财务信息披露[J].会计研究,2015(8):11-18+96.

[19] 程新生,谭有超,程昱.前瞻性信息缓解了信息不对称吗?[J].财经研究,2013,39(3):42-52+63.

[20] 程新生,谭有超,刘建梅.非财务信息、外部融资与投资效率——基于外部制度约束的研究[J].管理世界,2012(7):137-150+188.

[21] 程新生,熊凌云,彭涛.信息披露行为差异的经济后果——基于市场反应、股票交易量及股票收益波动性实证研究[J].系统工程,2015,33(10):98-107.

[22] 仇莹,张志宏.存货异常增加与盈利预测相关性研究——基于"管理层讨论与分析"存货信息披露[J].湖南师范大学社会科学学报,2016,45(4):110-116.

[23] 崔学刚,王立彦,许红.企业增长与财务危机关系研究——基于电信与计算机行业上市公司的实证证据[J].会计研究,2007(12):55-62+97.

[24] 邓晓岚,陈朝晖.公司治理对财务困境影响的分析[J].华中科技大学学报(社会科学版),2007(1):24-28.

[25] 邓晓岚,王宗军.股票市场表现、宏观经济环境与公司财务困境[J].重庆大学学报(社会科学版),2008(4):39-44.

[26] 范经华,张雅曼,刘启亮.内部控制、审计师行业专长、应计与真实盈余管理[J].会计研究,2013(4):81-88+96.

[27] 方军雄.市场化进程与资本配置效率的改善[J].经济研究,2006

(5): 50-61.

[28] 符刚, 曾萍, 陈冠林. 经济新常态下企业财务危机预警实证研究 [J]. 财经科学, 2016 (9): 88-99.

[29] 傅传锐, 王美玲. 智力资本自愿信息披露、企业生命周期与权益资本成本——来自我国高科技 A 股上市公司的经验证据 [J]. 经济管理, 2018, 40 (4): 170-186.

[30] 葛新旗, 周虹. 粗集-遗传支持向量机在制造业上市公司财务危机预警中的应用 [J]. 商业研究, 2015 (6): 104-113.

[31] 龚小凤. 基于 BP 神经网络的企业财务危机预警变量改进探索 [J]. 财经问题研究, 2012 (12): 111-116.

[32] 郭阳生, 沈烈, 郭枚香. 沪港通改善了上市公司信息环境吗?——基于分析师关注度的视角 [J]. 证券市场导报, 2018 (10): 35-43+50.

[33] 韩立岩, 李慧. CEO 权力与财务危机——中国上市公司的经验证据 [J]. 金融研究, 2009 (1): 179-193.

[34] 韩云. 代理问题、机构投资者监督与公司价值 [J]. 经济管理, 2017, 39 (10): 173-191.

[35] 郝项超, 苏之翔. 重大风险提示可以降低 IPO 抑价吗?——基于文本分析法的经验证据 [J]. 财经研究, 2014, 40 (5): 42-53.

[36] 郝颖, 刘星, 林朝南. 我国上市公司高管人员过度自信与投资决策的实证研究 [J]. 中国管理科学, 2005 (5): 144-150.

[37] 郝颖, 谢光华, 石锐. 外部监管、在职消费与企业绩效 [J]. 会计研究, 2018 (8): 42-48.

[38] 侯晓红, 姜蕴芝. 不同公司治理强度下的股权激励与真实盈余管理——兼论市场化进程的保护作用 [J]. 经济与管理, 2015, 29 (1): 66-73.

[39] 胡军, 王甄, 陶莹, 邹隽奇. 微博、信息披露与分析师盈余预测 [J]. 财经研究, 2016, 42 (5): 66-76.

[40] 胡明霞, 干胜道. 生命周期效应、CEO 权力与内部控制质量——基于家族上市公司的经验证据 [J]. 会计研究, 2018 (3): 64-70.

[41] 胡延杰, 夏国平. BP 神经网络财务危机预警实证研究 [J]. 北京航空航天大学学报 (社会科学版), 2009, 22 (4): 18-21.

[42] 胡元木,谭有超.非财务信息披露:文献综述以及未来展望[J].会计研究,2013(3):20-26+95.

[43] 黄俊,郭照蕊.新闻媒体报道与资本市场定价效率——基于股价同步性的分析[J].管理世界,2014(5):121-130.

[44] 黄善东,杨淑娥.公司治理与财务困境预测[J].预测,2007(2):63-67.

[45] 季伟伟,陈志斌.货币政策的扩张效应与企业财务风险[J].当代经济研究,2014(10):71-78.

[46] 江炎骏,徐勇,刘得格,周美华.企业社会责任信息披露的市场反应——基于我国上市公司发布社会责任报告的事件研究[J].经济与管理研究,2011(8):123-128.

[47] 姜付秀,黄继承.CEO财务经历与资本结构决策[J].会计研究,2013(5):27-34+95.

[48] 姜付秀,张敏,陆正飞,陈才东.管理者过度自信、企业扩张与财务困境[J].经济研究,2009,44(1):131-143.

[49] 蒋红芸,李岩琼,王雄元.年报风险信息披露与分析师跟随[J].财经论丛,2018(12):65-73.

[50] 蒋红芸,王雄元.内部控制信息披露与股价崩盘风险[J].中南财经政法大学学报,2018(3):23-32+158-159.

[51] 蒋艳辉,冯楚建.MD&A语言特征、管理层预期与未来财务业绩——来自中国创业板上市公司的经验证据[J].中国软科学,2014(11):115-130.

[52] 孔东民,刘莎莎,陈小林,邢精平.个体沟通、交易行为与信息优势:基于共同基金访问的证据[J].经济研究,2015,50(11):106-119+182.

[53] 黎文靖,池勤伟.高管职务消费对企业业绩影响机理研究——基于产权性质的视角[J].中国工业经济,2015(4):122-134.

[54] 李秉成,粟烨.动态货币政策、投资水平与企业价值波动[J].财经论丛,2016(8):67-75.

[55] 李秉成,祝正芳.我国货币政策对企业财务困境的影响研究[J].中南财经政法大学学报,2013(5):95-101.

[56] 李秉成.企业财务困境形成过程研究[J].当代财经,2004(1):

109-112.

[57] 李秉成. 企业财务困境研究——上市公司财务困境实证分析 [M]. 北京：中国财政经济出版社, 2004.

[58] 李秉祥. 我国上市公司财务危机预警与管理对策研究 [M]. 天津：天津社会科学出版社, 2003.

[59] 李常青, 李锋森. 美国"管理层讨论与分析"的审计制度及对我国的借鉴 [J]. 审计研究, 2006 (1)：93-96.

[60] 李春涛, 赵一, 徐欣, 李青原. 按下葫芦浮起瓢：分析师跟踪与盈余管理途径选择 [J]. 金融研究, 2016 (4)：144-157.

[61] 李锋森, 李常青. 上市公司"管理层讨论与分析"的有用性研究 [J]. 证券市场导报, 2008 (12)：67-73.

[62] 李欢, 罗婷. 管理层业绩预测的机会主义行为——来自高管股票交易的证据 [J]. 南开管理评论, 2016, 19 (4)：63-74.

[63] 李慧云, 刘镝. 市场化进程、自愿性信息披露和权益资本成本 [J]. 会计研究, 2016 (1)：71-78+96.

[64] 李慧云, 张林, 张玥. MD&A 信息披露、财务绩效与市场反应——来自中国沪市的经验证据 [J]. 北京理工大学学报（社会科学版）, 2015, 17 (1)：89-96.

[65] 李莉, 曲晓辉, 肖虹. R&D 支出资本化：真实信号传递或盈余管理？[J]. 审计与经济研究, 2013, 28 (1)：60-69.

[66] 李培功, 沈艺峰. 经理薪酬、轰动报道与媒体的公司治理作用 [J]. 管理科学学报, 2013, 16 (10)：63-80.

[67] 李晓玲, 牛杰. 财务重述的市场反应研究——来自中国上市公司的经验证据 [J]. 财贸经济, 2011 (12)：69-74.

[68] 李延喜, 包世泽, 高锐, 孔宪京. 薪酬激励、董事会监管与上市公司盈余管理 [J]. 南开管理评论, 2007 (6)：55-61.

[69] 李远慧, 李晓. 内部控制审计、内部控制缺陷与真实盈余管理——来自中国 A 股市场的证据 [J]. 东南大学学报（哲学社会科学版）, 2018, 20 (4)：47-55+146-147.

[70] 连军. 政治联系、市场化进程与权益资本成本——来自中国民营上市公司的经验证据 [J]. 经济与管理研究, 2012 (2)：32-39.

[71] 梁琪, 郝项超. 最终控制人所有权和控制权对企业财务失败预警的影

响——配对方法与嵌套模型的应用［J］. 金融研究, 2009 (1)：107 - 121.

［72］梁上坤, 陈冬华. 业绩波动性与高管薪酬契约选择——来自中国上市公司的经验证据［J］. 金融研究, 2014 (1)：167 - 179.

［73］梁上坤. 媒体关注、信息环境与公司费用粘性［J］. 中国工业经济, 2017 (2)：154 - 173.

［74］林乐, 谢德仁. 分析师荐股更新利用管理层语调吗？——基于业绩说明会的文本分析［J］. 管理世界, 2017 (11)：125 - 145 + 188.

［75］林乐, 谢德仁. 投资者会听话听音吗？——基于管理层语调视角的实证研究［J］. 财经研究, 2016, 42 (7)：28 - 39.

［76］刘柏, 王一博. 管理者过度自信、流动性风险与企业债务期限结构研究——基于中国上市公司的微观视角［J］. 武汉大学学报（哲学社会科学版）, 2017, 70 (4)：91 - 102.

［77］刘斌, 刘星, 李世新, 何顺文. CEO 薪酬与企业业绩互动效应的实证检验［J］. 会计研究, 2003 (3)：35 - 39 + 65.

［78］刘红梅, 刘琛, 王克强. 内部控制缺陷、外部审计意见与真实盈余管理——基于新三板公司的实证研究［J］. 财经论丛, 2018 (7)：80 - 87.

［79］刘彦文, 戴红军. 基于粗糙集——神经网络的财务危机预警模型实证研究［J］. 科研管理, 2007 (6)：138 - 142.

［80］刘逸爽, 陈艺云. 管理层语调与上市公司信用风险预警——基于公司年报文本内容分析的研究［J］. 金融经济学研究, 2018, 33 (4)：46 - 54.

［81］龙立, 龚光明. 投资者情绪与上市公司自愿性信息披露迎合策略——基于业绩快报行为的实证检验［J］. 中南财经政法大学学报, 2017 (5)：96 - 104.

［82］龙小海, 田存志, 段万春. 委托代理：经营者行为、会计信息鉴证和投资者［J］. 经济研究, 2009, 44 (9)：140 - 151.

［83］卢闯, 陈玲. 盈余质量与债务代理成本——兼论会计信息的公司治理作用［J］. 中央财经大学学报, 2011 (9)：87 - 91.

［84］卢锐, 柳建华, 许宁. 内部控制、产权与高管薪酬业绩敏感性［J］. 会计研究, 2011 (10)：42 - 48 + 96.

[85] 路军伟, 韩菲, 石昕. 高管薪酬激励、管理层持股与盈余管理偏好——基于对盈余管理方式的全景式考察 [J]. 山西财经大学学报, 2015, 37 (11): 89 - 103.

[86] 吕峻, 李梓房. 宏观经济因素对企业财务危机影响的实证分析 [J]. 山西财经大学学报, 2008 (11): 94 - 100.

[87] 吕敏康, 陈晓萍. 分析师关注、媒体报道与股价信息含量 [J]. 厦门大学学报 (哲学社会科学版), 2018 (2): 75 - 84.

[88] 吕伟, 许培, 茅艳秋. 会计选择、鉴证质量与分析师预测效率 [J]. 财经问题研究, 2016 (1): 93 - 99.

[89] 吕长江, 周现华. 上市公司财务困境预测方法的比较研究 [J]. 吉林大学社会科学学报, 2005 (6): 99 - 109.

[90] 马春爱, 易彩. 管理者过度自信对财务弹性的影响研究 [J]. 会计研究, 2017 (7): 75 - 81 + 97.

[91] 孟庆斌, 杨俊华, 鲁冰. 管理层讨论与分析披露的信息含量与股价崩盘风险——基于文本向量化方法的研究 [J]. 中国工业经济, 2017 (12): 132 - 150.

[92] 潘琰, 辛清泉. 所有权、公司治理结构与会计信息质量——基于契约理论的现实思考 [J]. 会计研究, 2004 (4): 19 - 23.

[93] 潘镇, 戴星星, 李健. 政治基因、市场化进程与企业创新的可持续性 [J]. 广东财经大学学报, 2017, 32 (4): 24 - 31 + 57.

[94] 钱爱民, 张淑君, 程幸. 基于自由现金流量的财务预警指标体系的构建与检验——来自中国机械制造业 A 股上市公司的经验数据 [J]. 中国软科学, 2008 (9): 148 - 155.

[95] 钱忠华. 公司治理与企业财务困境——基于股权结构角度的实证分析 [J]. 经济与管理研究, 2009 (5): 80 - 86.

[96] 乔虹. 企业社会责任报告择时披露研究 [J]. 财经问题研究, 2017 (4): 75 - 81.

[97] 丘心颖, 郑小翠, 邓可斌. 分析师能有效发挥专业解读信息的作用吗? ——基于汉字年报复杂性指标的研究 [J]. 经济学 (季刊), 2016, 15 (4): 1483 - 1506.

[98] 邱玉莲, 朱琴. 基于支持向量机的财务预警方法 [J]. 统计与决策, 2006 (16): 153 - 155.

[99] 曲晓辉，毕超．会计信息与分析师的信息解释行为［J］．会计研究，2016（4）：19－26＋95．

[100] 屈依娜，陈汉文．现金股利政策、内部控制与市场反应［J］．金融研究，2018（5）：191－206．

[101] 邵剑兵，陈永恒．公司战略、避税行为与盈余管理［J］．经济与管理评论，2018，34（6）：60－72．

[102] 施先旺，胡沁，徐芳婷．市场化进程、会计信息质量与股价崩盘风险［J］．中南财经政法大学学报，2014（4）：80－87＋96．

[103] 宋彪，朱建明，李煦．基于大数据的企业财务预警研究［J］．中央财经大学学报，2015（6）：55－64．

[104] 宋鹏，梁吉业，曹付元．基于邻域粗糙集的企业财务危机预警指标选择［J］．经济管理，2009，31（8）：130－135．

[105] 孙光国，杨金凤．机构投资者持股能提高会计信息可比性吗？［J］．财经论丛，2017（8）：65－74．

[106] 孙蔓莉．论上市公司信息披露中的印象管理行为［J］．会计研究，2004（3）：40－45．

[107] 覃予，靳毓．经济波动、薪酬外部公平性与公司业绩［J］．中南财经政法大学学报，2015（3）：94－102＋160．

[108] 唐松，孙铮．政治关联、高管薪酬与企业未来经营绩效［J］．管理世界，2014（5）：93－105＋187－188．

[109] 田宝新，王建琼．基于财务与非财务要素的上市公司财务困境预警实证研究［J］．金融评论，2017，9（5）：103－115＋126．

[110] 万寿义，刘正阳．制度安排、环境信息披露与市场反应——基于监管机构相关规定颁布的经验研究［J］．理论学刊，2011（11）：44－48．

[111] 汪炜，袁东任．盈余质量对自愿性信息披露的影响及作用机理［J］．统计研究，2014，31（4）：89－96．

[112] 王冰洁，刘振涛．信息披露对权益资本成本的影响——基于管理层预测消息类型的实证研究［J］．山西财经大学学报，2017，39（7）：110－124．

[113] 王东清，李静．市场化程度、超额在职消费与盈余管理［J］．中南大学学报（社会科学版），2017，23（4）：119－126．

[114] 王华杰，王克敏．应计操纵与年报文本信息语气操纵研究［J］．会计

研究，2018（4）：45-51.

[115] 王惠芳. 上市公司年报信息再分类与披露管制新思路［J］. 会计研究，2009（9）：36-41.

[116] 王建玲，李玥婷，吴璇. 企业社会责任报告与债务资本成本——来自中国 A 股市场的经验证据［J］. 山西财经大学学报，2016，38（7）：113-124.

[117] 王敬勇，王源昌. 盈余管理能否增加财务危机预警的预测能力——来自中国 ST 上市公司的证据［J］. 云南师范大学学报（哲学社会科学版），2010，42（2）：133-141.

[118] 王克敏，王华杰，李栋栋，戴杏云. 年报文本信息复杂性与管理者自利——来自中国上市公司的证据［J］. 管理世界，2018，34（12）：120-132+194.

[119] 王攀娜，徐博韬. 社会责任信息、分析师关注度与公司股票流动性［J］. 财经科学，2017（6）：47-57.

[120] 王谦，时文超，西凤茹. 基于粗糙集——支持向量机的财务危机预警实证研究［J］. 统计与决策，2013（20）：156-158.

[121] 王生年，朱艳艳. 股权激励影响了资产误定价吗——基于盈余管理的中介效应检验［J］. 现代财经（天津财经大学学报），2017，37（7）：89-101.

[122] 王天奇，管新潮. 语料库语言学研究的技术拓展——《Python 文本分析：用可实现的方法挖掘数据价值》评介［J］. 外语电化教学，2017（5）：93-96.

[123] 王雄元，高曦，何捷. 年报风险信息披露与审计费用——基于文本余弦相似度视角［J］. 审计研究，2018（5）：98-104.

[124] 王雄元，高曦. 年报风险披露与权益资本成本［J］. 金融研究，2018（1）：174-190.

[125] 王雄元，李岩琼，肖忞. 年报风险信息披露有助于提高分析师预测准确度吗？［J］. 会计研究，2017（10）：37-43+96.

[126] 王秀丽，张龙天，贺晓霞. 基于合并报表与母公司报表的财务危机预警效果比较研究［J］. 会计研究，2017（6）：38-44+96.

[127] 王烨，叶玲，盛明泉. 管理层权力、机会主义动机与股权激励计划设计［J］. 会计研究，2012（10）：35-41+95.

[128] 吴芃,顾婷婷,李晓,赵书冬.盈余管理策略与财务危机的关系研究——基于持续经营审计意见和特别处理的视角[J].东南大学学报(哲学社会科学版),2017,19(2):77-91+147.

[129] 吴世农,卢贤义.我国上市公司财务困境的预测模型研究[J].经济研究,2001(6):46-55+96.

[130] 吴战篪,李晓龙.内部人抛售、信息环境与股价崩盘[J].会计研究,2015(6):48-55+97.

[131] 武晓玲,乔楠楠.企业经营活动现金流量与财务危机的关系研究——基于我国制造业上市公司的经验数据[J].山西财经大学学报,2013,35(12):113-124.

[132] 肖浩,詹雷,王征.国外会计文本信息实证研究述评与展望[J].外国经济与管理,2016,38(9):93-112.

[133] 肖浩,詹雷.新闻媒体报道、分析师行为与股价同步性[J].厦门大学学报(哲学社会科学版),2016(4):107-117.

[134] 肖土盛,宋顺林,李路.信息披露质量与股价崩盘风险:分析师预测的中介作用[J].财经研究,2017,43(2):110-121.

[135] 谢德仁,林乐.管理层语调能预示公司未来业绩吗?——基于我国上市公司年度业绩说明会的文本分析[J].会计研究,2015(2):20-27+93.

[136] 邢精平.企业财务危机中相关利益人行为研究[J].经济研究,2004(8):57-63.

[137] 许年行,于上尧,伊志宏.机构投资者羊群行为与股价崩盘风险[J].管理世界,2013(7):31-43.

[138] 许文静,苏立,吕鹏,郝洪.退市制度变革对上市公司盈余管理行为影响[J].会计研究,2018(6):32-38.

[139] 薛健,汝毅,窦超."惩一"能否"儆百"?——曝光机制对高管超额在职消费的威慑效应探究[J].会计研究,2017(5):70-76+99.

[140] 薛爽,肖泽忠,潘妙丽.管理层讨论与分析是否提供了有用信息?——基于亏损上市公司的实证探索[J].管理世界,2010(5):130-140.

[141] 闫书丽,罗爽.工业企业财务困境形成机理分析[J].经济体制改革,

2009（2）：82-85.

[142] 杨淑娥，徐伟刚. 上市公司财务预警模型——Y 分数模型的实证研究[J]. 中国软科学，2003（1）：56-60.

[143] 杨薇，徐茗丽，孔东民. 企业内部薪酬差距与盈余管理[J]. 中山大学学报（社会科学版），2019，59（1）：177-187.

[144] 杨兴全，张丽平，吴昊旻. 市场化进程、管理层权力与公司现金持有[J]. 南开管理评论，2014，17（2）：34-45.

[145] 姚颐，赵梅. 中国式风险披露、披露水平与市场反应[J]. 经济研究，2016，51（7）：158-172.

[146] 叶勇，王涵. 盈余管理对企业年度报告可读性的影响研究[J]. 四川理工学院学报（社会科学版），2018，33（6）：52-63.

[147] 张娟，黄志忠. 高管报酬、机会主义盈余管理和审计费用——基于盈余管理异质性的视角[J]. 南开管理评论，2014，17（3）：74-83+93.

[148] 张丽霞. 盈余预告信息性质、管理层时机披露策略与投资者的反应[J]. 山西财经大学学报，2016，38（9）：114-124.

[149] 张玲. 财务危机预警分析判别模型及其应用[J]. 预测，2000（6）：38-40.

[150] 张然，汪荣飞，王胜华. 分析师修正信息、基本面分析与未来股票收益[J]. 金融研究，2017（7）：156-174.

[151] 张玮倩，乔明哲. 媒体报道、薪酬辩护与盈余管理方式选择[J]. 中南财经政法大学学报，2015（5）：98-107+159-160.

[152] 张先治，刘坤鹏，李庆华. 战略偏离度、内部控制质量与财务报告可比性[J]. 审计与经济研究，2018，33（6）：35-47.

[153] 张友棠，熊毅. 内部控制、产权性质与盈余管理方式选择——基于2007~2015年A股非金融类上市公司的实证研究[J]. 审计研究，2017（3）：105-112.

[154] 赵华伟. 经理人股权激励与盈余管理[J]. 财经问题研究，2017（10）：78-84.

[155] 周冬华，梁晓琴. 客户集中度、分析师跟进与会计信息可比性[J]. 山西财经大学学报，2018，40（7）：112-124.

[156] 周仁俊，杨战兵，李礼. 管理层激励与企业经营业绩的相关性——国

有与非国有控股上市公司的比较［J］. 会计研究, 2010（12）: 69 - 75.

［157］周绍妮, 张秋生, 胡立新. 机构投资者持股能提升国企并购绩效吗？——兼论中国机构投资者的异质性［J］. 会计研究, 2017（6）: 67 - 74 + 97.

［158］朱朝晖, 包燕娜, 许文瀚. 管理层语调离差策略及其对分析师预测乐观度影响——基于A股制造业上市公司MD&A文本分析［J］. 财经论丛, 2018（2）: 39 - 46.

［159］朱朝晖, 许文瀚. 管理层语调是否配合了盈余管理行为［J］. 广东财经大学学报, 2018, 33（1）: 86 - 98.

［160］朱朝晖, 许文瀚. 上市公司年报语调操纵、非效率投资与盈余管理［J］. 审计与经济研究, 2018, 33（3）: 63 - 72.

［161］朱朝晖, 许文瀚. 上市公司业绩预告文本信息、语言特征与市场反应［J］. 浙江工商大学学报, 2018（2）: 73 - 84.

［162］Adithipyangkul, P., I. Alon, and T. Zhang. Executive perks: Comepnsation and corporate performance in China［J］. Asian Pacific Journal of manangement, 2011, 28（2）: 401 - 425.

［163］Ajina A., Laouiti M., Msolli B.. Guiding through the fog: Does annual report readability reveal earnings management?［J］. Research in International Business and Finance, 2016（38）: 509 - 516.

［164］Ajinkya, B., Bhojraj, S., Sengupta, P.. The association between outside directors, institutional investors, and the properties of management earnings forecasts［J］. Journal of Accounting Research, 2005（43）: 343 - 376.

［165］Allee K. D., Deangelis M. D.. The structure of voluntary disclosure narratives: Evidence from tone dispersion［J］. Journal of Accounting Research, 2015, 53（2）: 241 - 274.

［166］Altman, E. I.. Financial ratios, discriminant analysis and the prediction of corporate bankruptcy［J］. Journal of Finance. 1968, 23（4）: 589 - 609.

［167］Amendola A., Restaino M., Sensini L.. An analysis of the determinants of financial distress in Italy: A competing risks approach［J］. International Review of Economics & Finance, 2015 (37): 33 -41.

[168] Athanasakou V., Hussainey K.. Forward-looking performance disclosure and earnings quality [D]. Working Paper of London School of Economics and University of Stirling, 2010.

[169] Balcaen S., Ooghe H.. 35 Years of studies on business failure: An overview of the classic statistical methodologies and their related problems [J]. British Accounting Review, 2006, 38 (1): 63 -93.

[170] Barron O. E., Kile C. O., O'Keefe T. B.. MD&A quality as measured by the SEC and analysts' earnings forecasts [J]. Contemporary Accounting Research, 1999, 16 (1): 75 -109.

[171] Beaver, W. H., Cascino, S., Correia, M. M., Mcnichols, M. F.. Group affiliation and default prediction [J]. Social Science Electronic Publishing, 2016.

[172] Beaver, W. H., Correia, M. and McNichols, M.. Do differences in financial reporting attributes impair the predictive ability of financial ratios for bankruptcy? [J]. Review of Accounting Studies, 2012 (17): 969 -1010.

[173] Beaver, W. H., Mcnichols, M. F., and Rhie, J. W.. Have financial statements become less informative? Evidence from the ability of financial ratios to predict bankruptcy [J]. Review of Accounting Studies, 2005, 10 (1): 93 -122.

[174] Beaver, W. H.. Financial ratios as predictors of failure [J]. Journal of Accounting Research, 1966 (1): 71 -111.

[175] Becchetti, L., Sierra, J.. Bankruptcy risk and productive efficiency in manufacturing firms [J]. Journal of Banking and Finance, 2003 (27): 2099 -2120.

[176] Bentson G.. The self-serving management hypothesis: Some evidence [J]. Journal of Accounting and Economics, 1985 (7): 67 -84.

[177] Berle A. A., Means G. C.. Corporations and the public investor [J]. American Economic Review, 1930, 20 (1): 54 -71.

[178] Biddle, Gary, Gilles Hilary and Rodrigo Verdi, How does financial reporting quality relate to investment efficiency? [J]. Journal of Accounting and Economics, 2009 (8): 112 -131.

[179] Bochkay K., Chychyla R.. CEO ability uncertainty, career concerns and voluntary disclosure [J]. Social Science Electronic Publishing, 2016.

[180] Bochkay K., Levine C. B.. Using MD&A to improve earnings forecasts [J]. Social Science Electronic Publishing, 2013.

[181] Bodnaruk A., Loughran T., Mcdonald B.. Using 10 – K text to gauge financial constraints [J]. Journal of Financial and Quantitative Analysis, 2015, 50 (4): 623 – 646.

[182] Bonsall, S. B. and B. P. Miller. The impact of narrative disclosure readability on bond ratings and rating agency disagreement [J]. Social Science Electronic Publishing, 2014.

[183] Boone A. L., White J. T.. The effect of institutional ownership on firm transparency and information production [J]. Journal of Financial Economics, 2015.

[184] Borochin P., Yang J.. The effects of institutional investor objectives on firm valuation and governance [J]. Journal of Financial Economics, 2017, 126 (88): 171 – 199.

[185] Bryan S. H.. Incremental information content of required disclosures contained in management discussion and analysis [J]. Accounting Review, 1997, 72 (2): 285 – 301.

[186] Callahan C. M., Smith R.. Firm performance and management's discussion and analysis disclosures: An industry approach [J]. Social Science Electronic Publishing, 2004.

[187] Campbell J. L., Hye Seung "Grace" Lee, Hsin-min Lu, et al.. Express yourself: Why managers' disclosure tone varies across time and what investors learn from it [J]. Contemporary Accounting Research, 2019.

[188] Campbell J. Y., Hilscher J., Szilagyi J.. Predicting financial distress and the performance of distressed stocks [J]. Social Science Electronic Publishing, 2011 (9): 3.

[189] Chakrabarty B., Seetharaman A., Swanson Z. L., et al.. Management risk incentives and the readability of corporate disclosures [J]. SSRN Electronic Journal, 2014.

[190] Charalambakis E. C., Garrett I.. On the prediction of financial distress in

developed and emerging markets: Does the choice of accounting and market information matter? A comparison of UK and Indian Firms [J]. Review of Quantitative Finance & Accounting, 2016, 47 (1): 1 – 28.

[191] Cheng Q., Cho Y. J., Yang H.. Financial reporting changes and the internal information environment: Evidence from SFAS 142 [J]. Social Science Electronic Publishing, 2018, 23 (1): 347 – 383.

[192] Cheng, Q., Lo, K.. Insider trading and voluntary disclosures [J]. Journal of Accounting Research, 2006 (44): 815 – 848.

[193] Clarkson P. M., Kao J. L., Richardson G. D.. Evidence that management discussion and analysis (MD&A) is a part of a firm's overall disclosure package [J]. Contemporary Accounting Research, 1999, 16 (1): 111 – 134.

[194] Coats P. K., Fant L. F.. Recognizing financial distress patterns using a neural network tool [J]. the Journal of the Financial Management Association, 1993, 22 (3): 142 – 155.

[195] Cole C. J., Jones C. L.. The usefulness of MD&A disclosures in the retail industry [J]. Journal of Accounting Auditing & Finance, 2004, 19 (4): 361 – 388.

[196] Core J. E.. A review of the empirical disclosure literature: discussion [J]. Journal of Accounting & Economics, 2001, 31 (1): 441 – 456.

[197] Davis A. K., Piger J. M., Sedor L. M.. Beyond the numbers: Measuring the information content of earnings press release language [J]. Contemporary Accounting Research, 2012, 29 (3).

[198] Demers, E., and C. Vega. Understanding the role of managerial textual content in the price formation process [J]. Working Paper, 2013.

[199] Dyck A., Morse A., Zingales L.. Who blows the whistle on corporate fraud? [J]. The Journal of Finance, 2010, 65 (6): 2213 – 2253.

[200] Fama E., French K.. Common risk factors in the returns on stocks and bonds [J]. Journal of Financial Economics, 1993 (33): 3 – 56.

[201] Feldman R., Govindaraj S., Livnat J., et al.. Management's tone change, post earnings announcement drift and accruals [J]. Review of Accounting Studies, 2010, 15 (4): 915 – 953.

[202] Feng Li. The information content of forward-looking statements in corporate filings—A naïve bayesian machine learning approach [J]. Journal of Accounting Research, 2010, 48 (5): 1049 – 1102.

[203] Filzen J. J., Peterson K.. Financial statement complexity and meeting analysts' expectations [J]. Contemporary Accounting Research, 2015, 32 (4): 1560 – 1594.

[204] Fitzpatrick, P.. A comparison of ratios of successful industrial enterprises with those of failed firms [J]. Certif. Public Accountant, 1932, 1 (1): 598 – 605.

[205] Francis J., Schipper K., Vincent L.. The relative and incremental explanatory power of earnings and alternative (to Earnings) performance measures for returns [J]. Contemporary Accounting Research, 2010, 20 (1): 121 – 164.

[206] Francis, R., Olsson, P. M. Schipper, K.. The market pricing of accruals quality [J]. Journal of Accounting and Economics, 2005, 39 (2): 295 – 327.

[207] Franke B.. Qualitative information and loan terms: A textual analysis [J]. Social Science Electronic Publishing, 2018.

[208] Garcia Osma B., Grandeherrera C., Guillamon Saorin E.. Optimistic disclosure tone and CEO career concerns [J]. Social Science Electronic Publishing, 2018.

[209] Graham, J., Harvey, C., Rajgopal, S.. The economic implications of corporate financial reporting [J]. Journal of Accounting and Economics., 2005 (40): 3 – 73.

[210] Gul, F. A., Chen, C. J. P., Tsui, J. S. L.. Discretionary accounting accruals, managers' incentives and audit fees [J]. Contemporary Accounting Research, 2003, 20 (3): 441 – 464.

[211] Healy, P. M., Hutton, A., Palepu, K. G.. Stock performance and intermediation changes surrounding sustained increases in disclosure [J]. Contemporary Accounting Research, 1999, 16: 485 – 520.

[212] Henry E., Leone A. J.. Measuring qualitative information in capital markets research: Comparison of alternative methodologies to measure disclo-

sure tone [J]. Accounting Review a Quarterly Journal of the American Accounting Association, 2016, 91 (1).

[213] Henry, E.. Are investors influenced by how earnings press releases are written? [J]. Journal of Business Communication, 2008, 45 (4): 363 – 407.

[214] Henry, E.. Market reaction to verbal components of earnings press releases: Event study using a predictive algorithm [J]. Journal of Emerging Technologies in Accounting, 2006 (3): 1 – 19.

[215] Hillegeist, S. A., Keating, E. K., Cram, D. P., Lundstedt, K. G.. Assessing the probability of bankruptcy [J]. Review of Accounting Studies, 2004 (9): 5 – 34.

[216] Hoberg G., Phillips G. M.. Product Market Uniqueness, Organizational form and stock market valuations [J]. Social Science Electronic Publishing.

[217] Hoberg G., Phillips G. M.. Product market synergies and competition in mergers and acquisitions: A text-based analysis [J]. Review of Financial Studies, 2010, 23 (10): 3773 – 3811.

[218] Holder-Webb, L., and J. R. Cohen. The association between disclosure, distress and failure [J]. Journal of Business Ethics, 2007 (75): 301 – 314.

[219] Hope O. K., Hu D., Lu H.. The benefits of specific risk-factor disclosures [J]. Review of Accounting Studies, 2016, 21 (4): 1005 – 1045.

[220] Jensen, M. C. and Meckling, W. H.. Theory of the firm: Mana-gerial behavior, agency costs and ownership structure [J]. Journal of Financial Economics, 1976, 3: 305 – 360.

[221] Jin-hui, Huayang, Chen. Annual report readability and corporate agency costs [J]. China Journal of Accounting Research, 2018 (3): 187 – 212.

[222] Jung M. J., Naughton J. P., Tahoun A., et al.. Do firms strategically disseminate? Evidence from corporate use of social media [J]. The Accounting Review, 2018, 93 (4): 225 – 252.

[223] Keasey, K., McGuinness, P.. The failure of UK industrial firms for the period 1976 – 1984, Logistic analysis and entropy measures [J]. Journal of Business Finance & Accounting, 1990, 17 (1): 119 – 135.

[224] Kothari S. P., Li X., Short J. E.. The effect of disclosures by management, analysts, and business press on cost of capital, return volatility, and analyst forecasts: A study using content analysis [J]. The Accounting Review, 2009, 84 (5): 1639 – 1670.

[225] Kothari, S., S. Shu, and P.. Wysocki. Do managers withhold bad news? [J]. Journal of Accounting Research, 2009 (47): 241 – 276.

[226] Kothari, S. P. and J. Short, The effect of disclosures by management, analysts, and financial press on the equity cost of capital [J]. Working Paper, Sloan School, MIT, 2003.

[227] Kravet T., Muslu V.. Textual risk disclosures and investors' risk perceptions [J]. Review of Accounting Studies, 2013, 18 (4): 1088 – 1122.

[228] Kuehn L., Schmid L.. Investment-based corporate bond pricing [J]. Journal of Finance, 2014 (6): 2741 – 2776.

[229] Lawrence, Alastair, Individual investors and financial disclosure [J]. Journal of Accounting and Economics, 2013 (56): 130 – 147

[230] Lee J., Park J.. The impact of audit committee financial expertise on management discussion and analysis (MD&A) Tone [J]. European Accounting Review, 2018.

[231] Lee J., Park J.. The impact of audit committee financial expertise on management discussion and analysis (MD&A) tone [J]. European Accounting Review, 2018 (6): 1 – 22.

[232] Lehavy, Reuven, Feng Li, and Kenneth Merkley. The effect of annual report readability on analyst following and the properties of their earnings forecasts [J]. Accounting Review, 2011, 86: 1087 – 1115.

[233] Li F., Lundholm R., Minnis M.. A measure of competition based on 10 – K filings [J]. Journal of Accounting Research, 2013, 51 (2): 399 – 436.

[234] Li F., Lundholm R., Minnis M.. The impact of perceived competition on the profitability of investments and future stockreturns [R]. Working Paper, 2010.

[235] Li F.. Annual report readability, current earnings, and earnings persistence [J]. Journal of Accounting and Economics, 2008, 45 (2 – 3): 221 – 247.

[236] Li F.. Do stock market investors understand the risk sentiment of corporate annual reports? [J]. Social Science Electronic Publishing, 2006.

[237] Li F.. Textual analysis of corporate disclosures: A survey of the literature [J]. Journal of Accounting Literature, 2010a (29): 143-165.

[238] Li F.. The information content of forward-looking statements in corporate filings-a naïve Bayesian machine learning approach [J]. Journal of Accounting Research, 2010b, 48 (5): 1049-1102.

[239] Lim K. Y., Chalmers K., Hanlon D.. The influence of business strategy on annual report readability [J]. Journal of Accounting and Public Policy, 2018.

[240] Lo K., Ramos F., Rogo R.. Earnings management and annual report readability [J]. Journal of Accounting and Economics, 2017, 63 (1): 1-25.

[241] Loughran T., Mcdonald B.. Textual analysis in accounting and finance: A survey [J]. Social Science Electronic Publishing, 2016, 54 (4): 1187-1230.

[242] Loughran T., McDonald B.. Measuring readability in financial disclosures [J]. The Journal of Finance, 2014, 69 (4): 1643-1671.

[243] Loughran, T., and B. McDonald. When is a liability not a liability? Textual analysis, dictionaries, and 10-Ks [J]. Journal of Finance, 2011, 66 (1): 35-65.

[244] Louwers T. J., Messina F. M., Richard M. D.. The auditor's going-concern disclosure as a self-fulfilling prophecy: A discrete-time survival analysis [J]. Decision Sciences, 2010, 30 (3): 805-824.

[245] Lukason O., Laitinen E. K., Suvas A.. Failure processes of young manufacturing micro firms in Europe [J]. Management Decision, 2016, 54 (8): 1966-1985.

[246] Mangen D. C.. Corporate Investments: Learning from Restatements [J]. Journal of Accounting Research, 2009, 47 (3): 679-720.

[247] Mare, D. S.. Contribution of macroeconomic factors to the prediction of small bank failures [C]. Paper presented at 4th International IFABS Conference, Valencia, Spain. 2012.

[248] Mayew W. J., Sethuraman M., Venkatachalam M.. MD&A disclosure

and the firm's ability to continue as a going concern [J]. The Accounting Review, 2015, 90 (4).

[249] Merkley K. J.. Narrative disclosure and earnings performance: Evidence from R&D disclosures. [J]. Accounting Review, 2014, 89 (2): 725 – 757.

[250] Miller, Brian, The effects of reporting complexity on small and large investor trading.

[251] Mine E., Jin L., Jiaping Q., et al.. Annual report readability, tone ambiguity and the cost of borrowing [J]. Journal of Financial and Quantitative Analysis, 2017, 52 (2): 26.

[252] Mouselli S., Jaafar A., Hussainey K.. Accruals quality vis-à-vis disclosure quality: Substitutes or complements? [J]. The British Accounting Review, 2012, 44 (1): 36 –46.

[253] Nader EI-Sayed, Hany Elbardan. Executive compensation, corporate governance and corporate performance: Evidence from the UK [J]. Journal of Organisational, 2016, 3 (2): 31 –49.

[254] Noh S., So E. C., Weber J.. Switching from voluntary to mandatory disclosure: Do managers view them as substitutes? [J]. SSRN Electronic Journal, 2017.

[255] Ohlson J. A.. Financial ratios and the probabilistic prediction of bankruptcy [J]. Journal of Accounting Research, 1980, 18 (1): 109 –131.

[256] Piotroski J. D., Roulstone D. T.. Do insider trades reflect both contrarian beliefs and superior knowledge about future cash flow realizations? [J]. Journal of Accounting and Economics, 2005, 39 (1): 10 –81.

[257] Priyank G., Tim L., Bill M. D.. Using annual report sentiment as a proxy for financial distress in U. S. Banks [J]. SSRN Electronic Journal, 2017.

[258] Rajan, R. G., and J. Wulf. Are perks purely managerial excess [J]. Journal of Financial Economisc, 2006, 79 (1): 1 –33.

[259] R. C. Lacher, P. K. Coats, S. C. Sharma, L. F. Fantc, A neural network for classifying the financial health of a firm [J]. European Journal of Operational Research, 1995 (85): 53 –65.

[260] Sigler K. J. and Haley J. P. CEO pay and company performance [J].

Managerial Finance, 1995, 21 (2): 31 - 42.

[261] Smith C. W. and Watts R. L.. The investment opportunity set and corporate financing, dividend and compensation policies [J]. Journal of Financial Economics, 1992 (32): 263 - 292.

[262] Sun Y.. Do MD&A disclosures help users interpret disproportionate inventory increases? [J]. Accounting Review, 2010, 85 (4): 1411 - 1440.

[263] Tan H. T., Wang E. Y., Zhou B. O.. When the use of positive language backfires: The joint effect of tone, readability, and investor sophistication on earnings judgments [J]. Journal of Accounting Research, 2014, 52 (1): 273 - 302.

[264] Tennyson, B. M., R. W. Ingram, and M. T. Dugan. Assessing the information content of narrative disclosures in explaining bankruptcy [J]. Journal of Business Finance and Accounting, 1990, 17 (3): 391 - 410.

[265] Tetlock P. C.. Giving content to investor sentiment: The role of media in the stock market [J]. Journal of Finance, 2007, 62 (3): 1139 - 1168.

[266] Tinoco M. H., Wilson N.. Financial distress and bankruptcy prediction among listed companies using accounting, market and macroeconomic variables [J]. International Review of Financial Analysis, 2013, 30 (4): 394 - 419.

[267] Tyler Shumway. Forecasting bankruptcy more accurately: A simple hazard model [J]. The Journal of Business, 2001, 74 (1): 101 - 124.

[268] Wang M., Hussainey K.. Voluntary forward-looking statements driven by corporate governance and their value relevance [J]. Journal of Accounting & Public Policy, 2013, 32 (3): 26 - 49.

[269] Yang R., Yu Y., Liu M., et al. Corporate risk disclosure and audit fee: A text mining approach [J]. European Accounting Review, 2017: 1 - 12.

[270] Yermack, D.. Flights of fancy: corporate Jets, CEO perquisites and inferior shareholder returns [J]. Journal of Financial Economic, 2006, 80 (1): 211 - 242.

[271] Zmijewski, M. E.. Methodological issues related to the estimation of financial distress prediction models [J]. Journal of Accounting Research, 1984 (22): 59 - 82.